## Das Buch

In diesem warnenden Buch beleuchtet John Dean die notorische Geheimpolitik der Bush-Administration und die daraus entstehenden innen- und außenpolitischen Gefahren für die USA. Mit der Autorität des erfahrenen Insiders legt er dar, wie Präsident George W. Bush willkürlich und ohne Not die Politik der Offenheit und Transparenz aufgekündigt hat, die nach den bitteren Erfahrungen des Watergate-Skandals in Washington geherrscht hatte. Eindringlich beschreibt Dean die Atmosphäre des Misstrauens und der Geheimniskrämerei, die Bush und seine engsten Berater umgibt, ihre panische Angst vor Verrat und undichten Stellen im Regierungsapparat, ihr imperiales Machtgehabe, ihre sprunghaften Entscheidungen, ihr Missbrauch von Geheimdienstinformationen und ihre Irreführung der Weltöffentlichkeit im Irak-Konflikt. Ähnlich wie bei Nixon, dessen Paranoia in dessen Rücktritt gipfelte, sieht Dean durch Bushs persönliches und politisches Gebaren die Grundlagen der amerikanischen Demokratie, aber auch die internationale Stellung der USA in Gefahr.

## Der Autor

John Dean, geboren 1938, war republikanischer Abgeordneter im Rechtsausschuss des US-Kongresses und Anwalt in der US-Generalstaatsanwaltschaft, bevor er 1969 unter Präsident Nixon Rechtsberater im Weißen Haus wurde. Seit seinem Ausscheiden aus der Politik ist er als Buchautor und Publizist tätig und gilt als einer der besten Kenner der Washingtoner Politszene.

John Dean

# Das Ende der Demokratie

## Die Geheimpolitik des George W. Bush

Aus dem Amerikanischen
von Udo Rennert

Ullstein

Besuchen Sie uns im Internet:
www.ullstein-taschenbuch.de

Umwelthinweis:
Dieses Buch wurde auf chlor- und säurefreiem Papier gedruckt.

Ungekürzte Ausgabe im Ullstein Taschenbuch
1. Auflage Mai 2005

Titel der amerikanischen Originalausgabe:
*Worse than Watergate* (Little, Brown and Company, Inc., New York)
Umschlaggestaltung: Büro Hamburg
Titelabbildung: ullstein bild
Gesetzt aus der Janson bei LVD GmbH, Berlin
Druck und Bindearbeiten: Ebner & Spiegel, Ulm
Printed in Germany
ISBN-13: 978-3-548-36751-4
ISBN-10: 3-548-36751-8

# Inhalt

*Geheimhaltung – die erste Zuflucht der Inkompetenz – muss in einer demokratischen Gesellschaft auf ein absolutes Mindestmaß beschränkt bleiben, denn eine umfassend informierte Öffentlichkeit ist die Grundlage jeder Selbstregierung. Diejenigen, die in führende Positionen gewählt oder berufen werden, müssen einsehen, dass die Regierung in einer Demokratie nicht klüger sein kann als das Volk.*

House Committee on Government Operations
Jahresbericht 1960

# Vorwort

George W. Bush und Richard B. Cheney haben die geheimste US-Präsidentschaft geschaffen, die ich bislang erlebt habe. Ihre Politik der Geheimhaltung ist weitaus schlimmer als bei der Watergate-Affäre und lässt sogar noch ernstere Konsequenzen befürchten. Ihre Verschlossenheit ist extrem, nicht einfach nur ungerechtfertigt und übertrieben, sondern zwanghaft. Sie hat ein Weißes Haus geschaffen, das die Schwächen seines Präsidenten ebenso gut verbirgt wie die Stärken seines Vizepräsidenten. Sie hat den USA einen Präsidenten beschert, der seine Absichten nicht offen legt. Dass sie ihre Geheimnisse schützen, geben Bush und Cheney als politische Linie aus. Tatsächlich erinnert das Gebaren dieses Zweiergespanns auffallend an Nixon, nur dass die heutige Geheimpolitik noch weitaus schlimmer ist (und niemand wird mir vorwerfen können, ich sei ein Verteidiger Nixons). Dick Cheney, der seine eigenen geheimen Regierungsoperationen betreibt, erklärt öffentlich, er wolle die Uhr wieder zurückdrehen in die Zeit vor Watergate – eine Zeit einer selbstherrlich betriebenen Präsidentschaft ohne jede Rechenschaftspflicht. Zu behaupten, ihre Geheimregierung sei undemokratisch, wäre eine Untertreibung.

Ich habe keineswegs besondere Vorbehalte gegenüber einer Regierung, diese Leute aber sind mir unheimlich, und wenn man bedenkt, in welchen Zeiten wir leben, dann erscheint ihre Vorgehensweise erschreckend, ja gefährlich. Wohlgemerkt: Dies ist nicht das Urteil eines politischen Parteigängers – diese Zeit habe ich seit langem hinter mir; es ist vielmehr der Befund eines besorgten Beobachters, der seine eigene Auffassung, sein eigenes Verständnis von einer modernen Präsidentschaft hat.

Anfangs war ich erstaunt, als ich die Aktivitäten Bushs und Cheneys in ihrem neuen Amt verfolgte, und fragte mich, ob ihnen eigentlich bewusst war, auf welchen – für mich jedenfalls – vertrauten Wegen sie sich da bewegten. Richard Nixon, der vor dreißig Jahren von seinem Amt zurücktrat, hatte viele bemerkenswerte Eigenschaften. Seine Geheimhaltung, mit der er die Missbräuche seiner Amtsbefugnisse vor den Augen der Öffentlichkeit schützte, gehörte nicht dazu. In der Hoffnung, ein wenig Licht auf das zu werfen, was sie vorhatten, habe ich deshalb dann und wann versucht, in meiner regelmäßig erscheinenden »Findlaw«-Kolumne öffentlich darauf hinzuweisen. Für eine dieser Kolumnen, in der ich die Möglichkeiten eines Amtsenthebungsverfahren des Präsidenten erörterte, falls die Regierung Bush vorsätzlich den Regierungsgeheimdienst über die Massenvernichtungsmittel des Irak manipuliert haben sollte, wählte ein Redakteur beim Online-Magazin *Salon*, das den Artikel erneut publizierte, den Titel »Schlimmer als Watergate« – nachdem er aus dem Material seine eigenen Schlussfolgerungen gezogen hatte.* Drei Monate später wurde der Racheakt der Bush-Regierung, welche die CIA-Zugehörigkeit der Frau eines ihrer Kritiker, des ehemaligen Botschafters Joseph Wilson, an die Presse lanciert hatte, von Chris Matthews in der Sendung *Hardball* bei MSNBC ebenfalls als »schlimmer als Watergate« bezeichnet (war diese Indiskretion doch für die Undercover-Agentin potentiell lebensbedrohlich und zudem

* »Worse than Watergate«, *salon.com*, 11. Juni 2002.

ein Gesetzesverstoß). Matthews äußerte dieses Urteil in einem Gespräch mit dem Vorsitzenden des republikanischen Nationalen Ausschusses, Ed Gillespie, der zu meiner Überraschung nicht widersprach.* So kann ich zwar nicht das Urheberrecht für den amerikanischen Titel des Buches beanspruchen, konnte aber, als mein Lektor ihn vorschlug, andererseits auch nicht bestreiten, dass dieser Titel das, was ich zu sagen habe, so prägnant und umfassend beschreibt, wie ich es ursprünglich selbst nicht erwartet hatte.

Dieses Buch war zunächst als eine Ermahnung gedacht, eine Warnung an Bush und vor Bush. Anfangs glaubte ich noch, nur selige Unwissenheit könne einen späteren Präsidenten und das Weiße Haus dazu bringen, dieselben Fehler zu begehen, wie sie während der Amtszeit Nixons begangen wurden. Als ich mich jedoch eingehender mit dem Thema beschäftigte und die Politik Bushs und Cheneys nach dem 11. September erste Konturen annahm, wurde für mich immer offensichtlicher, dass wir es hier mit sorgfältig überlegten Maßnahmen und Plänen zu tun hatten. Zunehmend gerieten meine Warnungen zu einer Anklage, denn ich konnte gar nicht so schnell schreiben und publizieren, um mit den Machtmissbräuchen und der sichtbar werdenden Denkweise, dass der Zweck die Mittel heilige, Schritt zu halten, und selbst wenn ich es gekonnt hätte, es wäre folgenlos geblieben, denn diese Männer wussten genau, was sie taten und warum sie es taten. Etwas anders ausgedrückt: Ich habe einen Prozess verfolgt, bei dem alle Elemente für eine von zwei möglichen politischen Katastrophen zusammenkamen – entweder werden die Machenschaften der Regierung Bush/Cheney ans Licht kommen, oder, was weitaus beunruhigender ist, die Demokratie wird schweren Schaden leiden. Das muss hier näher erläutert werden.

* *Hardball*, Transkript, MSNBC Television, 30. September 2003.

Die Regierung von Bush und Cheney mit der Amtszeit Nixons und der Watergate-Affäre zu vergleichen und zu behaupten, sie sei schlimmer als Watergate, ist ein Vorwurf, der nicht leichtfertig erhoben wird. Auch ich tue dies keineswegs. Der Begriff Watergate steht für ein völlig inakzeptables Verhalten eines US-Präsidenten. Er hat inzwischen Eingang in die angelsächsische Sprache gefunden und wird in Wörterbüchern definiert als ein Missbrauch der Amtsbefugnisse eines Politikers in hoher Stellung für parteipolitische Zwecke.[1] Watergate war ein ziemlich schmutziger Skandal, der für Nixon das politische Aus bedeutete. Zweifellos ist es während der Amtszeit von Bush und Cheney nicht zu einem vergleichbaren Eklat gekommen, jedenfalls bis jetzt noch nicht. Skandale neigen dazu, lange Zeit zu schwelen, bevor sie ausbrechen, wie es bis jetzt bei jedem Präsidentenskandal in den USA der Fall war – Teapot Dome, Watergate, Iran-Contra und die Lewinsky-Affäre.* Dennoch brauen sich im Weißen Haus unter der Regierung von George W. Bush unter der Oberfläche zu viele Probleme zusammen, als dass dieser Vergleich nicht nahe läge.

William Rogers, US-Justizminister und von 1969 bis 1973 Außenminister, sprach einmal den Rat aus, »die Öffentlichkeit sollte auf eine übermäßige Geheimhaltung unter Regierungsvertretern ähnlich reagieren wie Eltern, deren Kinder beim Spielen plötzlich keinen Mucks mehr von sich geben. Das ist ein sicheres Anzeichen, dass etwas nicht stimmt.«[2] Woodrow Wilson, der sich bereits vor seiner Präsidentschaft eingehend mit Staatskunst beschäftigt hatte, gelangte zu der Einsicht, dass »jedermann weiß, dass

* Teapot Dome war ein Ölfeld in Wyoming in Bundesbesitz, von dem der Innenminister Warren Hardings zu Beginn der zwanziger Jahre Anteile an Privatinteressenten verpachtete. »Teapot Dome« steht wie »Watergate« im politischen Vokabular der USA für Korruption hoher Regierungspolitiker. (Anm. d. Ü.)

die Korruption an geheimen Orten gedeiht und öffentliche Plätze meidet, und wir halten es für eine berechtigte Annahme, dass Heimlichkeit unrechtes Tun bedeutet«.[3] Somit ist eine unangemessene Geheimhaltung nicht nur undemokratisch, da sie der Öffentlichkeit das Recht auf Information abspricht, sie erregt auch öffentliche Empörung, indem sie Fehler, Übertretungen und Gesetzesverstöße aller Art verbirgt und deckt. Und die gegenwärtige Regierung ist bestrebt, alles zu kontrollieren oder sogar zu verheimlichen.

Dem Wahlforscher John Zogby verdanken wir die Erkenntnis, dass die amerikanischen Demokraten von der Venus und die Republikaner vom Mars stammen, und nachdem ich die Regierungspolitik von George W. Bush mit der seines Vorgängers verglichen habe, kann ich dieser Einschätzung nur zustimmen.[4] Einen Skandal, bei dem Sex eine Rolle gespielt hätte, konnte ich zwar nicht entdecken. Die Möglichkeit eines handfesten Finanz- und/oder eines Machtskandals ist hingegen durchaus real, wie sich herausstellen sollte.

Es gibt jedoch einen weiteren Sachverhalt im Hinblick auf die Regierung Bush/Cheney, der schlimmer ist als ein Skandal und weitaus schlimmer als Watergate. In seinem ersten Interview als Zivilist, in dem er darüber sprach, welche Haltung seiner Ansicht nach die Amerikaner zum Terrorismus einnehmen sollten, stellte General Tommy Franks, der Oberkommandierende des US-Militärs im Mittleren Osten während des Angriffs auf den Irak, die rhetorische Frage, was im schlimmsten Fall passieren könne – und gab eine alarmierende Antwort. Für Franks steht es völlig außer Zweifel, dass eine Terrororganisation, sollte sie in den Besitz einer Massenvernichtungswaffe kommen, von dieser auch Gebrauch machen würde. In diesem Fall würde die westliche Welt, so Franks, etwas verlieren, »was ihr am heiligsten ist, und das ist jene Freiheit und Unabhängigkeit, die wir seit einigen hundert Jahren in diesem großartigen Experiment, das man Demokratie nennt, kennen gelernt haben«. Er ist zu dieser Schlussfolgerung gelangt, weil er überzeugt ist, dass »das Potential eines ... massiven verlustreichen Ereignisses irgendwo in der westlichen Welt – das kann auch in den Vereinigten Staaten von Amerika sein – unsere Bevölkerung veranlasst, die Verfassung in Frage zu stellen und zu beginnen, das Land zu militarisieren, um einen weiteren derartigen Vorfall mit zahlreichen Opfern zu vermeiden. Was faktisch darauf hinausläuft, dass das Gefüge unserer Verfassung Stück für Stück demontiert wird.«[5]

Ich bin mit General Franks einer Meinung, vermutlich jedoch aus völlig anderen Gründen. Je länger ich die Reaktionen Bushs und Cheneys auf den 11. September verfolgte, ihre zwanghafte Geheimnistuerei, ihre endlose politische Instrumentalisierung und Ausbeutung der Anschläge, ihre eklatante Unterdrückung der Rechte und Freiheiten von Ausländern, ihre Führung unserer Nation in ihrem ersten »präemptiven« Krieg als Aggressoren im Irak, ihre Verfälschung des Geheimdienstmaterials, ihre an Nixon erinnernden Rationalisierungen, desto deutlicher erkannte ich, dass wir – angesichts eines mit Sicherheit zu erwartenden erneuten katastrophalen Terroranschlags gegen die USA – in der nahen Zukunft die falschen politischen Führer haben. Nicht weil sie nicht fähig und hoch motiviert und »richtige Amerikaner« wären, wie Lyndon B. Johnson es gern formulierte, denn das alles sind sie durchaus. Doch zugleich sind sie auch Eiferer, die von ihrer eigenen Weisheit überzeugt sind, ohne danach zu fragen, was die Amerikaner oder die übrige Welt davon halten, und über die der frühere Richter Louis Brandeis einmal gesagt hat: »Die größte Gefahr für die Freiheit steckt in dem schleichenden Vordringen von Eiferern, die es gut meinen, aber keinen wirklichen Verstand haben.«

Wenn das furchtbare Ereignis, von dem General Franks sprach, tatsächlich eintreten sollte – und wie ich darlegen werde, kann es gut sein, dass dieser Präsident und seine engsten Mitarbeiter ein solches Ereignis provozieren werden –, dann haben wir allen Grund, um das Gebäude unserer Verfassung zu fürchten.

Es versteht sich von selbst, dass es am besten wäre, wenn es weder einen Skandal gäbe noch etwas weitaus Schlimmeres geschähe. Doch gibt es nur ein einziges Gegenmittel, um dergleichen zu verhindern: ein Ende der unsinnigen und unverhältnismäßigen Geheimhaltung, die das Weiße Haus unter Bush und Cheney kennzeichnet. Bei der Behandlung dieser Fragen bin ich bestrebt, nur die nackten Tatsachen sprechen zu lassen, zu zeigen, dass die potentiellen Probleme ein ganz handfester Grund zur Besorgnis sind und nicht ignoriert werden dürfen. Bei der Wahl der Darstellungsform für diese beunruhigenden Umstände kam für mich allein die Polemik in Frage; sie erscheint mir der gegenwärtigen Lage angemessen. Herkömmlicherweise werden Polemiken in der Ich-Form verfasst, aus ihnen spricht eine starke Überzeugung, und sie sind relativ kurz gehalten. Häufig bringen sie eine Anklage vor, sind jedoch wenig nützlich, wenn sie einfach verunglimpfen.

Ob man seine Argumentation nun überzeugend findet oder nicht, ein Beispiel für eine klassische Polemik ist Christopher Hitchens' *The Case Against Henry Kissinger*. Hitchens' Anklage wird überzeugend vorgetragen, zwingend und schlüssig begründet und leidenschaftlich, ohne scharf oder übertrieben bösartig zu sein. Dagegen ist Peggy Noonans Polemik *The Case Against Hillary Clinton* für mich ein perfektes Beispiel für das, was ich nicht vorhabe: Die Autorin erfindet Tatsachen, appelliert an die Gefühle statt an den Verstand, ergeht sich in bösartigen Beschimpfungen und belegt ihre Behauptungen nicht. Das Buch von

Hitchens muss ernst genommen werden, die Arbeit Noonans dagegen nicht.

An dieser Stelle sei auch betont, dass ich Verschwörungstheorien in keiner Weise anhänge. Wenn ich Begriffe wie »heimlicher nationaler Sicherheitsrat« oder »Geheimregierung« gebrauche, werden damit konkrete Tatsachen zum Ausdruck gebracht und keine Spekulationen. Darüber hinaus habe ich meine Behauptungen in zahlreichen Fußnoten detailliert belegt, nicht nur um nachzuweisen, woher meine Informationen stammen, sondern auch um interessierten Lesern die Möglichkeit zu geben, diese Quellen selbst zu konsultieren. Wie aus meiner Danksagung ersichtlich wird, bin ich während der Arbeit an diesem Buch mit vielen Personen ins Gespräch gekommen oder habe per E-Mail mit ihnen korrespondiert. Viele von ihnen wollten nicht namentlich genannt werden, aus verständlichen Gründen, die ich ebenfalls dargelegt habe. Ich habe mich entschieden, praktisch alle diese Informationsquellen in der Anonymität zu belassen – nur in einigen seltenen Fällen habe ich aus einer dieser Quellen zitiert, und dies grundsätzlich nicht an Stellen von besonderer Bedeutung. Diese Informationen wurden eher als Hinweise, Bestätigungen oder Einblicke hinsichtlich Bushs und Cheneys benutzt, als Hintergrund ihrer Heimlichkeiten oder als Antworten auf die unzähligen Fragen, die sich aufgrund dieser Geheimhaltung ergeben.

In den folgenden Kapiteln beginne ich dort, wo meine Untersuchung ihren Ausgang genommen hat: mit meiner Entdeckung der überraschenden Ähnlichkeiten zwischen George W. Bush und Richard Nixon. Bei genauerem Hinsehen bemerkte ich jedoch die frühen Warnzeichen der unangemessenen Geheimhaltung der neuen Regierung. Was zunächst nur wie eine gewisse Tendenz erschien, entpuppte sich für mich sehr bald als eine gezielte Politik, die Bush und Cheney bereits während des Wahlkampfs 2000 betrieben. Ich habe Beispiele für ihr »Mauern« während des Wahlkampfs herangezogen, weil sie diese Praxis auch im Weißen Haus üben. Einmal in ihren Büros an der Pennsylvania Avenue 1600 etabliert, haben sie in aller Stille die Türen hinter sich geschlossen, die Jalousien heruntergezogen und sich den Medien und dem Kongress gegenüber abgeschottet, während sie gleichzeitig für sich die totale Kontrolle dessen einforderten, was nach außen dringt. Allen Amtsträgern im Weißen Haus wurde praktisch ein Maulkorb angelegt.

Im Weißen Haus unter Bush und Cheney entdeckte ich gewisse Ähnlichkeiten zum Weißen Haus unter Nixon: Bush und sein Vize verbringen wesentlich mehr Zeit damit, das Image des Präsidenten in der Öffentlichkeit aufzubauen und ihre Wiederwahl zu betreiben, als sich wirklich den Angelegenheiten der amerikanischen Bevölkerung zu widmen. Was diese Präsidentschaft indes offensichtlich zu etwas Besonderem macht, ist ihr Vizepräsident, ein von Natur aus verschlossener Mann, dessen beispiellose Macht weitgehend verschleiert ist und dessen heimliche Regierungsmaßnahmen dennoch die Welt verändert haben – und dies nicht zum Besseren. Dick Cheney, praktisch ein Kopräsident inkognito, wirkt hinter verschlossenen Türen und steht weder dem Kongress noch der Öffentlichkeit Rede und Antwort. Sein Partner, der Präsident, ist mit diesen politischen Ränken nicht hinreichend vertraut, um diesbezügliche Fragen zufriedenstellend beantworten zu können, wenn er sich ihnen überhaupt einmal stellt. Nicht dass er dumm wäre, er gibt sich lediglich unwissend – und dies wohl ganz bewusst. Doch darf nicht vergessen werden: Hinter den grundlegenden – innen- wie außenpolitischen – Vorhaben dieses Gespanns stecken immer wieder verborgene Absichten.

Das geheime Programm von Bush und Cheney, dem meine besondere Aufmerksamkeit gilt, bezieht sich auf ihre Maßnahmen zur nationalen Sicherheit, da diese von besonderer Bedeutung ist. Ebenso wichtig sind ihre verborgenen Absichten, die von der Bundesregierung finanzierten Sozialprogramme auszutrocknen, indem sie eine defizitäre Budgetpolitik betreiben und zudem die Militärausgaben erhöhen, so dass kein Geld mehr für diese Sozialprogramme zur Verfügung steht, wenn sie aus dem Amt scheiden. Natürlich können Programme wie Medicare (das Gesundheitsfürsorgeprogramm vor allem für Bürger über 65 Jahre) und Social Security (Sozialhilfe) nicht einfach eingestellt werden. Doch Wirtschafts- und Steuerpolitik sind nicht meine Stärken, und statt lediglich die Erkenntnisse von anderen vorzutragen, deren Urteil ich respektiere, begnüge ich mich hier lieber mit Fragen, von denen ich wirklich etwas verstehe.

Mein Ziel war es nicht, eine Chronologie aller bedauerlichen Umtriebe dieser Regierung zu schreiben. Stattdessen habe ich lediglich eine Liste von bestimmten Punkten erstellt, eine Auswahl von Beispielen für ihre Geheimhaltung, die bezeichnend sind für ihre Politik und die Praktiken, auf die die Öffentlichkeit aufmerksam gemacht werden muss. Dieses Material, das in den Kapiteln II bis V behandelt wird, liefert überzeugende Belege für die völlig überzogene Geheimhaltung Bushs und Cheneys, die so sehr überhand genommen hat, dass man sie als bedrohlich bezeichnen muss, weil sie furchtbare Folgen für alle Amerikaner haben kann.

Das vielleicht beste Beispiel für eine vorbildliche Polemik, so habe ich mir von einem Historiker sagen lassen, ist Thomas Paines Flugschrift *Common Sense* vom 10. Januar 1776, ein Plädoyer für die amerikanische Unabhängigkeit, das die Dinge beim Namen nannte – und letztlich ein Angriff gegen die (britische) Monarchie, an deren Spitze damals ebenfalls ein Mann mit Vornamen George stand:

König George III. Dies passt gut zu den Absichten dieses Buches. Zunächst möchte ich die Aufmerksamkeit meiner Leser auf die verblüffenden Ähnlichkeiten in der präsidialen Amtsführung zwischen Bush und Nixon lenken. Anschließend gehe ich auf eine ganze Reihe von besonders beunruhigenden Beispielen für die Geheimpolitik Bushs und Cheneys ein, die zwar keine vollständige Aufzählung ergeben, jedoch mehr als ausreichend sind, um ihre Denkweise zu belegen, die im Wahlkampf 2000 begann, in der Zeit im Weißen Haus ihre Fortsetzung fand und schließlich zum größten Missbrauch von Geheimhaltung unter den amerikanischen Präsidenten seit Beginn des 20. Jahrhunderts geführt hat. Dabei war mir nicht daran gelegen, Skandalgeschichten zu verbreiten, sondern skandalöse politische Verhaltensweisen in ein möglichst helles Licht zu rücken und auf diese Weise einigen wichtigen, wenn nicht entscheidenden Punkten einen Platz ganz oben auf der Agenda der öffentlichen Diskussion zu verschaffen. Das betrifft gerade die von Tommy Franks angesprochenen Themen, die »diesem großartigen Experiment, das man Demokratie nennt«, ein Ende machen könnten. Kurzum, ich plädiere hier für eine ordentliche Portion gesunden Menschenverstand.

# Überraschende Parallelen zu Nixon

*Denn es ist nichts verborgen, das nicht offenbar werde, auch nichts Heimliches, das nicht kund werde und an den Tag komme.*
Lukas 8, 17

*Diese Regierung [Bush und Cheney] ist die verschlossenste in unserem Leben, sogar noch schweigsamer als die Nixon-Regierung. Diese Leute glauben nicht daran, dass das amerikanische Volk oder der Kongress ein Recht auf Information haben.*
Larry Klayman
Vorsitzender von Judicial Watch

Als George W. Bush zum ersten Mal die nationale politische Bühne betrat, kam mir nichts an ihm heimlichtuerisch oder gefährlich vor oder erinnerte mich auch nur im Geringsten an Nixon. Im Gegenteil, ich sah einen ungezwungenen, jovialen Sohn eines früheren Präsidenten, einen umgänglichen Politiker, dessen Familienname und angenehme Art ihn in den Amtssitz des Gouverneurs von Texas befördert hatten, wo er von seinem beträchtlichen Geschick im Umgang mit Menschen als ehemaliger Cheerleader der Preparatory School und Präsident der College-Studentenverbindung Gebrauch machte. In den Vorwahlen Anfang 2000 gab er sich als sympathischer Bursche, ohne besonderen Tiefgang, nicht allzu intelligent und nicht aufgesetzt gravitätisch. Wir hatten nicht viele Präsidentschaftskandidaten, die Faxen machten, wie er es regelmäßig gegenüber der Presse tat, etwa dann, wenn die Nachwuchsreporterin Alexandra Pelosi mit ihrer Kamera auftauchte.[1] Bush erschien keineswegs als ein Mann, der um jeden Preis das höchste Amt im Staat anstrebte, sondern als eher wenig interessiert an der Macht. Auf mich wirkte er oft so, als bewerbe er sich einfach aus Jux oder weil so viele andere daran glaubten, dass er eine reale Chance habe.

Dieser erster Eindruck änderte sich ein wenig während

der Vorwahlen in South Carolina im Februar 2000. Es war die Zeit, als die Berater Bushs es auf Senator John McCain aus Arizona abgesehen hatten, auf den sie – unter der Ägide eines gewissen Karl Rove, von dem noch die Rede sein wird – ein wahres Trommelfeuer falscher Gerüchte niedergehen ließen.[2] Zunächst hieß es, McCain sei homosexuell, dann ging das Gerücht, er besuche Bordelle und betrüge seine Frau. Widersprüche sind kein Problem für politische Verleumder. Als Nächstes verbreitete man eine Broschüre, in der behauptet wurde, McCains Frau sei »drogensüchtig«. Als der zynische Versuch, ihre kurzzeitige Abhängigkeit von rezeptpflichtigen Schmerzmitteln auszuschlachten, nichts fruchtete, streute man das Gerücht, McCain sei verrückt – er sei zu lange im Hilton in Hanoi als Kriegsgefangener festgehalten worden. Doch auch das war ein Reinfall. Schließlich spielten sie die rassistische Karte aus: Da etliche Bürger South Carolinas noch immer die Konföderiertenfahne grüßen, verschickte man ein Foto von McCains Adoptivtochter, einem hübschen dunkelhäutigen Mädchen, das in Bangladesch geboren wurde, an die Söhne und Töchter der Konföderation in den ländlichen Regionen. Diesmal funktionierte es, und Bush konnte seinen einzigen ernst zu nehmenden republikanischen Rivalen aus dem Feld schlagen.

Der Wahlkampf in South Carolina machte deutlich, dass Bush die Nominierung als Kandidat der Republikaner wesentlich entschlossener anstrebte, als sein zwangloses Auftreten es vermuten ließ. Schmutzige politische Tricks, selbst wenn sie auf eine Weise gebraucht werden, die dem Kandidaten ein Dementi ermöglichen, sind immer vorher von diesem gebilligt worden. Wer anders darüber denkt, ist entweder naiv oder uninformiert. Somit war nach South Carolina jedem klar, dass Bush mit harten Bandagen kämpfte, dass er vor derlei falschem Spiel nicht zurückschreckte und dass es ihm bitter ernst war.

Unnötig zu sagen, dass dies mein Interesse weckte. Außerdem wusste ich einiges über jenen Karl Rove, der die Schmutzkampagne gegen McCain so eifrig geschürt hatte. Erstmals hatte ich schon vor Jahrzehnten von ihm gehört, als ich für das Büro des Sonderstaatsanwalts in der Watergate-Affäre tätig war – schon damals stellte man Fragen zu seiner Person. Bis dahin war er mir völlig unbekannt, doch der stellvertretende Sonderstaatsanwalts Richard Davis, der sich mit solch schmutzigen Tricks befasste wie der Weitergabe von entwendeten Wahlkampfinformationen an die Medien, dem Einschleusen eigener Leute in die Wahlkampfoperationen eines politischen Gegners während der Vorwahlen oder dem Schalten von Wahlkampfwerbespots, deren Auftraggeber nicht zu ermitteln war und in denen der gegnerische Kandidat verunglimpft wurde, hatte Rove bereits im Visier. Den Fragen, die Davis mir stellte, konnte ich entnehmen, dass Rove ein politischer Macher war, der es mit dem Gesetz nicht immer so genau nahm.[3]

Nach dem zunächst umstrittenen, extrem knappen Wahlsieg George W. Bushs im November 2000 kam es zu weiteren politischen Machenschaften, als Bushs Helfer in Florida den offenen Versuch unternahmen, die erneute Stimmenauszählung in Dade County zu stören; junge Leute wurden von Washington nach Florida geflogen, wo sie in den Gängen des Gebäudes, in dem die Zählung stattfand, herumtrampelten, Sprechchöre anstimmten, an die Türen hämmerten und auf den Straßen Miamis die Passanten mit Megaphonen aufstachelten – das alles, um die mit der Auszählung beauftragten Personen einzuschüchtern. Während ich diese politischen Krawalle beobachtete, musste ich an meine früheren Kollegen im Weißen Haus unter Nixon denken, für die solche schmutzigen oder gar korrupten Formen des Wahlkampfs völlig in Ordnung waren. Jeder, der mit den Gepflogenheiten eines Präsidentenwahlkampfs vertraut war, musste sich sagen, dass dieses gut bezahlte und verdeckt gelenkte Manöver von den höchsten Stellen der Wahlkampftruppe Bushs abgesegnet worden war. Hätte Bush das Ganze stoppen wollen, so wäre das auch erfolgt.*

Rein zufällig las ich zu Beginn der neuen Bush-II-Regierung eine Kolumne von William McKenzie, einem Leitartikler bei der *Dallas Morning News*, in der es hieß, der Präsidentschaftswahlkampf Bushs erinnere stark an den Wahlkampf Nixons von 1968.[4] In einer Anspielung auf Nixons Slogan, das Land zusammenzubringen, gelangte McKenzie zu dem Schluss: »Bush hätte es wahrscheinlich nicht gern, wenn man in ihm den potentiellen Erben Richard Nixons sähe. Doch der Einheit stiftende, konstruktive [vielleicht meinte er mitfühlende, Anm. J. D.] Konservatismus, den er bevorzugt, hat eine gewisse Ähnlichkeit mit der Regierung, wie Nixon sie anstrebte.« McKenzies Artikel rief eine Erinnerung in mir wach. Nach allem, was ich von Bushs Wahlkampf und der zweiten Stimmenauszählung mitbekommen hatte, fragte ich mich, ob es möglicherweise mehr Ähnlichkeiten zwischen Bush und Nixon gab, als McKenzie oder sonst jemandem bewusst war.

## Nixon und Bush – ein Vergleich

Während der ersten Monate von Bushs neuer Präsidentschaft las ich seine vor dem Wahlkampf erschienene Autobiographie *A Charge to Keep*, verfasst von der Ghostwrite-

* Um George Walker Bush, den 43. und gegenwärtigen US-Präsidenten, von seinem Vater George Herbert Walker Bush, dem 41. US-Präsidenten, zu unterscheiden, bezeichne ich den Vater als Bush senior und seine Amtszeit als Bush-I-Regierung, im Unterschied zur Bush-II-Regierung unter seinem Sohn George W. Bush, den ich einfach mit seinem Nachnamen Bush nenne.

rin Karen Hughes (seiner langjährigen Pressesprecherin), ein Buch, das der *Texas Observer* als »politische Memoiren« beschrieb, »die so schlecht sind, dass die Kritiker sich umgehört haben, ob es vielleicht Ghostreader gibt, die es besprechen könnten«. In der Tat, diese selektive Geschichte ist so gut wie nutzlos. Aber ich hatte während des Wahlkampfs von 2000 Material über Bush gesammelt, das ich durchging – Kurzbiographien und Berichte aus Zeitungen und Zeitschriften sowie die aufschlussreiche Untersuchung *Shrub* von Molly Ivins und Lou Dubose.[5] Außerdem sprach ich mit Freunden, die die Bush-Familie oder Bush junior kannten, stellte dabei jedoch überrascht eine allgemeine Befangenheit bis hin zu einer regelrechten Furcht fest, offen über Bush oder seine Angehörigen zu sprechen. Wiederholt sagte man mir, Bush sei dafür bekannt, sich an denen zu rächen, die keine Diskretion bezüglich der Familie wahrten.

Wie ich entdecken sollte, gab es außer mir noch andere, denen Bushs Ähnlichkeiten mit Nixon aufgefallen waren. Am 9. August 2001 gab Bush seine umstrittene Entscheidung bekannt, die Bundessubventionen für die Stammzellenforschung einzuschränken (was praktisch bedeutete, dass sie ganz gestrichen würden). Nach langen, angeblich moralisch begründeten Bauchschmerzen behauptete er, für diese vom Bund geförderte Forschung stünden »über sechzig« Zellstämme zur Verfügung, und mehr werde es auch nicht geben. Am nächsten Tag erschien in der *New York Times* ein Artikel von Richard Brookhiser, einem der leitenden Redakteure der *National Review*. Darin zog der Autor aus dieser Entscheidung des neuen Präsidenten folgenden Schluss: »George Bushs Strategien sind offenbar denen Nixons sehr ähnlich, der die konservative Stimmung kannte und bereit war, sie für seine Zwecke einzuspannen.« Weiter hieß es in dem Artikel: »Anhänger der *Pro Life*-Bewegung und andere Konservative sehen in

George W. Bush möglicherweise einen zweiten Richard Nixon, ohne dessen nervöse Intelligenz oder Paranoia.«[6] Später wurde natürlich in Bushs Entscheidung etwas offenbar, das man als die gute alte nixonsche Doppelzüngigkeit bezeichnen könnte, da tatsächlich nur zehn und nicht sechzig Zellstämme zur Verfügung standen.[7]

Mit der Zeit und im Zuge weiterer Recherchen hat sich mein anfänglicher Eindruck verstärkt. Mehreren Journalisten, die über das Weiße Haus berichten und alt oder informiert genug sind, um mit Nixon vertraut zu sein, sind diese frappierenden Parallelen zwischen beiden Männern ebenfalls aufgefallen.[8] Ohne die Sache unnötig aufbauschen zu wollen, war es mir dennoch unmöglich, sie zu ignorieren. Also begann ich ernsthafte Vergleiche zwischen ihnen anzustellen. Bei den heutigen Präsidenten entspricht das äußere Erscheinungsbild nicht unbedingt ihrem wahren Wesen. Sowohl Nixon als auch Bush haben große Anstrengungen unternommen, um ein sorgfältig für die Öffentlichkeit aufgebautes Image zu pflegen. Tatsächlich machte Bush da weiter, wo Nixon aufgehört hatte, und widmete dem Bild des Präsidenten in der Öffentlichkeit weit mehr Aufmerksamkeit, als selbst Ronald Reagan es getan hatte. Zum Image Nixons gehörte beispielsweise das Bild eines hart arbeitenden, intelligenten Weltführers, der sich ständig zu einem besseren, »neuen Nixon« mauserte. Dagegen ist Bush im Wesentlichen bei einem einzigen Image geblieben, an dem er bereits als Gouverneur von Texas festgehalten und das er später als Präsident lediglich verfeinert hat. Er gibt den CEO – den Chief Executive Officer, was in etwa einem Vorstandsvorsitzenden entspricht – der Amerika AG, der für alle verständlich spricht, einfach ein authentischer und sympathischer Bursche aus Midland, Texas. Auch wenn an diesen Images von Nixon und Bush manches richtig ist, sind sie doch trügerisch, denn so wenig wie ein Schauspieler die Person *ist*, die er auf der

Bühne darstellt, so wenig sind auch sie mit den sorgsam gepflegten Bildern identisch.

Nehmen wir Nixon: Trotz seiner hohen Intelligenz hatte er weder die rohe Geisteskraft etwa seines Stabschefs Bob Haldeman (der besaß einen Intelligenzquotienten von über 140) noch die Intellektualität seines nationalen Sicherheitsberaters Henry Kissinger. Dennoch war es für ihn wichtig, als eine Art Stubenintellektueller angesehen zu werden. Zweifellos war er belesen und voller intellektueller Neugier, aber noch wichtiger war seine ausgeprägte Selbstdisziplin, die an Besessenheit grenzte. Nixon war ein Arbeitstier – als Student, als Kongressmitglied, als Vizepräsident, als Anwalt vor dem Obersten Bundesgericht und als Präsident. Er schaffte sich durch Berge von Papier, beschäftigte sich eingehend mit anstehenden Problemen und vertiefte sich erst in eine Materie, bevor er öffentlich darüber sprach oder Entscheidungen traf. Aufgrund seiner jahrelangen harten Arbeit, seiner langjährigen Erfahrung in der Regierung sowie seiner Konzentrationsfähigkeit und seines Interesses war Nixon als Präsident in der Lage, große Mengen an Rohdaten in sich aufzunehmen und sie schnell und systematisch aufzubereiten. Er machte den Eindruck des geborenen Stegreifredners, obwohl solche Reden tatsächlich das Produkt eines immensen Fleißes waren, denn er hatte fast seinen gesamten Stoff auswendig gelernt. Es war hauptsächlich seiner Entschlossenheit zu verdanken, dass er sich »schlau« gemacht hatte. Doch die unzähligen Stunden seiner privat auf Band aufgenommenen Unterhaltungen lassen erkennen, dass er neue Themen ohne Vorbereitung nicht eben schnell aufnehmen und auch nicht gut formulieren konnte. Vernichtender jedoch ist, dass diese Bänder ihn als in höchstem Maße unaufrichtig und misstrauisch zeigen, als Manipulator, der stets fähig war, etwas Bösartiges über jeden zu sagen, mit dem er gerade zu tun hatte.

Bush dagegen ist intellektuell und rednerisch nicht so beschränkt, wie viele vielleicht glauben mögen. Fraglos ist er geistig ein Dünnbrettbohrer, intellektuell träge und ohne Wissbegier.[9] Er liest kaum mehr als seine Reden, da seine Mitarbeiter ihn mündlich auf dem Laufenden halten und er sehr knappe Zusammenfassungen und so wenig »Hausaufgaben« wie möglich verlangt. Dafür verfügt er über ein Übermaß an natürlicher Intelligenz, die er einsetzt, wenn er an einem Thema interessiert ist. Er war der einzige »Fuchs« in seiner Studentenverbindung an der Yale University, der fehlerlos die Namen aller seiner fünfzig Mitfüchse aufsagen konnte. Er weiß erstaunlich viel über Baseball. Im privaten Kreis, unter Menschen, in deren Gesellschaft er sich wohl fühlt, leistet er sich kaum einen verbalen Schnitzer und ist unerwartet redegewandt.[10] Wenn ihn etwas interessiert oder wenn ihm ein Thema besonders am Herzen liegt, kann er sich in kürzester Zeit hineinarbeiten. Wenn er in Stimmung ist, kann er eine Rede sehr schnell einstudieren, und wenn er sich konzentriert, kann er seine Texte sogar mit Eloquenz vortragen. Aber nur selten verspürt er den Drang, sich mit einer Sache eingehend zu beschäftigen, sich auf etwas zu konzentrieren oder hart zu arbeiten; zumeist hat er kein Interesse daran, besondere geistige Anstrengungen auf sich zu nehmen. Er hat es in seinem Leben weit gebracht, ohne diesbezügliche Schwerarbeit zu leisten, und auch als Präsident war er nur selten dazu genötigt. Von allen mir bekannten CEOs arbeiten die meisten wesentlich härter als Bush, und sie wissen weit mehr über ihr Unternehmen, seine Aktivitäten und seine Politik als er über Amerika.

Ebenso wie Nixon hat Bush etwas Einzelgängerisches an sich. Das heißt nicht, dass sie beide nicht viele und gute Freunde hätten, das haben sie durchaus. Aber ihre Freunde sind alle bereits auf Herz und Nieren geprüft, denn weder Nixon noch Bush wollen Fremde in ihrer Nähe und fühlen sich nur unter Menschen sicher, von denen sie wissen, dass sie den Mund halten können. Während Bush bei anderen Menschen wesentlich besser ankommt als Nixon, ist er in Wirklichkeit ungeselliger. »Er bewegt sich nicht viel in Gesellschaft«, bemerkte dazu Jeanne Cummings vom *Wall Street Journal*.[11] Diese Tatsache hat das gesellschaftliche Leben Washingtons unter seiner Regierung fast zum Erliegen gebracht. »Es gehört zu der pathologischen Abschottung, die von ihnen gepflegt wird«, meint Diana McClellan, die früher für die Gesellschaftsspalten der Washingtoner Zeitungen geschrieben hat, und fügt hinzu: »Sie wollen nicht ausgehen und womöglich irgendetwas ausplaudern. Er [Bush] ist wie Greta Garbo – ›über mich zu sprechen heißt, mich zu verraten‹.«[12]

Ähnlich wie Nixon hat Bush eine ziemlich formelle Vorstellung von seinem Amt. Nixon trug beispielsweise ausschließlich weiße Hemden, weil er der Meinung war, alles andere sei eines Präsidenten unwürdig. »Der Präsident trägt kein blaues Hemd«, fauchte er einmal einen Medienberater an. Bush verlangt, dass seine Mitarbeiter genau wie er in den Arbeitsräumen des Weißen Hauses stets Anzug und Krawatte tragen, und er ist genau wie damals Nixon ein extrem pünktlicher und zeitlich restlos verplanter Präsident. (Allerdings gönnt sich Bush täglich eine Auszeit für sein Fitnesstraining, während Nixon sein tägliches Nickerchen brauchte.) Beide Männer machten ihre ersten Erfahrungen mit dem Präsidentenamt aus nächster Nähe, wobei sie Gelegenheit hatten, Präsidenten zu beobachten, denen sie große Achtung entgegenbrachten: Nixon als Vizepräsident Eisenhowers und Bush als Sohn seines Vaters. Nichtsdestoweniger liegt eine gewisse Heuchelei in der puritanischen Förmlichkeit der Ära Nixons wie derjenigen Bushs, denn beide Männer sind bekannt dafür, privat recht gewöhnlich zu sein und eine raue Sprache zu pflegen (Bush benutzt selbst in Gegenwart von weiblichem Personal Kraftausdrücke, was Nixon nicht getan hat).[13]

Obwohl Bush sich sehr viel besser in andere Menschen einfühlen kann und seine Empfindungen weniger versteckt als Nixon, ist er doch nicht der joviale Bursche, den er nach außen gibt. (Ihm ist allerdings klar, dass er diese Rolle während der meisten Zeit in der Öffentlichkeit spielen muss.) Korrespondenten im Weißen Haus, die mit Bush gereist sind, haben über seine Distanziertheit berichtet. »Er ist sehr hochmütig. Er sieht das Präsidentenamt als etwas Erhabenes an, und er benutzt die Machtbefugnisse des Amtes und die Position selbst dazu, seine Ziele höher zu stecken«, sagte Jeanne Cummings vom *Wall Street Journal* in einem Kommentar, der vor Jahren auch gut zu Nixon gepasst hätte. Cummings, die mit Bush im Ausland unterwegs war (und auch mit Clinton, der es genoss, auf Reisen ganz gewöhnlichen Menschen zu begegnen), berichtet weiter, Bush habe »keinen Austausch mit den Menschen auf der Straße in [diesen] Ländern gesucht«; er traf lieber mit Königen, Königinnen, Ministerpräsidenten und Botschaftern zusammen, die offensichtlich in seinen Augen besser zu seinem Status als Machthaber auf Staatsbesuch passen.[14]

Beide, Nixon und Bush, lernten ihr politisches Handwerk von der Pike auf. Nixon musste sich dazu selbst in die Arena begeben, während Bush seine Lehrzeit während der vielen Wahlkämpfe seines Vaters absolvierte: die erfolglosen Kandidaturen für den Senat (1964 und 1970), die erfolgreiche Kandidatur für das Repräsentantenhaus (1969) und die Kandidaturen für das Amt des Präsidenten oder des Vizepräsidenten (1980, 1984, 1988 und 1992). Darüber hinaus arbeitete Bush als politischer Berater bei mehreren Senatswahlkämpfen in Florida und Alabama. Er selbst kandidierte erfolglos für den Kongress (1978) und bewarb sich zweimal erfolgreich um das Amt des Gouverneurs von Texas (1994 und 1998).

Sein Lehrmeister auf dem Gebiet der schmutzigen Politik war Lee Atwater. Als Harvey Leroy Atwater, der 1988 den Präsidentschaftswahlkampf George H. W. Bushs leitete (von dem es hieß, er sei der schmutzigste in der ganzen bisherigen Geschichte der USA gewesen), im Alter von vierzig Jahren an einem Gehirntumor starb, war die Presse so diskret wie unter den Umständen möglich, als sie den Stil seines Wahlkampfs beschrieb: »Er fand Geschmack daran, sich an den Grenzen des Anstands zu bewegen, und für die Mitglieder seiner Partei war er ein Genie darin, die Schwächen seiner Gegner zu benennen und auszunutzen. Für seine Kritiker jedoch war er die Verkörperung der dunklen Seite der amerikanischen Politik.«[15] Heute wird dieses auf Nixon und Atwater zurückgehende Erbe von Bush und seinem politischen Berater Karl Rove fortgeführt, einem langjährigen Freund und Weggefährten Atwaters. Dank Rove hat Bush Nixon möglicherweise noch um einiges übertroffen. Als ich einen meiner ehemaligen Kollegen, der mit ihm zu tun gehabt hatte, fragte, was er für ein Mensch sei, erhielt ich die kurze und prägnante Antwort: »Er ist Haldeman und Ehrlichman in einer Person.«*

Da mein Interesse im vorliegenden Buch zu einem großen Teil dem gilt, was unter Bush II hinter den Kulissen vorgeht, habe ich auch Cheneys Machtposition einbezogen. Tatsächlich kann diese Präsidentschaft nicht verstanden werden, ohne den Einfluss Cheneys auf Bush zu berücksichtigen, denn wir haben es hier in vielerlei Hinsicht mit einer Kopräsidentschaft zu tun. Cheney zieht es jedoch vor, sich im Schatten Bushs zu halten. Wie eine

* Die Behauptung, Karl Rove sei Bushs politisches Gehirn, ist zwar falsch, doch kommt sie beiden Männern entgegen, da sie Rove schmeichelt, während Bush dadurch trotz seiner schmutzigen Wahlkämpfe eine weiße Weste behalten kann.

Gruppe von *Time*-Reportern in einem Beitrag über Cheney bemerkte, »verabscheut er … den Kleinkram in der Politik, das Händeschütteln und Keep-smiling, das Küsschengeben, eine Politik der Selbstvergötzung und der Selbstverleugnung. Cheney schätzt eine andere politische Arena, in der er sich wohl fühlt und aufblüht. Es ist die Bühne, die von den wenigsten Außenstehenden wahrgenommen wird, auf der – besonders in dieser Regierung – alle Entscheidungen getroffen werden. Es ist die Politik der Herrschaft auf höchstem Niveau, im Weißen Haus, wo die Kunst der Lenkung des Entscheidungsfindungsprozesses von einigen der geschicktesten Routiniers im Zentrum der Macht in Washington betrieben wird. Und es ist die Politik, in der Cheney unerreicht ist.«[16]

Am Anfang meiner Recherchen war ich einfach nur neugierig, welche Parallelen zwischen Bush und Nixon bestanden, doch dann trieb die besorgniserregende Geheimhaltung à la Nixon meine Untersuchung weiter – ich wollte es einfach nicht glauben, auf welchem Weg sich die Regierung unter Bush II befand. Zu der Zeit, als der ehemalige Reporter der *Los Angeles Times* Jack Nelson, ein lang gedienter Washington-Korrespondent, schrieb, dass »kein Präsident seit Richard Nixon eine solche Geheimhaltung [betrieb] wie George W. Bush oder so wütend [wurde], wenn etwas an die Öffentlichkeit gelangte«, war ich bereits so beunruhigt, dass ich mehrere Kolumnen und einen Artikel zum Thema in der *New York Times* sowie einen offenen Brief an Karl Rove verfasst hatte.[17] Nachdem Rove der *New York Times* gesagt hatte, aus der Präsidentschaft Nixons gebe es nichts zu lernen, schrieb ich ihm, ich könne mir nicht vorstellen, dass die Bush-Regierung das Risiko eingehen wolle, die Fehler Nixons zu wiederholen. Ich verwies darauf, dass »das andauernde Beharren auf Geheimhaltung durch Ihr Weißes Haus in beunruhigender Weise an Nixon« erinnert. »Ich rede von abgelehnten Ersuchen des Kongresses um Informationen und die Benennung von Zeugen, von der Verwendung einer präsidialen Verfügung (Executive Order), um das Gesetz von 1978 außer Kraft zu setzen, das einen öffentlichen Zugang zu den schriftlichen Unterlagen des Präsidenten vorsieht, oder davon, dass das General Accounting Office GAO, der amerikanische Bundesrechnungshof, gezwungen war, das Gericht anzurufen, um Informationen darüber zu erhalten, in welcher Weise das Weiße Haus Steuergelder dazu verwendet, eine der Energieindustrie nahe stehende Arbeitsgruppe zu bilden. Die Bush-Regierung versucht offenbar, den Trend zu einer offenen Regierung, der nach Watergate einsetzte, umzukehren.«[18] Bezeichnenderweise erfolgte darauf keinerlei Reaktion.

## Schlimmer als Nixons Geheimhaltung

Bislang gibt es kaum Untersuchungen über die Geheimpolitik von US-Präsidenten und noch weniger über die Folgen. Die vorhandenen Studien beschränken sich auf den Gebrauch (oder Missbrauch) des »Executive Privilege«, das Recht des Präsidenten, dem Kongress Informationen vorzuenthalten, oder auf den Gebrauch (oder Missbrauch) des Systems von Geheimhaltungsstufen zur nationalen Sicherheit oder auf die Handhabung der Pressefreiheit nach dem ersten Verfassungszusatz (First Amendment) seitens der einzelnen Präsidenten – alles zweifellos Beispiele für die gegenwärtig betriebene Geheimhaltung, die diese jedoch keineswegs in ihrem ganzen Ausmaß erfassen.

Kein Präsident kann ohne ein gewisses Maß an Geheimhaltung (genauer noch: ohne Vertraulichkeit oder Intimsphäre) regieren. Vertraulichkeit ist wesentlich für die Entwicklung und Umsetzung der Innen- wie der Außenpolitik.* Ohne Privatsphäre wäre es einem Präsidenten unmöglich, die für zweckdienliche Entscheidungen erforderlichen Informationen zu sammeln, Optionen und Alternativen auszuloten, freimütige Ratschläge einzuholen oder Beratungen abzuhalten. Niemand bezweifelt ernstlich, dass ein Präsident für sich und seine Mitarbeiter einen angemessenen Handlungsspielraum benötigt. Ebenso wenig ist zu bestreiten, dass es eine Reihe von Situationen gibt, in denen die Regierung das Recht hat, Informationen zurückzuhalten, etwa wenn deren Veröffentlichung der nationalen Sicherheit schaden, die Privatsphäre einzelner Personen unzulässig verletzen, grundlos Handels- oder Geschäftsgeheimnisse preisgeben oder die Regierung in der Ausübung der Verfolgung von Straftaten gefährden würde. All dies sind Beispiele für eine gerechtfertigte Geheimhaltung, auch wenn hierbei Missbrauch getrieben werden kann und oft auch getrieben wird. Doch in einer demokratischen Gesellschaft muss jede konkrete Form der Geheimhaltung stets in Frage gestellt und auf ihre Legitimation hin geprüft werden. James Madison hat dies in die berühmten Worte gefasst: »Eine Herrschaft des Volkes ohne Information der Bevölkerung oder die Mittel, diese zu beschaffen, ist nichts anderes als das Vorspiel zu einer Farce oder Tragödie, vielleicht auch beides. Wissen wird auf immer über die Unwissenheit herrschen, und ein Volk, das sein eigener Herrscher sein will, muss sich mit der Macht bewaffnen, die das Wissen verleiht.«[19]

* Für die amerikanische Philosophin Sissela Bok, die in ihrem mittlerweile zum Klassiker avancierten Buch *Secrets: On the Ethics of Concealment and Revelation* Geheimhaltung im öffentlichen und privaten Kontext untersucht, sind »Verschweigen oder Verbergen die Definitionsmerkmale der Geheimhaltung«, während Intimsphäre »den Zustand bezeichnet, vor dem unerwünschten Zugriff durch Dritte geschützt zu sein – in Form von körperlicher Anwesenheit oder persönlicher Information oder Unterrichtung«.

Die Geheimhaltungspolitik von Präsidenten hing von jeher eng mit ihrer Rolle als Oberkommandierende der Streitkräfte zusammen. Die ersten Präsidenten der USA beschränkten ihre Geheimhaltung hauptsächlich auf Fragen des Kriegs und von Vertragsverhandlungen sowie verdeckter Militäroperationen (die ich weitgehend aus meiner Betrachtung ausgeschlossen habe, obwohl Bush und Cheney die CIA und die Geheimdienste aggressiver eingesetzt haben als alle bisherigen Präsidenten). Unter Abraham Lincoln und Woodrow Wilson wurde die Geheimhaltung aufgrund der jeweils geführten Kriege erweitert. Ironischerweise waren diese beiden Männer vor ihrer Präsidentschaft lautstarke Kritiker einer Geheimhaltung. Als junger Abgeordneter aus Illinois griff Lincoln Präsident James Polk während des Mexikanischen Krieges aus genau diesem Grund heftig an. Als Präsident bediente er sich dann selbst außerordentlicher und nicht verfassungsmäßiger Mittel, um die Union zu erhalten. Und Woodrow Wilson hatte als junger Wissenschaftler geschrieben: »Licht ist das Einzige, was unsere politische Atmosphäre angenehmer machen kann.« Als Präsidentschaftskandidat setzte er 1912 auch den Kampf gegen die Geheimhaltung auf sein Programm und erklärte: »Eine Regierung sollte ganz nach außen gekehrt sein und nichts für sich behalten. Ich persönlich bin der Meinung, dass es keinen Ort geben sollte, an dem etwas [von der Regierung] getan werden kann, worüber nicht alle Bescheid wissen.« Einmal im Amt, war dann auch er in hohem Maße verschwiegen. Als er 1916 zur Wiederwahl antrat und versprach, die USA aus dem europäischen Krieg herauszuhalten, war er keineswegs aufrichtig, denn bereits im folgenden Jahr ersuchte er den Kongress um die Zustimmung zu einer Kriegserklärung sowie zu einigen der repressivsten Geheimhaltungsgesetze, die jemals verfasst wurden: dem Spionagebekämpfungsgesetz (Espionage Act) von 1917 und dem Gesetz gegen Volksverhetzung (Sedition Act) von 1918. Und nachdem ein Schlaganfall seine Arbeitsfähigkeit 1919 stark beeinträchtigt hatte, verheimlichte Wilson dies mit Hilfe seiner Frau und einiger Mitarbeiter der Öffentlichkeit, obwohl er fast gänzlich regierungsunfähig geworden war.

Während des Zweiten Weltkriegs wurde die Geheimhaltung durch Franklin D. Roosevelt noch mehr erweitert, der sie nicht nur für parteipolitische und Regierungszwecke, sondern auch für persönliche Ziele einsetzte, so wurde etwa seine Affäre mit Lucy Winchester als ein Geheimnis gehütet. Als erster von mehreren Präsidenten geriet er unter den direkten Einfluss des ungekrönten Königs der Geheiminformationen in Washington, des FBI-Direktors J. Edgar Hoover. Geheimnisse waren für Hoover nichts Besonderes, und er bot dem Präsidenten freimütig geheime Informationen aus den Akten des FBI an – die dieser akzeptierte. Roosevelt seinerseits ließ über das FBI jedermann von seinen politischen Gegnern bis zu seiner eigenen Frau durchleuchten.[20]

Nach dem Zweiten Weltkrieg wurden die Jahre des Kalten Krieges zu einer besonders finsteren Zeit der Geheimhaltungspolitik. Kein Präsident der Epoche war darauf so sehr bedacht wie Nixon, der nach seinem Rücktritt zugab, er sei in dieser Hinsicht »zu einem Paranoiker oder fast zu einem Nervenbündel« geworden.[21] So extrem war die damals betriebene Geheimhaltung, dass die Vereinigten Stabschefs im Weißen Haus es (im Interesse einer militärischen Bereitschaft und der nationalen Sicherheit) für nötig hielten, einen Spion in den Nationalen Sicherheitsrat einzuschleusen, der buchstäblich Informationen aus Henry Kissingers Aktentasche entwendete, Kopien anfertigte und diese den Stabschefs übermittelte. Als Nixons engste Mitarbeiter diesen Spion enttarnten (der auch Informationen an die Nachrichtenmedien weitergegeben hatte), passierte nichts, außer dass die Operation abgebrochen wurde, da ihre Fortsetzung möglicherweise das ganze Ausmaß der Geheimhaltung durch den Präsidenten enthüllt hätte. Die Nichtweitergabe von Informationen ging sogar so weit, dass Nixons Außenminister William Rogers und sein Verteidigungsminister Melvin Laird nichts von Kissingers Geheimverhandlungen mit den Vietnamesen über eine Beendigung des Kriegs wussten, und auch über seine Pläne mit China wurden sie erst wenige Tage vor ihrer öffentlichen Bekanntgabe informiert. So war es damals überall im Weißen Haus, das unter Nixon geradezu exzessiv segmentiert war: Informationen wurden nur in kleinstem Kreis an diejenigen weitergegeben, die unbedingt informiert sein mussten. (Die Rechtsabteilung erfuhr übrigens besonders viel von den Leuten der mittleren Ebene in der Hierarchie.) In einer Situation, wo man wichtige Information sogar Insidern vorenthielt, waren die Aussichten auf eine angemessene Unterrichtung der Öffentlichkeit natürlich gleich null.

»Täuschung einschließlich häufiger Verheimlichung und eines Rückgriffs auf verdeckte Operationen sowie die Irreführung der Öffentlichkeit in großem Umfang war ein Kennzeichen der von Nixon betriebenen Außenpolitik während seiner gesamten Amtszeit«, lautet denn auch das Fazit William Bundys in einer Untersuchung über Nixons Außenpolitik.[22] Robert Gates, der in der Nixon-Regierung mitarbeitete und anschließend für fünf weitere Präsidenten im Nationalen Sicherheitsrat oder in der CIA tätig war, schildert die Nixon-Jahre als »eine Zeit heimlicher Abmachungen und öffentlicher Verwirrung (und Täuschung), wobei die Persönlichkeiten ihrer Haupturheber – Nixon und Kissinger – deutlicher sichtbar wurden, als diesen bewusst war.«[23] Während Bundy zugesteht, dass auch andere Präsidenten während des Kalten Kriegs mit Täuschung arbeiteten und ebenfalls eine Vorliebe für Geheimhaltung hatten, sei bei Nixon »die Bereitschaft, heimlich zu handeln, zwanghaft« gewesen. Auch Bundy ist der Meinung, Nixon habe dies teuer bezahlt, denn seine potentiell großen außenpolitischen Leistungen »wurden weitgehend neutralisiert oder wertlos gemacht durch seine ständige Praxis der Täuschung, durch Geheimaktionen und vor allem durch Aktionen, die mit seinen öffentlichen Positionen unvereinbar waren«.[24]

Paradoxerweise hatten Nixons Praktiken ernsthafte Bemühungen zur Folge, eine unnötige Geheimhaltung der Regierung zu unterbinden. Noch während seiner Amtszeit verabschiedete der Kongress die Federal Advisory Committee Act, der zufolge Expertenanhörungen, die einen unmittelbaren Einfluss auf Regierungsentscheidungen haben, nicht mehr unter vollkommenem Ausschluss der Öffentlichkeit stattfinden dürfen. Nach Nixons Rücktritt erhielt die ursprünglich zahnlose und häufig ignorierte Freedom of Information Act (FOIA), die erstmals 1966 vom Kongress angenommen wurde, trotz eines Vetos durch Präsident Ford einen Zusatz. Außerdem verabschiedete der Kongress Ende 1974 die Privacy Act, die Bürgern das Recht auf Zugang zu allen über sie in Regierungsakten enthaltenen Informationen verleiht. 1976 erließ der Kongress die Government In The Sunshine Act, die alle Regierungsstellen, an deren Spitze mehr als eine vom Präsidenten ernannte Person steht, verpflichtet, ihre Sitzungen öffentlich abzuhalten. Und 1978 verabschiedete der Kongress die Presidential Records Act (PRA), die bestimmte, dass alle Unterlagen des Präsidenten Eigentum der Regierung sind, nach Beendigung der Amtszeit der National Archives and Records Administration (NARA) übergeben werden und spätestens zwölf Jahre nach Beendigung der Amtszeit eines Präsidenten öffentlich zugänglich gemacht werden müssen; hiervon wird noch die Rede sein. Diese neuen Gesetze, die sich deutlich auf die Geheimhaltung der Regierung auswirkten, waren ein Anfang, aber sie berühren nicht das große Problem einer jahrelang betriebenen Einordnung von Informationen zur nationalen Sicherheit in zu hohe Geheimhaltungsstufen.

Bill Clinton, der erste Präsident nach dem Ende des Kalten Krieges, bemühte sich, das Problem aus der Welt zu schaffen, solange die Demokraten im Kongress die Mehrheit hatten. Als Newt Gingrich 1995 bei den Kongresswahlen eine Mehrheit für die Republikaner errang, fanden diese Bemühungen um eine offenere Regierung ihr Ende. Allerdings hatte der New Yorker Senator Patrick Moynihan, ein ehemaliger Minister und Staatssekretär der Kabinette Kennedy, Johnson, Nixon und Ford, inzwischen eine Gesetzesvorlage durchgebracht, mit der die von beiden Parteien getragene Commission on Protecting and Reducing Government Secrecy ins Leben gerufen wurde: Sie hatte den Auftrag, sich mit der Praxis der Geheimhaltung der US-Regierungen und den Möglichkeiten ihrer Reduzierung zu beschäftigen. In den drei Jahren ihres Bestehens stand Moynihan der Kommission vor. Am Ende hatte er buchstäblich Berge von Dokumenten mit hoher Geheimhaltungsstufe studiert, die wenig mit nationaler Sicherheit zu tun hatten, längst überholte Informationen, die bis auf den Ersten und Zweiten Weltkrieg, Korea und Vietnam zurückgingen – in seinen Augen ein undemokratisches und sinnloses Durcheinander. Die Arbeit der Kommission fand ein positives Echo bei Clinton, der mit einer Executive Order begann, den riesigen Überhang an Geheimdokumenten freizugeben, was die automatische Aufhebung der Geheimhaltung von buchstäblich *Milliarden* Dokumenten bedeutete. Aufgrund seiner Verordnung erlosch eine Sperrung im Interesse der nationalen Sicherheit automatisch nach fünfundzwanzig Jahren, solange nicht der Chef eines Ministeriums oder einer Behörde, die für das jeweilige Gebiet zuständig waren, ausdrücklich zu einem bestimmten Dokument erklärte, die Fortsetzung der Geheimhaltung sei erforderlich. Da jetzt die Behörden die Notwendigkeit einer Geheimhaltung prüfen und feststellen mussten, hatte Clinton mit seiner Verordnung das alte System auf den Kopf gestellt. Wie ich in den folgenden Kapiteln anhand zahlloser Belege zeigen werde, versuchen Bush und Cheney dies rückgängig zu machen. Sie schotten die Regierung wieder gegenüber der Öffentlichkeit ab, und mit dieser Praxis haben sie lange vor den Terroranschlägen des 11. September begonnen. Diese lieferten lediglich ein zusätzliches Argument für eine verstärkte Geheimhaltung.

Auch hier gibt es eine Parallele: Nixons Streben nach Geheimhaltung artete in eine Zwangsvorstellung aus, nachdem Daniel Ellsberg die so genannten Pentagon-Papiere an die Öffentlichkeit lanciert hatte, eine vierzig Aktenordner umfassende Sammlung von hoch geheimen Dokumenten, die zu einer Studie des Verteidigungsministeriums über die Ursprünge des Vietnamkriegs gehörten. Für Nixon war dies ein Akt des Informationsterrorismus, der seine Regierungsfähigkeit bedrohte. Das Weiße Haus unter Nixon wurde dadurch ebenso verändert wie das unter Bush durch den 11. September. Aufgrund der Veröffentlichung der Pentagon-Papiere ging Nixon zu einer Politik über, in der der Zweck die Mittel heiligte. Seine Denkweise während der Monate, in denen er als Präsident seinem, wie sich zeigen sollte, Untergang entgegensteuerte, ist in höchstem Maße aufschlussreich:

> »Rückblickend kann ich sehen, dass ich von dem Tag an, als ich erkannte, dass der Vietnamkrieg nicht in kurzer Zeit oder leicht beendet werden konnte und dass ich eine Antikriegsbewegung gegen mich hatte, der es gelang, die Medien mit ihren Einstellungen und Werten zu beherrschen, manchmal selbst in dieselbe Denkweise verfiel, die ich an den Führern dieser Bewegung so sehr

> verachtete. Sie waren in wachsendem Maße bereit, fast alles zu rechtfertigen, sofern damit das Ende eines Krieges erzwungen werden konnte, den sie als ungerechtfertigt und unmoralisch betrachteten. Und ich fühlte mich in ähnlicher Weise getrieben, die Fähigkeit der Regierung zu erhalten, Außenpolitik in einer Weise zu betreiben, die meiner Meinung nach am besten zu einem Frieden führte. Ich war überzeugt, dass es eine Sache der nationalen Sicherheit sei. Das ist auch heute noch meine Meinung, und unter denselben Umständen würde ich heute nicht anders handeln, als ich es damals getan habe. Das endgültige Urteil über die Taten, Reaktionen und Exzesse auf beiden Seiten wird erst die Geschichte sprechen; es ist ein Urteil, das ich nicht zu fürchten brauche.«[25]

Sollte es einen Historiker geben, der das instrumentelle Verhältnis Nixons zur Politik, seine Rationalisierungen, Rechtfertigungen und seine Denkweise positiv beurteilt hat, so ist es mir nicht gelungen, ihn ausfindig zu machen. Sein wohlwollendster Biograph ist Jonathan Aitken, ein ehemaliger Unterhausabgeordneter und Verteidigungsminister in England, der mit Nixon nach dessen Ausscheiden aus der Politik zusammentraf und tief beeindruckt war. Aitken verfasste sein Loblied auf Nixon, bevor er selbst wegen Meineids vor Gericht gestellt und verurteilt wurde.[26] Doch selbst er, dessen Buch von zahlreichen Entstellungen und Falschinformationen strotzt, sah sich nicht in der Lage, die Reaktion Nixons auf die Veröffentlichung der Pentagon-Papiere in ein vorteilhaftes Licht zu stellen. »So begann Nixon mit seiner fehlgeleiteten Reaktion auf die Veröffentlichung der Pentagon-Papiere unaufhaltsam auf Watergate zuzutreiben«, schreibt Aitken und fährt fort: »In Wirklichkeit wurde die Bedeutung von Ellsbergs Diebstahl der Pentagon-Papiere wild übertrieben. Sowohl die Presse als auch das Weiße Haus lagen hier falsch. Was Nixon anging, so wurde er unglaublich schlecht beraten, was die Konsequenzen von Ellsbergs schwerem Dienstvergehen für die nationale Sicherheit betraf. Aufgrund dieses Rats reagierte er viel zu heftig, und seine Reaktionen hatten die unvorhersehbaren Nebenwirkungen, dass Geheimoperationen des Weißen Hauses von einem ganz alltäglichen Vorgang zu einer finsteren Macht wurden.«[27] Dasselbe gilt, wie ich zeigen werde, für den 11. September – nur dass hier die Überreaktion noch stärker war.

Präsidenten wie Franklin D. Roosevelt, Truman, Eisenhower, Reagan und Clinton haben das Präsidentenamt ausgefüllt, von ihrer auf begrenzte Zeit gewährten Macht gern Gebrauch gemacht und trotz der Anforderungen ihres Amts ihre gute Laune nicht verloren. Selbst wenn ihnen der Wind ins Gesicht blies, stand außer Frage, dass sie genau dort sein wollten, wo sie sich befanden. Doch wie bei Nixon ist es auch bei Bush eher so, dass er zwar »den Präsidenten zu geben« sucht (manchmal gut, gelegentlich auch schlecht), diese Rolle jedoch nicht ausfüllt. Das konnte und kann man unter anderem an der Art und Weise erkennen, wie beide von ihrem Amt sprechen. Nixon sprach von sich stets in der dritten Person – »Der Präsident tut dies oder das« –, als handele es sich nicht um ihn selbst. Ähnlich ist es bei Bush: »Die Aufgabe des Präsidenten besteht darin, die Nation zu einen, um große Ziele zu erreichen.« »Ein Präsident will militärische Pläne, die Erfolg versprechen.« »Ich bin der Oberbefehlshaber – verstehen Sie, ich muss nichts erklären – … Das ist ein interessanter Aspekt der Position eines Präsidenten.«[28]

Diese Neigung, Person und Titel zu trennen, ist mehr als eine sprachliche Marotte und hat auch nichts mit Bescheidenheit zu tun. Bei Nixon wie bei Bush wirkt es wie eine Art Immunisierung gegen die Auswirkungen ihrer Entscheidungen. Es klingt fast, als wollten sie damit sagen, nicht sie seien verantwortlich, sondern ein anderer, der Mann in der Rolle des Präsidenten. Gleichzeitig gehen sie zu sich selbst auf Distanz als die wahren Urheber ihrer Handlungen, als wollten sie sagen: »Was fragen Sie mich – ich habe damit nichts zu tun.« Solche Anzeichen können verräterisch sein. Wenn ein Präsident sich immer wieder von seinen Handlungen distanziert, spricht daraus nicht nur die Angst, mit diesen identifiziert zu werden, sondern auch die Scheu davor, die mit dem Amt auf sich genommene Verantwortung wirklich zu akzeptieren. Bei George Bush sind die Angst und das Ausweichen verständlich, haben er und seine Regierung sich doch auf einige der übelsten Machenschaften in der jüngsten politischen Geschichte der USA eingelassen. Sie wissen genau, was sie tun, und nutzen die Geheimhaltung und das dafür notwendige Instrumentarium – Vernebelung, Täuschung, Mauern und Lügen – dazu, auch weiterhin nach Möglichkeit nicht zur Verantwortung gezogen zu werden, was lediglich weitere Anzeichen für die Diskrepanz zwischen der Person und dem hohen Amt sind. Dick Cheney dagegen findet anscheinend an der Macht denselben Genuss wie ein Kriegsfürst im Mittelalter.

Noch nie in der Geschichte der Vereinigten Staaten gab es an der Spitze des Staates ein Gespann wie Bush und Cheney, Männer, deren zwanghaftes Bedürfnis nach Informationskontrolle und Verdrehung der Tatsachen so stark ist, dass sie bereit sind, für ihre ganz persönlichen kurzfristigen politischen Interessen den demokratischen Prozess zu zerrütten. Seit Nixon das Weiße Haus verlassen hat, gab es keine derartige Gier nach Macht und noch nie zuvor eine solche politische Paranoia. Als ich meine ersten Vergleiche zwischen Nixon und Bush anstellte, erschienen mir die Ähnlichkeiten zwischen ihnen banal. Leider sind sie es nicht. Auch wenn die Geschichte sich niemals exakt wiederholt, gelingen ihr doch gelegentlich gute

Imitationen. Es ist bemerkenswert, dass Nixon und seine Vergangenheit den Prolog für die Präsidentschaft Bushs und Cheneys bilden. Aber genau das ist der Fall. Und wie sich zeigen wird, sind es die düsteren Töne, die erneut an unser Ohr dringen.

# Mauern

*»Scheißegal, was passiert, ich will, dass ihr alle mauert.«*
Richard Nixon[1]

Dichtzuhalten, sich jeglicher Nachfrage zu verschließen ist eines der gröberen Hilfsmittel der Geheimhaltung. Genau damit begannen Bush und sein Vize schon während des Wahlkampfs 2000 – und sie tun es auch heute noch. Zunächst nur bei Informationen, von denen sie behaupteten, sie seien persönlicher und privater Natur und deshalb tabu. Als sie damit durchkamen, obwohl es sich um Fakten handelte, die zu erfahren die Öffentlichkeit nach allen bisherigen Maßstäben ein Recht gehabt hätte, machte sie das kühner, und sie nahmen diese Praxis mit ins Weiße Haus, wo sie mehr und mehr um sich greift.

Präsidentschaftsbewerber (und Präsidenten) sprechen aus verständlichen Gründen nicht gern über Dinge, die sie für ihre Privatsache halten, vor allem wenn dabei Probleme oder ein früheres Fehlverhalten zur Sprache kommen könnten. Doch wer für das Amt des Präsidenten oder auch des Vize (erfolgreich) kandidiert, gibt damit automatisch und aus freien Stücken einen Großteil seiner Privatsphäre auf. Die *National Review* erklärt dazu kurz und bündig: »Ein Präsidentschaftskandidat ist in der von ihm angestrebten Rolle keine Privatperson mehr.«[2] Das gilt erst recht für den Präsidenten selber. Wenn eine Privatperson ein öffentliches Amt bekleidet, muss die Privatsphäre zurückstehen. Das war offenbar für jene Republikaner sonnenklar, die im Sommer 1998 auf einer Erklärung des Präsidenten [Clinton] bestanden, ob sein erigierter und höchst demokratischer Penis »besondere Merkmale« aufweise. Mit dieser Forderung zerstörten die Republikaner alle noch verbliebenen Refugien einer präsidialen Privatsphäre.[3] Robert Schmuhl, Professor für Journalismus, Ethik und Demokratie an der Universität Notre Dame, hat gesagt, die politischen Berater von Anwärtern auf das Präsidentenamt würden (oder sollten) diese darüber aufklären, dass »ungeachtet ihrer Prominenz und Machtposition Präsidenten ... mit der wahrscheinlichen – jawohl: wahrscheinlichen – Enthüllung jeglicher Fakten oder Gerüchte [rechnen müssen], die eine ›dunkle Seite‹ oder unlautere Motive nahe legen«, gleichgültig, ob es um sie als Privatperson oder als Person des öffentlichen Lebens geht.[4] Offenbar sind manche Offenlegungen von Bedeutung und andere nicht. Und ebenso offenbar können einige von ihnen in unfairer Weise gegen einen Kandidaten oder Präsidenten verwendet werden. Als sich das Oberste Bundesgericht der Vereinigten Staaten (übrigens bereits im Jahre 1977) mit dieser Frage befasste, waren seine Richter freilich der Meinung, die Privatsphäre eines Präsidenten müsse gegen das Recht der Öffentlichkeit auf Information abgewogen werden.[5]

Konkrete Hinweise gab das hohe Gericht indes nicht, da es praktisch durchweg der Meinung war, dass die Öffentlichkeit ein Recht darauf habe, über alles informiert zu werden, was die Nachrichtenmedien im Hinblick auf öffentliche Persönlichkeiten (und Amtsträger) für »berichtenswert« hielten, solange der Verbreiter der Information von deren Richtigkeit überzeugt sei.[6] Journalisten wie auch die Öffentlichkeit lassen sich von ihrem gesunden Menschenverstand leiten, und es besteht weithin Einigkeit darüber, dass Fragen zum Charakter, etwa zu Ehrlichkeit und Integrität, und zum Werdegang eines Kandidaten legitim sind. Ein weiterer Bereich, zu dem Fragen nicht nur als berechtigt, sondern geradezu als notwendig angesehen werden, ist die körperliche Verfassung eines Bewerbers um das höchste Amt im Staat. Seit dem Beginn des Wahlkampfs von Bush und Cheney 2000 und während ihrer ersten Amtszeit sind Fragen zu ihrem Werdegang, ihrem Charakter und ihrer Gesundheit regelmäßig abgeschmettert worden. Mit anderen Worten, sie haben sich geweigert, Informationen preiszugeben, auf die die Bevölkerung nach allem bisherigen Verständnis ein Recht hat.

## Die Frage des Charakters

Die Wähler sind gemeinhin überzeugt, dass ein guter Charakter die wichtigste Eigenschaft von Präsidenten (und Vizepräsidenten) ist.[7] Als der Präsidentschaftskandidat Gary Hart 1987 die Journalisten aufforderte, sein Geschlechtsleben unter die Lupe zu nehmen, nahmen Reporter vom *Miami Herald* die Herausforderung an – und machten seiner Kandidatur ein Ende. Zu den Überprüfungen der charakterlichen Eignung für ein hohes Amt gehören regelmäßig auch Nachforschungen über die Geschäfte eines Kandidaten oder Amtsinhabers. So begann beispielsweise die *New York Times* 1992 ihre Untersuchung der geschäftlichen Transaktionen Präsident Clintons in der Zeit vor der Präsidentschaft, wobei es zunächst um ein gescheitertes Grundstücksgeschäft in Whitewater, Arkansas, ging. Diese Recherchen lösten eine Untersuchung durch einen Unabhängigen Staatsanwalt (Independent Counsel) aus, die eine Eigendynamik annahm und während Clintons gesamter Amtszeit andauerte – auch wenn die Ermittlungen am Ende keine Anhaltspunkte für ein unsauberes Geschäftsgebaren des Präsidenten oder seiner Frau ergaben. Journalisten fahnden gewohnheitsmäßig nach Interessenkonflikten, Fällen von Amtsmissbrauch, anrüchigen Geschäften, Heuchelei und vorsätzlich falschen Behauptungen.

Bush machte die Persönlichkeit in seinem Wahlkampf 2000 zum Thema und forderte die Wähler auf, ihn nach seinem Charakter zu beurteilen. Es begann damit, dass Bush und seine Werbefirma in den Vorwahlen die charakterliche Eignung von Senator McCain, bei den eigentlichen Wahlen die von Vizepräsident Al Gore in Zweifel zogen. Bush selbst dagegen weigert sich einfach, Fragen über seine eigene Vergangenheit und seinen Charakter zu beantworten. Noch bemerkenswerter ist die Tatsache, dass er damit durchgekommen ist. So schaltete er beispielsweise wiederholt Werbespots im Fernsehen, in denen er behauptete, Gore habe bei Streitgesprächen mehrfach seine Position geändert, und stellte dann die Frage: »Wenn wir Al Gores Erklärungen in Streitgesprächen nicht trauen können, warum sollten wir ihm dann überhaupt trauen?«[8] Als er dagegen gezwungen wurde, seine lange verheimlichte Verhaftung wegen Trunkenheit am Steuer zu offenbaren, die er nach seinen eigenen Worten »für sich behalten wollte, um für seine heranwachsenden Töchter und andere Kinder kein schlechtes Vorbild zu sein«, lehnte Bush es ab, wirklich über seine Vergangenheit zu reden. Stattdessen ging er zum Angriff über und erhob die Frage, wer seine Verhaftung zu einem so späten Zeitpunkt während des Wahlkampfs an die Öffentlichkeit gebracht hatte, zum eigentlichen Problem, so dass sein Handeln nicht weiter zur Diskussion stand. Kein Bewerber um das Amt des Präsidenten, der so wenig über sich selbst mitteilte wie Bush, ist je so erfolgreich gewesen.

## Der verborgene Werdegang

Bush behauptet zwar, seine Wahl zum Präsidenten habe er allein sich selbst zu verdanken, doch in Wahrheit hatte er durch seinen Familiennamen von Anfang an einen Vorteil.

Die prägenden Jahre Bushs – die sich nach seinen eigenen Angaben bis zu seinem vierzigsten Lebensjahr erstreckten – sind für die Öffentlichkeit und die Reporter tabu. Als er sich 1994 um das Amt des Gouverneurs von Texas bewarb, räumte er ein, dass er in »jungen Jahren« dem Alkohol gelegentlich etwas zu sehr zugesprochen habe und ein recht haltloser junger Mann gewesen sei. Als ein Journalist ihn 1999 ganz direkt fragte, ob er Alkoholiker sei, antwortete er, er glaube »nicht im klinischen Sinne«, eine Behauptung, der einer seiner nächsten Freunde mit den Worten widersprach, »es ist nur eine ganz schmale Grenzlinie zwischen übermäßigem Alkoholgenuss in Gesellschaft und Alkoholismus«.[9] Während des Wahlkampfs 2000 wurde er zudem gefragt, ob er jemals Marihuana oder Kokain genommen habe. Bush gab zurück, zu seinen »Jugendsünden« werde er sich »nicht äußern«, und setzte hinzu: »Worauf es ankommt, ist, dass ich aus jedem Fehler, den ich gemacht habe, gelernt habe.«[10] Doch wie sollen wir wissen, was genau er gelernt hat, wenn er nicht preisgeben will, *woraus* er denn nun gelernt hat?

Bevor er sich für das Amt des Präsidenten bewarb, beauftragte Bush einen Privatdetektiv, seine eigene Vergangenheit unter die Lupe zu nehmen, um festzustellen, was andere über sein Privatleben und seine geschäftlichen Aktivitäten herausfinden könnten.[11] Im Bewusstsein seiner dunklen Seite erklärte er während des Wahlkampfs gegenüber den Medien: »Ich werde mich nicht am politischen ›Gotcha-Spiel‹ beteiligen. Ich werde keinen Kommentar zu den Gerüchten des Tages abgeben. Ich habe den Leuten gesagt, was sie über mich wissen müssen.«[12] Mit dieser trotzigen Haltung hat er jedoch nur weitere Fragen provoziert: War er einfach nur ein Partyjunge, bis er vierzig Jahre alt war, oder hat er ein ernstes Alkoholproblem? Was ist mit seinen Fehlzeiten während seiner Militärdienstzeit, hatte er sich unerlaubt von der Truppe entfernt? Hat er wirklich aufgehört, Suchtmittel einzunehmen, und stattdessen begonnen zu joggen, sind jetzt also Endorphine die Droge seiner Wahl? Und was ist dran an den Gerüchten, Prozac sei für Bush dasselbe, was Dilantin (ein Antiepileptikum) für Nixon war?[13] Oder die Gerüchte, er trinke gelegentlich ein Gläschen? Wirkt Alkohol enthemmend und bringt das wirkliche innere Ich Bushs zum Vorschein (das beispielsweise keine Schwierigkeiten hatte, einen Kolumnisten des *Wall Street Journal* in Begleitung seiner Frau und eines Kindes als einen »Scheißkerl« zu bezeichnen)?[14]

Zweifellos ist Bush beschämt und verlegen, wenn er auf sein *persönliches* Verhalten in den ersten vier Jahrzehnten seines Lebens angesprochen wird. Aber warum sollte man sich weigern, über die eigenen *geschäftlichen* Angelegenheiten zu reden? Das Geschäftsgebaren ist eine gute Möglichkeit, den Charakter oder auch die Geschäftstüchtigkeit eines Mannes zu beurteilen. »Wenn Bush gefragt wird, auf welche Leistungen seiner beruflichen Laufbahn er besonders stolz ist«, schreibt die *Washington Post*, »dann beginnen diese zu einer Zeit, als er zweiundvierzig Jahre alt war und an der Spitze einer Investmentgruppe stand, die die Texas Rangers kaufte.«[15] Seine offizielle, vom Weißen Haus herausgegebene Biographie ist bemerkenswert, da zwischen seiner Graduierung an der Harvard Business School 1975 und seiner Tätigkeit für die Baseballmannschaft der Texas Rangers seine einzige dort angeführte berufliche Aktivität die Mitarbeit beim Wahlkampf seines Vaters 1988 ist. Das hat seine Gründe.

Befragt man Bush zu seinen Geschäften, wird er schnell ärgerlich, sobald man die Vermutung äußert, der Name seiner Familie und die Prominenz seines Vaters seien wesentliche Faktoren für seinen geschäftlichen Erfolg (oder anders ausgedrückt, bei wiederholten Rettungsaktionen aus schweren geschäftlichen und finanziellen Fehlschlägen) gewesen.[16] Aber es genügt, auf seine Vergangenheit zu schauen, die er nicht so einfach beerdigen konnte. Bush hatte nur einen einzigen wirklichen Erfolg während seines beruflichen Werdegangs (den er zu seiner gesamten Karriere macht, obwohl er sich, wie gesagt, erst einstellte, als er über vierzig war), während die übrige Zeit, über die er nicht reden will, eine einzige Serie von Fehlschlägen war. Praktisch jeder Reporter, der sich mit Bushs beruflicher Laufbahn beschäftigte, stellte fest, dass der Einfluss von Bush senior überwältigend und entscheidend war. »Bushs gesamte geschäftliche Laufbahn gründete auf wenig mehr als auf der Freundlichkeit, die reiche Leute den Kindern einflussreicher Politiker zukommen lassen«, konstatierte Richard Cohen nach seiner Recherche in der *Washington Post*.[17] Byron York, Journalist beim *American Spectator* (nota bene nicht gerade eine republikanerfeindliche Publikation), gelangte zu einem ähnlichen Schluss: »Wenn man den Karriereweg Bushs mit Daten versieht, so erkennt man, dass sein Aufstieg als Geschäftsmann mit dem Aufstieg seines Vaters in die höchsten Ränge der Regierung zusammenfällt ... Es kann allerdings sein, dass – sofern keine Belege dafür auftauchen, dass nicht alles mit rechten Dingen zugegangen ist – hierzu nicht viel mehr zu sagen ist als das, was ohnehin jeder weiß: Natürlich hat Bush von seinen Beziehungen profitiert, aber das ist der Lauf der Welt.«[18] Zu sagen ist indes noch einiges mehr, denn es existieren tatsächlich Belege dafür, dass nicht alles mit rechten Dingen zuging.

Bushs Behauptungen über das erfolgreiche Unternehmen mit den Texas Rangers sind allgemein bekannt. Er benutzte es, um seine Position als Bewerber für das Amt des Gouverneurs von Texas zu verbessern, und er stellte es in seiner Wahlkampfbiographie von 1999 groß heraus. Dort berichtet er, wie er am Wahlkampf seines Vaters 1988 um das Amt des Präsidenten mitarbeitete, als er einen Anruf von Bill DeWitt Jr. erhielt, einem Geschäftsmann aus Cincinnati. Was er wohlweislich verschweigt, ist die Tatsache, dass DeWitt (der ebenso wie er Harvard- und Yale-Absolvent war) ihn etwa vier Jahre zuvor aus seinem ersten geschäftlichen Schlamassel herausgepaukt hatte – mit seiner Firma Arbusto (spanisch für »bush«), die später in Bush Exploration umgetauft wurde. Nachdem sie Millionenverluste erlitten hatte, war der Arbusto/Bush Exploration nur noch ein Kapital geblieben – der erfolglose Sohn des Vizepräsidenten der Vereinigten Staaten. Bill DeWitt ließ Bushs Unternehmen in seiner eigenen Firma Spectrum 7 aufgehen. Mit Bush als Chairman und CEO machte diese bald bankrott. Doch eine weitere Firma, Harken Oil, war sehr daran interessiert, den Namen Bushs im Vorstand zu haben. Der Miteigentümer von Harken Oil, George Soros, der nicht aktiv an der Führung des Unternehmens beteiligt war, aber dessen Aktivitäten im Auge hatte, erklärte gegenüber dem in Washington arbeitenden Journalisten David Corn: »Wir haben politischen Einfluss gekauft. Das war alles. [Bush] war kein großer Geschäftsmann.«[19] David Rubenstein, dem Mitgründer und Vorsitzenden des Vorstandsgremiums von The Carlyle Group, einer Gruppe hochrangiger ehemaliger Amtsträger in Washington, die bis vor kurzem Bushs Vater als einen ihrer hochkarätigen Berater herausstellten, verdanken wir eine Schilderung George W. Bushs als Direktor. Im Jahr 2001 hielt Rubenstein eine öffentliche Rede vor der Los Angeles County Employees Retirement Association, ohne zu wissen, dass die halb öffentliche Veranstaltung aufgezeichnet wurde.

Wie Rubenstein in dieser Rede ausführte, hatte 1991 einer von Bushs Freunden gesagt: »Hört mal, da gibt es einen Burschen, der gern im Vorstand [eines Unternehmens] mitarbeiten würde«, das The Carlyle Group gerade von Marriott übernommen hatte; es handelte sich um Caterair, einen Lieferanten von Speisen und Getränken für Fluglinien. »Also nahmen wir Bush in den Vorstand auf, fuhr Rubenstein fort, »und [er] verbrachte dort drei Jahre. Kam zu jeder Sitzung. Erzählte eine Menge Witze – nicht besonders saubere. Und nach einiger Zeit, so etwa nach drei Jahren, sagte ich zu ihm, hören Sie, ich bin mir nicht so ganz sicher, ob das hier wirklich was für Sie ist. Vielleicht sollten Sie sich nach etwas anderem umsehen. Weil ich glaube, dass Sie für den Vorstand nicht von besonders großem Nutzen sind. Sie wissen nicht allzu viel über das Unternehmen.« Natürlich liegt die Pointe dieser Geschichte darin, dass Bush sich tatsächlich nach etwas anderem umgesehen hat – er wurde Präsident der Vereinigten Staaten. Rubenstein setzte noch hinzu: »Er ist nicht wegen irgendwelcher besonderer Leistungen ins Weiße Haus eingeladen worden.«[20] Clevere Geschäftsleute wie Rubenstein erkennen Talent, wenn sie ihm begegnen, und Bush hatte keines.

Bei Harken Oil war Bush von den alltäglichen Pflichten einer Führungskraft befreit und fungierte lediglich als Mitglied im Verwaltungsrat. Als DeWitt ihn 1988 mitten im Wahlkampf anrief, bestand eigentlich kein ernsthafter Zweifel, dass er von der magischen Kraft des Namens Bush noch etwas mehr Gebrauch machen wollte. Bill DeWitt, dessen Familie früher einmal die Baseballmannschaft Cincinnati Reds gehört hatte, sagte Bush bei seinem Anruf, er habe gehört, dass die Texas Rangers zum Verkauf stünden.* »Das könnte für Sie eine klare Sache sein«, so wird DeWitt bei Bush zitiert.[21] Das war es auch, denn

* Im Oktober 2003 berief Bush seinen Freund William O. DeWitt Jr. in den mit sechzehn Mitgliedern besetzten Foreign Intelligence Advisory Board (Beratergruppe für Auslandsaufklärung), die vor ihrer Aufnahme so genau überprüft werden müssen, dass die Tätigkeit dieses Ausschusses der Geheimhaltung unterliegt. Der FIAB soll unter anderem die Tätigkeit der US-Geheimdienste beaufsichtigen und dem Präsidenten darüber Bericht erstatten. Siehe hierzu *The [Cincinnati] Enquirer*, 10. Oktober 2003.

Bush liebt Baseball, und zufällig kannte er auch den Eigentümer der Texas Rangers, Eddie Chiles, einen langjähriger Anhänger seines Vaters. Nachdem Chiles vom Interesse Bushs an seinem Club erfahren hatte, wollte er mit keinem anderen mehr verhandeln, sagte sein Witwe später. Damit fiel Bush natürlich bei dem Geschäft eine wichtige Rolle zu. Doch weder Bush noch (anscheinend) DeWitt noch die übrigen von Bush aufgebotenen möglichen Partner hatten die sechsundachtzig Millionen Dollar, die Chiles für seinen Club haben wollte. Einem Bericht im *Wall Street Journal* zufolge (der sich deutlich von der Darstellung in Bushs Autobiographie unterscheidet) »war das Spiel von Mr. Bush entsprechend einem bereits bekannten Muster aus seiner bisherigen geschäftlichen Laufbahn nicht gerade von Erfolg gekrönt«. Stattdessen »sprang [der republikanische Sportfunktionär] Peter Ueberroth ein und vermittelte ein Geschäft, bei dem der Finanzmann Richard Rainwater aus Fort Worth mit der Bush-Gruppe zusammenkam. Ueberroths Zuspiel zu Mr. Rainwater bestand in dem Vorschlag, dieser solle sich an dem Geschäft auch ›aus Respekt‹ vor Präsident Bush beteiligen.«[22] Ein weiterer Interessent war der erfolgreiche Harvard-Absolvent Edward »Rusty« Rose III (der seine Millionen im schmutzigen Geschäft mit überbewerteten Unternehmen gemacht hatte).[23] Man vereinbarte, dass Rose sich um die Zahlen und die Finanzen des Clubs kümmern und Bush die Galionsfigur spielen sollte. Der Deal kam zustande, und Bush hatte seine Baseballmannschaft, während DeWitt und die Übrigen einen weiteren Vorteil aus dem Namen Bush ziehen konnten. Ihr nächster Schritt war die Planung und der Bau eines neuen Stadions – das sich als die Quelle des Geldes erweisen sollte, das Bush mit den Texas Rangers machte. Doch bevor es dazu kam, bedurfte es noch einiger zweifelhafter Methoden, um an öffentliche Gelder heranzukommen.

Karen Hughes beschreibt die Geschichte in Bushs Autobiographie so, wie sie auch im Wahlkampf um den Gouverneursposten dargestellt wurde. Sie nannten das Ganze »eine öffentlich-private Partnerschaft, bei der die Rangers einen Teil des Geldes für den Bau eines neuen Stadions aufbrachten und die Bürger von Arlington den Rest, wofür ein halber Cent der für wirtschaftliche Entwicklung bestimmten Umsatzsteuer vorgesehen war« – ein Arrangement, mit dem Bush nach seinen eigenen Worten »leben konnte … solange die Steuerzahler von Arlington alle Fakten kannten und über den Vorschlag abstimmen konnten«.[24] In Bushs Autobiographie heißt es weiter, dieser »geniale Plan« sei von »einem anderen großen Denker, dem Bürgermeister von Arlington, Richard Greene« bereitwillig angenommen worden. Aber wir müssen den Teil der »öffentlich-privaten Partnerschaft« im Auge behalten, bei dem die Rangers einen Teil der Kosten für den Bau des Stadions aufbringen sollten.

Nach einem Bericht im *American Spectator* wurden bei diesem Geschäft die Einwohner Arlingtons regelrecht über den Tisch gezogen. Von den geschätzten Gesamtkosten des Bauvorhabens in Höhe von 189 Millionen Dollar sollten Bush und seine Partner insgesamt 135 Millionen Dollar von der Stadt Arlington erhalten. »Der Bürgermeister von Arlington, Richard Greene«, berichtete die Zeitschrift, »setzte sich aggressiv für das Vorhaben ein«, indem er auf den Nutzen für die Stadt hinwies und versprach, dass »die Rangers mit dreißig Millionen Dollar ›in Vorlage treten [würden], wie bei einer Anzahlung auf ein Haus‹, um das Geschäft anzuschieben«. Doch erst nachdem die Wähler sich mit überwältigender Mehrheit für das Projekt ausgesprochen hatten, erfuhren sie, dass »die Rangers das Geld *nicht* im Voraus hinlegen würden, sondern auf einen längeren Zeitraum verteilt, in Form eines Zuschlags von einem Dollar pro Eintrittskarte, der von den Fans bezahlt würde«. Und die Rangers würden, indem sie über einen Zeitraum von zwölf Jahren eine jährliche Pacht von fünf Millionen Dollar (also insgesamt sechzig Millionen) bezahlten, das Stadion schließlich ihr Eigen nennen können.[25] Somit erhielten Bush und seine Partner für jeden Dollar, den sie in das Stadion investierten, von jedem Steuerzahler Arlingtons über zwei Dollar zurück. Und das Geld, das Bush und seine neuen Geschäftspartner aufbrachten, bezahlten in Wirklichkeit die Zuschauer mit dem Zuschlag auf die Eintrittskarten. Am Ende dieser zwölf Jahre würden die Fans wie die Stadt mit leeren Händen dastehen.

Darüber hinaus sorgten Bush und seine Partner dafür, dass der Staat Texas das Gelände rund um das Stadion enteignete, so dass es gewerblich erschlossen werden konnte, was der Rangers-Partnerschaft erneut ein hübsches Geschäft bescherte. Bemerkenswerterweise wurde ein Großteil dieser Geschichte während des Wahlkampfs 2000 gar nicht zur Sprache gebracht, obwohl der *American Spectator*, der den geschäftlichen Affären von Hillary und Bill Clinton jahrelang nachgegangen war, »eine eingehende Untersuchung [auch im Falle Bushs] für eine gute Sache« hielt. Es kam jedoch nie dazu.*

Um in das Geschäft mit den Rangers einsteigen zu können, nahm Bush bei der United Bank of Midland in Texas, bei der er früher den Posten eines Direktors bekleidet hatte, einen Kredit in Höhe von 500 000 Dollar auf. Anscheinend sicherte er diesen Kredit mit seinen Harken-Aktien ab, die etwa denselben Wert hatten. (Er hatte 212 000 Aktien von

* Für die Einwohner Arlingtons war dies wohl keine so glückliche Geschichte, für Bush und den ehemaligen Bürgermeister von Arlington, Richard Greene, den Bush im März 2003 zu einem leitenden Mitarbeiter der Umweltschutzbehörde ernannte, dafür umso mehr. Siehe U.S. Environmental Protection Agency; http://www.epa.gov/region6/6xa/greene2.htm.

Harken bekommen, als Harken Spectrum 7 übernahm, und besaß weitere Anteile über eine Sonderemission an die Direktoren der Bank.) Harken bezahlte ihm ein jährliches Beraterhonorar zwischen 42 000 und 120 000 Dollar (das niedriger war, wenn er wegen seiner Mitarbeit im Wahlkampf für seinen Vater nicht verfügbar war, wofür er zweifellos ebenfalls bezahlt wurde oder zumindest alle Ausgaben erstattet bekam – doch auch zu diesem Thema schweigt er sich aus).

1989 und 1990, als Bush Verhandlungen wegen des Kaufs der Rangers führte, saß er noch im Verwaltungsrat von Harken sowie im Prüfungsausschuss. Im Juni 1990 verkaufte Bush 212 140 Aktien zu je vier Dollar in einer privaten Transaktion für 848 560 Dollar.* Acht Tage nach dem Verkauf gab Harken einen Verlust von 23,2 Millionen Dollar bekannt, und der Kurs der Aktie fiel auf 2,37 Dollar. Mit dem Erlös aus seinem Verkauf zahlte Bush den Kredit von einer halben Million Dollar zurück, so dass ihm noch ein Gewinn von rund 350 000 Dollar blieb. Seinen Anteil an den Texas Rangers stieß er 1998 ab, was ihm 14,5 Millionen Dollar einbrachte.

Hat Bush einen Vorteil aus seinem Insiderwissen bezogen, als er die Aktien rechtzeitig verkaufte? Natürlich hat er das. Zwar prüfte die Börsenaufsicht SEC (Securities & Exchange Commission) die Transaktion und Bushs jüngste Unterlagen seines Insiderhandels, verfolgte die Sache jedoch nicht weiter. Es gab auch keinen Staatsanwalt, der eine Grand Jury einberufen hätte, um sich mit potentiellen Verstößen gegen das Börsengesetz zu befassen.** Na-

* Der private Käufer wurde nie ermittelt, und der Börsenmakler, über den die Transaktion lief, weigert sich, darüber zu sprechen. Der Makler ist noch nicht offiziell zugelassen, doch in einer zweiten Amtszeit Bushs ist noch vieles möglich.

** Der Verkauf der Aktien war ein Insiderhandel, den Bush der SEC hätte mitteilen müssen. Dass er es nicht tat, war ein klarer Gesetzesverstoß. Die türlich haben alle diese Leute für Bushs Vater gearbeitet. Bush behandelt die Tatsache, dass gegen ihn keine Anklage erhoben wurde, dreist als Entlastung, was unwillkürlich an O.J. Simpson erinnert, der allen Leuten sagt, die Tatsache, dass er frei herumlaufe, sei der Beweis dafür, dass er seine Frau nicht umgebracht habe.

Viele Tatsachen im Zusammenhang mit Bushs Verkauf seiner Anteile an Harken bleiben in der Versenkung, und Bush hat alle Versuche, Licht ins Dunkel zu bringen, abgeschmettert. Wenn diese Information einer Überprüfung standhielte, hätte man sie vor aller Öffentlichkeit ausgebreitet. Der Vorsitzende der SEC war von Bush senior ernannt worden; der Ermittler für die SEC gegen Bush war dessen früherer persönlicher Anwalt (James R. Doty), und Robert Jordan, der Bush bei der Untersuchung vertrat, war der frühere Partner Dotys in der Kanzlei James Bakers, Stabschef von Bush senior im Weißen Haus und späterer US-Außenminister. Der Vorsitzende der SEC, die sich mit Bushs Aktienverkauf beschäftigte, war zufällig Bushs früherer persönlicher Anwalt, der am Zustandekommen des Texas-Rangers-Geschäfts beteiligt war. An diesen Interessenkonflikten, um das Mindeste zu sagen, störte sich niemand. Trotz der offensichtlichen Ungereimtheiten und trotz unbefriedigender Ergebnisse von Untersuchungen und Nachfragen auf der Basis des allgemeinen Gesetzes zur Informationsfreiheit (Freedom of Information Act) bleibt die Wahrheit auch weiterhin verborgen; Bush mauert.

Nach Durchsicht der zugänglichen Unterlagen kann ich

Frage, wer denn der Käufer war, war insofern von Bedeutung, als es nur ein einzelner Investor gewesen sein konnte, der bei dem Kauf nicht sehr geschäftstüchtig vorgegangen war. Normalerweise wäre bei einer solch großen Zahl von angebotenen Aktien der Kurs an der Börse sehr schnell gesunken, so dass ein Kauf in Raten den Käufer billiger gekommen wäre. (Anm. d. Ü.)

das durchaus behaupten.* Mit Ausnahme der Abmachung zwischen der Stadt Arlington und den neuen Eigentümern der Texas Rangers, bei der eine Menge kleiner Leute übers Ohr gehauen wurden, sonst jedoch anscheinend alles seine Richtigkeit hatte, wird die berufliche Vergangenheit Bushs unter Verschluss gehalten, weil sonst schwache Leistungen oder Dummheit oder beides zum Vorschein käme. Der Geschäftsmann Bush hätte kaum die Qualifikationen, um im Kabinett eines Präsidenten zu sitzen, und es ist sogar fraglich, ob seine Vergangenheit einer Überprüfung durch das FBI standhalten würde, die erforderlich ist, wenn man für einen Präsidenten arbeiten – nicht jedoch, wenn man Präsident werden will.

Nur wenige potentielle Präsidenten könnten das Gepäck, das Bush mit sich führt – voll gestopft mit schmutziger Wäsche – direkt mit ins Oval Office hineinnehmen, ohne angehalten und überprüft zu werden. Jetzt, mit den Befugnissen seines Amtes ausgestattet, kann er seine Vergangenheit noch besser verbergen. Und in Dick Cheney hat Bush mehr gefunden als einen Gesinnungsgenossen, denn Cheney ist noch verschlossener als Bush und ein großartiger Mentor auf dem Gebiet der Geheimhaltung und Abschottung der Regierung. Cheney hat das bewiesen, als er sich während der gesamten Wahlkampagne 2000 geweigert hat, wichtige Informationen über seinen prekären Gesundheitszustand preiszugeben, und als sein Zustand sich während seiner Zeit als Vizepräsident noch verschlechterte, wurde er nur noch schweigsamer – diesmal jedoch mit erheblichem Risiko für die gesamte Nation.

* Ich war viele Jahre auf dem Gebiet der Firmenzusammenschlüsse und -übernahmen tätig, einschließlich einer fünfjährigen Tätigkeit als Leiter von Kursen in erweiterter Buch- und Wirtschaftsführung, und ich habe zahlreiche geschäftliche Transaktionen geprüft oder war selbst daran beteiligt. Ich erwähne das nur, weil ich mich zwar aus der Welt der Wirtschaft zurückgezogen habe, mich jedoch für ausreichend qualifiziert halte, mich über Bushs (und Cheneys) zweifelhafte Geschäfte zu äußern.

## Cheneys verheimlichter Gesundheitszustand

Bevor George W. Bush Dick Cheney zu seinem Kandidaten für die Vizepräsidentschaft nominierte, beauftragte Bush senior einen befreundeten Herzspezialisten, gemeinsam mit Cheneys Ärzten zu untersuchen, ob Cheney »einer anstrengenden Kampagne gewachsen sei«.[26] Bald darauf kam die Nachricht des renommierten Kardiologen Denton Cooley aus Texas, eines Freundes von Bush senior, Cheneys »gesundheitliche Probleme in der Vergangenheit dürften einer anstrengenden politischen Wahlkampagne nicht im Wege stehen«.[27] Cheney, damals neunundfünfzig Jahre alt, hatte seinen ersten Herzinfarkt 1978 erlitten, als er noch keine vierzig war; 1984 und 1988 folgten zwei weitere Infarkte. Nach dem letzten wurde ihm ein vierfacher Bypass gelegt. Cheneys Kardiologe Jonathan Reiner berichtigte später Cooleys Diagnose, indem er es übertrieben nannte zu behaupten, die Herzfunktionen Cheneys seien normal. Das war nicht der Fall, denn Cheneys Herzinfarkte hatten seine Herzmuskelzellen zerstört – sein Herz ist also stark geschädigt. Dessen ungeachtet versicherte Reiner, sein Patient sei der Aufgabe gewachsen (und dieser hätte ihm wohl auch kaum gestattet, etwas anderes zu sagen). Um nähere Einzelheiten gebeten, sagte Reiner, dazu müsse Cheney erst seine Einwilligung geben.[28] Diese Einwilligung hat er nie erhalten. Karen Hughes, die Sprecherin Bushs während des Wahlkampfs, gab den Brief eines anderen Arztes frei, des Hausarztes von Cheney, der ebenfalls bestätigte, dass Cheney sich ansonsten bei guter Gesundheit befinde. Hughes versprach, nähere Einzelheiten würden später bekannt gegeben. Auch das geschah niemals.[29] Mehrere in der *New York Times* veröffentlichte Berichte, verfasst von Lawrence Altman, dem medizinischen Experten der Zeitung, wiesen jedoch auf das Problem hin: Die mitgeteilten ärztlichen Informationen seien nutzlos und völlig unzureichend für einen Facharzt, um qualifizierte Schlüsse daraus ziehen zu können.[30] Trotzdem wurden während des gesamten Wahlkampfs im Jahr 2000 keine weiteren Auskünfte über Cheneys Gesundheitszustand an die Medien weitergegeben, obwohl immer wieder darum nachgesucht wurde.

Während der Stimmenauszählung in Florida wurde Cheney am Morgen des 22. November von seinem Haus in McLean, Virginia, um drei Uhr früh in das George Washington University Hospital gefahren, weil er Schmerzen in der Brust hatte. Bush, der sich auf seiner Ranch in Texas aufhielt, gab später bekannt, es sei nichts Ernstes und Cheney habe keinen weiteren Herzinfarkt erlitten. Doch Bushs Information war falsch. Cheney hatte sehr wohl einen weiteren Herzinfarkt.[31] Außerdem hatten Cheneys Ärzte als »Vorsichtsmaßnahme« eine Herzkatheterisierung vorgenommen – bei der ein dünner Plastikballonkatheter zur Erweiterung verengter Herzkranzgefäße eingeführt wird – und einen so genannten Stent eingesetzt, ein metallenes Siebröhrchen, mit dem das verengte Gefäß aufgedehnt und gestützt wird. Bushs Wahlhelfer machten gute Miene zum bösen Spiel und versicherten allen, Cheney befinde sich auf dem Weg der Besserung und werde nach wenigen Tagen wieder auf dem Damm sein. Doch auch diesmal verlautete nichts Genaueres über seinen Gesundheitszustand. Stattdessen begnügten sich die Bush-Leute mit reiner PR und ließen Cheney vom Krankenbett aus mit dem Moderator einer Live-Talkshow im Fernsehen telefonieren. Den Zuschauern versicherte er, die Ärzte hätten keinerlei »pregnant chads«* bei ihm gefunden, und

* Bei der Stimmabgabe in Florida mussten die Wähler in einigen Wahlkreisen statt ein Kreuz zu machen, an der vorgesehenen Stelle ein Loch in den Stimmzettel stanzen. Der dabei entstehende runde Schnipsel (»chad« = Konfetti) blieb manchmal mit einem Rest am Wahlzettel hängen, der daraufhin von der Zählmaschine als ungültig klassifiziert wurde.

gab sich mit solchen gequälten Witzeleien größte Mühe, den Eindruck zu erwecken, er werde nach einem erfolgreichen Wahlausgang wieder seinen Mann stehen.[32] Während die Leute um Bush und die amerikanischen Journalisten den Zwischenfall als harmlos herunterspielten, erklärte ein namhafter Herzspezialist in England: »Einen harmlosen Herzinfarkt gibt es nicht.«[33]

In der *New York Times* wies Lawrence Altman ein weiteres Mal darauf hin, dass Cheneys Ärzte zu keiner Zeit bereit gewesen seien, aussagekräftige Informationen zu geben, obwohl die *Times* und mehrere andere Nachrichtenmedien wiederholt um relevantere ärztliche Informationen gebeten hätten. Cheney seinerseits weigerte sich, Interviews zu geben oder seine Ärzte befragen zu lassen. »Die amerikanische Gesellschaft ist der Meinung, dass Personen des öffentlichen Lebens einen Großteil ihres Privatlebens offen legen sollen«, schrieb Altman, »und niemand wird gezwungen, sich um ein Amt zu bewerben.« Auch wenn es keinen Rechtsanspruch darauf gebe, dass ein Kandidat Auskünfte über seinen Gesundheitszustand erteilt, »die Art und Weise, wie solche Informationen gegeben werden, ist zum Test einer Kandidatur geworden. Die Öffentlichkeit als der Arbeitgeber erwartet inzwischen eine rechtzeitige Information über die Gesundheit eines Kandidaten, so wie Aktieninhaber über die Gesundheit eines Spitzenmanagers informiert werden wollen.«[34] Einen Tag später bekräftigte die Redaktion der *Times:* »Die Öffentlichkeit hat einen ausführlicheren ärztlichen Befund verdient.« Selbst ein Anhänger von Bush und Cheney, der Kolumnist der *New York Times* (und ehemalige Redenschreiber für Nixon)

Ebenfalls nicht gewertet wurden Wahlzettel, bei denen die Stanzvorrichtung nur eine Delle in das Papier gedrückt, aber keinen Schnipsel ausgestanzt hatte. Diese – nicht ausgestanzten – Schnipsel wurden als »pregnant chads« bezeichnet. Bei den Nachzählungen der Stimmen mussten vor allem diese ungültigen Zettel herausgesucht werden. (Anm. d. Ü.)

Bill Safire schrieb: »Während des gesamten Wahlkampfs ist Cheney eingehenden Fragen über seine Herzerkrankung ausgewichen. Sein Blutdruck und seine tägliche Medikation wurden nicht offen gelegt. Wir wissen jetzt, dass es ein Fehler war, diese ständigen Abfuhren zu tolerieren.« Als Cheney versuchte, das Thema mit einem Interview in einer ihm freundlich gesinnten Nachrichtensendung der NBC zu entschärfen, schrieb Safire: »Cheney hat erneut gemauert.«[35]

Angesichts der unstreitigen Bedeutung dieser Information haben andere Journalisten das Thema weiterverfolgt. Marlene Cimons von der *Los Angeles Times* zitierte die Besorgnis von Douglas Zipes, dem künftigen Präsidenten des American College of Cardiology: »Dieser Mann ist der kommende Vizepräsident, und sie sagen uns eigentlich nichts über den Zustand seines Herzens.« In den Augen von Zipes war es wichtig zu wissen, ob Cheney an Herzrhythmusstörungen litt oder nicht, weil diese häufig einen tödlichen Ausgang hätten.[36] *USA Today* kommentierte: »Cheney lehnt es ab, ausführliche medizinische Daten freizugeben, die für eine unabhängige Beurteilung seines Gesundheitszustands unerlässlich sind.«[37] Selbst republikanische Amtsträger erkannten das Problem. Der ehemalige Gouverneur von New Hampshire, Stephen Merrill, beklagte das Unvermögen Bushs, »wirklich einzusehen, als wie wichtig Cheney für diese Präsidentschaft angesehen wird«, und er traf die (falsche) Prognose, Bushs Leute würden »schließlich jedes Dokument vorlegen, um zu beweisen, dass dies kein gravierendes Gesundheitsproblem ist. Es ist ein politisches Problem.«[38] Obwohl zahlreiche Zeitungen im ganzen Land in diesen Chor einstimmten, weigerten Bush und Cheney sich, weitere Informationen preiszugeben.

Mauern ist eine Hinhaltetaktik in der Hoffnung, dass die ganze Sache mit der Zeit oder infolge eines dazwischentretenden Ereignisses in Vergessenheit geraten wird, da neue Probleme auf den Tisch kommen. Die wenigsten Reporter (und ihre Chefredakteure) werden hartnäckig bleiben wollen, auch wenn die Angelegenheit wichtig ist. Politiker wissen das und fühlen sich dadurch in ihrer Taktik bestärkt. Das Thema eines erneuten Herzinfarkts Cheneys wäre höchstens dann noch einmal zur Sprache gekommen, wenn man ihn ein weiteres Mal ins Krankenhaus hätte einliefern müssen, diesmal nicht mehr als Kandidat, sondern als Vizepräsident der Vereinigten Staaten – überdies als Vize mit ziemlich einzigartigen Machtbefugnissen, wie sich schnell zeigen sollte. Im März 2001, drei Monate nach seinem Amtsantritt, meinte man in Insiderkreisen in der Umgebung des Weißen Hauses, Cheney tue das, was er am besten könne, nämlich hinter den Kulissen operieren, aber im Weißen Haus die Fäden in der Hand halten. »Bush ist der Vorsitzende der Führungsmannschaft der Nation, Cheney [ist] Amerikas CEO«, hieß es in der *Washington Post*.[39] Susan Page, die Kolumnistin von *USA Today*, beschreibt die inneren Abläufe im Weißen Haus unter Bush noch unverblümter: »Kaum ist es ausgesprochen, schon hat Cheney es erledigt.« Er »ist in aller Stille Regierungschef geworden, er hat das letzte Wort in allem, von Personal- und Budgetentscheidungen bis zu den Beziehungen zum Kongress.«[40] Cheney schlichtet Streitigkeiten zwischen Kabinettsmitgliedern, ohne dass er sie Bush vortragen müsste; er ist die dominierende Persönlichkeit im Nationalen Sicherheitsrat, der Einzige, der in der Lage ist, zwischen den politischen Schwergewichten wie Colin Powell und Donald Rumsfeld zu vermitteln; und Cheney leitet die wichtigsten politischen Arbeitsgruppen zu so gut wie allen Bereichen, vom Terrorismus bis hin zu Energiefragen, ja er schlichtet sogar Budgetstreitigkeiten zwischen den einzelnen Ministerien. Außerdem ist Cheney mittlerweile der wichtigste Lobbyist des Weißen Hauses auf dem

Capitol Hill (wo er Büros im Senat und im Repräsentantenhaus hat). Dort treffen sich die Abgeordneten und die Parteiführer lieber mit ihm als mit dem Präsidenten, um Streitfragen zu regeln. Wenn Cheney etwas zustoßen sollte, lästerten da so manche, werde Bush doch noch Präsident werden.

Karl Rove und Karen Hughes, die befürchteten, Bush könnte zum Ziel des Gespötts werden, gaben die Parole aus, Cheneys letzten Besuch im Krankenhaus herunterzuspielen. Cheney, ein gewiefter politischer Taktiker, der Bush gesagt hatte, er habe (angesichts seiner angeschlagenen Gesundheit und seines Alters) kein Interesse am Präsidentenamt, wusste genau, dass seine Macht umso größer sein würde, wenn er so tat, als hätte er gar keine Macht. Deshalb hat er auch seine angeschlagene Gesundheit kleingeredet und sich für Bush möglichst unentbehrlich gemacht.

Cheney brach sein Schweigen oder gab dies wenigstens vor, indem er am Freitag, dem 29. Juni 2001, plötzlich im Presseraum des Weißen Hauses erschien. Da er sein Kommen jedoch nicht angekündigt hatte, konnte die Presse nicht rechtzeitig Reporter schicken, die über ausreichende medizinische Kenntnisse verfügten, um ihm die richtigen Fragen zu stellen. Cheney sagte den wenigen Reportern, die sich im Weißen Haus für den Fall aufhielten, dass doch etwas Unerwartetes geschähe: »Ich dachte, es sei wichtig, hier zu erscheinen, weil offensichtlich, aus verständlichen Gründen, ein starkes Interesse am Gesundheitszustand des Vizepräsidenten besteht. … Ich werde mich morgen im George Washington University Hospital elektrophysiologisch untersuchen lassen. Dabei handelt es sich um eine Untersuchung, die insbesondere durchgeführt wird, um das voraussichtliche Risiko für mich abzuschätzen, wenn ich etwas gegen meinen möglicherweise gestörten Herzrhythmus unternehme.« Er erläuterte, wenn die Untersuchung einen unregelmäßigen Herzschlag ergebe, werde man ihm wahrscheinlich einen Herzschrittmacher einsetzen. Er versicherte jedoch allen Anwesenden, er werde auch weiterhin in der Lage sein zu arbeiten, er mache regelmäßig Gymnastik und halte seine Diät ein.[41]

Am nächsten Morgen begab er sich ins Krankenhaus. Die Untersuchung ergab tatsächlich Herzrhythmusstörungen, und man implantierte ihm einen Cardioverter-Defibrillator (ICD), den er nach Auskunft seines Arztes fünf bis acht Jahre lang tragen konnte, bevor er ausgetauscht werden musste. Während Cheney und seine Ärzte alle sehr zuversichtlich waren und den Eingriff bagatellisierten, wiesen andere Herzspezialisten darauf hin, dass ein solcher ICD in der Regel Patienten mit »hohem Risiko« implantiert werde. Normalerweise werde ein solches Gerät in dringenden Notfällen eingesetzt, an Cheneys chronischen Problemen könne es freilich nichts ändern.[42] Alan Moss, ein Kardiologe von der Universität Rochester und eine Kapazität auf dem Gebiet von Defibrillatoren, wie Cheney einen trug, hatte früher bereits eine Untersuchung im *New England Journal of Medicine* publiziert und berichtet, »bei Herzpatienten mit einem implantierten [ICD] lag die Wahrscheinlichkeit, in den nächsten zwei Jahren zu sterben, bei eins zu neun, während sie bei gesunden Männern im Alter von Cheney eins zu hundert betrug«.[43]

Als Cheney das Krankenhaus verließ, verzichtete er bewusst auf den normalerweise nach einem solchen Eingriff vorgeschriebenen Rollstuhl und ging demonstrativ zu Fuß. Der *Christian Science Monitor* kritisierte: »Statt die Politiker heimlich darüber entscheiden zu lassen, ob sie wieder arbeitsfähig sind, sollte die wahlberechtigte Bevölkerung – entsprechend informiert durch die behandelnden Ärzte – darüber befinden«, und forderte mehr »Transparenz«.[44] Die *New York Times* fragte Harry J. Pearce, den neuen Vorstandsvorsitzenden von Hughes Electronics, einem Tochterunternehmen von General Motors: »Was würde ein Fortune-100-Unternehmen der Öffentlichkeit mitteilen, wenn ein Spitzenmanager ein Herzleiden hätte wie unser Vizepräsident, und was würde man verschweigen?« Pearce erwiderte: »In einem solchen Fall ist eine umfassende Aufklärung unbedingt erforderlich. Und mit umfassender Aufklärung meine ich eine umfassende öffentliche Aufklärung.«[45] Doch der Vizepräsident der größten Organisation der Welt hatte nicht die Absicht, die Öffentlichkeit umfassend aufzuklären, er weigerte sich sogar, dies zu tun.

Seit dem 11. September hat sich Cheney den Blicken der Öffentlichkeit immer häufiger für kurze Zeit entzogen und es kritischen Beobachtern überlassen, Spekulationen über seinen Gesundheitszustand anzustellen. Von Cheneys Herzkrankheit wissen wir nur, dass sie sich deutlich verschlechtert hat. Es ist beispielsweise bekannt, dass ein Bypass, wie man ihn Cheney eingesetzt hat, nach Auskunft von Stephen Siegel, einem Kardiologen am Medical Center der Universität des Staates New York, »mindestens zwanzig Jahre« hält.[46] Diese Frist neigt sich bei Cheney bald dem Ende zu. Die Ärzte Cheneys weigern sich, offenbar auf seine Anweisung, über seine Restenose zu sprechen, die erneute Verengung der Herzkranzgefäße nach einer Koronarangioplastie im Stent. Doch hierzu kommt es in einer beträchtlichen Zahl von Fällen, da sich nach der Operation Zellwucherungen im Stent bilden. Sie können bislang durch äußere Einwirkungen nicht verhindert werden, da sie einen natürlichen biologischen Prozess darstellen.[47]

Ich habe mich etwas ausführlicher über Cheneys Gesundheitszustand geäußert, weil vermutlich den meisten Amerikanern gar nicht bewusst ist, wie wenig sie über ihren Vizepräsidenten wissen. Es ist schwer nachvollziehbar, wie ein gesundheitlich so angeschlagener Mann für dieses Amt überhaupt in Erwägung gezogen werden konnte. Natürlich hoffen wir alle, dass Cheney Glück hat und ein reifes Alter erreicht, das muss nicht eigens betont werden. Doch der Einsatz ist zu hoch, als dass wir über dieses Hasardspiel hinweggehen könnten, und genau das ist es, was Bush und Cheney von den Amerikanern verlangen. Dieses Problem darf nicht vom Tisch gewischt werden. Bush sollte uns Folgendes erklären:

- Warum haben er und Cheney es abgelehnt, uns umfassend über Cheneys Gesundheitszustand zu informieren?
- Die Bush-Cheney-Regierung geht bei ihren Planungen zum größten Teil von Worst-case-Szenarien aus. Welche Vorkehrungen haben sie getroffen, falls Cheney nicht in der Lage sein sollte, seine nächste Amtszeit zu überstehen?
- Wegen Cheneys Gesundheitszustand sollte Bush die Wähler darüber informieren, welche Ersatzleute für das Amt des Vizepräsidenten auf seiner Liste stehen. Wie sollen die Wähler sonst wirklich wissen, was auf sie zukommt, wenn sie diese Regierung wieder wählen?
- Soll Cheneys angeschlagene Gesundheit dazu benutzt werden, dass (so Bush erneut gewählt wird) nach der Wahl ein anderer sein Amt übernimmt?

Für jeden, der sich mit den potentiellen Problemen beschäftigt hat, ist eines besonders bedrohlich. Bushs Gesundheitszustand ist offenbar kein Thema, solange er die Finger von den Brezeln lässt. Der Schutz des Präsidenten ist jedoch keine einfache Sache, und im Zeitalter des Terrorismus wird er immer schwieriger. Angesichts der Herzprobleme Cheneys wäre der wirkliche »worst case«, wenn ein Terrorist den Präsidenten ausschaltete (was letztlich auch für seinen Vize tödliche Folgen haben könnte – schließlich hatte er auch während der Nachzählung der Stimmzettel in Florida einen weiteren Herzinfarkt), ohne dass Cheney als neuer Vizepräsident bestätigt worden wäre. Sind wir wirklich einverstanden, dass der Abgeordnete Denny Hastert aus Illinois, der Sprecher des Abgeordnetenhauses, Präsident der Vereinigten Staaten wird? Oder, noch wahrscheinlicher, der Abgeordnete Tom DeLay aus Texas, die Macht hinter Hastert, der unter den gegebenen Umständen leicht darauf bestehen könnte, dass Hastert als Sprecher (vorübergehend) zurücktritt, damit DeLay selbst zum Sprecher gewählt würde und anschließend ins Weiße Haus umziehen könnte?

Noch vor der Bedrohung durch den Terrorismus kam es nur allzu oft zu Attentaten auf amerikanische Präsidenten. Vier von ihnen wurden dabei getötet: Lincoln, Garfield, McKinley und Kennedy. Reagan und Ford kamen gerade noch einmal mit dem Schrecken davon. Weniger bekannt ist die Tatsache, dass fast die Hälfte aller Präsidenten während des vergangenen Jahrhunderts körperlichen Angriffen ausgesetzt waren.[48] Nachdem ich als Verbindungsmann zwischen dem Weißen Haus und dem Geheimdienst tätig war, habe ich die größte Hochachtung für die Arbeit der Sicherheitsleute, aber es ist eine unmögliche Aufgabe, den Präsidenten (und andere hohe Amtsträger) hundertprozentig zu schützen. Solange Bush und Cheney nicht in eines der Emergency Assistance Centers ziehen, die ausgedehnten Einrichtungen unter dem Weißen Haus, und wie die Maulwürfe leben, sind sie äußerst verletzlich. Neuere wissenschaftliche Untersuchungen über den Präsidentenschutz nach dem 11. September, in einer Welt von »Nervengas, schmutzigen Bomben, biologischen Kampfstoffen und auf der Schulter gehaltenen Raketen, um nur einige [der neuen Bedrohungen] zu nennen«, sind alles andere als beruhigend. »Niemand weiß, ob die Verbesserungen der Schutzmaßnahmen durch den Secret Service – die natürlich nicht offen gelegt werden können – mit der zunehmenden Schwere der Bedrohungen Schritt gehalten haben.«[49] Doch bei Bush geht es um mehr als bloßen Terrorismus. Bush ist der bestgehasste Mann der neueren Geschichte. Der Kolumnist Nicolas von Hoffman hat es so ausgedrückt: »Wann immer Präsident George W. Bush sich ins Ausland begibt, um sich mit ausländischen politischen Vertretern zu treffen, geht es nicht darum, was er vielleicht erreichen wird, sondern ob er ermordet wird oder nicht.«[50] Auch Dick Cheney weckt in vielen Ländern der Erde nicht eben herzliche Gefühle. Diese beiden Männer können, man muss es leider sagen, weitaus schneller zu Zielscheiben werden als ihre Vorgänger.

Bedauerlicherweise liegt die Verweigerung fundamental wichtiger Informationen über den Gesundheitszustand des Vizepräsidenten auf derselben Linie mit der Vorenthaltung von Informationen über seinen Charakter, soweit sich dieser aus seinem Geschäftsgebaren ergibt. Nachdem er 1977 aus der Regierung ausgeschieden war und angenommen hatte, er werde nie mehr dorthin zurückkehren, gab es durchaus einige dunkle Punkte in seiner Biographie, die er schon während des Wahlkampfs 2000 und erst recht in der Zeit seither mit Erfolg zu verbergen wusste. Niemand weiß besser als Cheney selbst, dass er – solange er das alles für sich behält – nicht nur als der mächtigste Vizepräsident der amerikanischen Geschichte operieren, sondern nach Beendigung seiner Amtszeit (wenn sein Herz mitmacht) ein noch reicherer Mann werden kann, indem er immer mal wieder bei den Unternehmen und den Leuten vorbeischaut, um die er sich heute noch als erster Kopräsident so umsichtig bemüht. Vom Laufburschen des militärisch-industriellen Komplexes hat er es zum Paten fast eines jeden Zulieferers der amerikanischen Rüstungsindustrie gebracht (und beileibe nicht nur der amerikanischen).

## Cheney und Halliburton

Dick Cheney war von Oktober 1995 bis August 2000 als CEO und später als Verwaltungsratsvorsitzender des Unternehmens Halliburton tätig. Er stand an der Spitze dieses Energieriesen, als Bush ihm die Vizepräsidentschaft antrug. (Eigentlich leitete er eine Kommission, die nach einem Vizepräsidenten für Bush suchen sollte, und hatte dem Führungsgremium von Halliburton versprochen, er werde »in nächster Zeit« nicht aus der Firma ausscheiden).[51] Die Auswahl Cheneys erfolgte, wie die *New York Times* später vermerkte, »auf so geheimen Wegen«, dass niemand außer Bush selbst und seinem Wahlkampfmanager Joe Allbaugh (der Cheney genau überprüfte), Bush senior sowie wahrscheinlich Karl Rove und Karen Hughes wussten, dass Bush sich eigentlich bereits entschieden hatte. Diese Entscheidung wurde der Öffentlichkeit erst Mitte Juli 2000 bekannt gegeben.[52] Hätte Cheney sich selbst einer derart genauen Überprüfung aussetzen müssen, wie er sie anderen Kandidaten für das Amt des Vizepräsidenten angedeihen ließ, dann hätte er sich vermutlich allein schon wegen seiner körperlichen Verfassung, wenn nicht sogar wegen seiner finanziellen und sonstigen Geschäfte abgelehnt.

Fraglos hatte Cheney zu keiner Zeit eine Rückkehr in die Politik und in den Staatsdienst in Betracht gezogen – und entsprechend hatte er sich auch verhalten. Von Halliburton wurde er nicht wegen seiner unternehmerischen Fähigkeiten eingestellt (die er nicht besaß), sondern wegen seiner Adressenkartei (die ihresgleichen sucht), schlugen sich dort doch seine bisherige Laufbahn und seine ausgedehnten Kontakte vor allem zu arabischen Ölländern aus seiner Amtszeit als US-Verteidigungsminister nieder. Wie Halliburtons Präsident David Lesar erklärte, erschlossen Cheneys Kontakte seiner Firma »ein Spektrum von Verbindungen, wie es von keinem anderen im Ölgeschäft erreicht werden [konnte]«.[53] In einem Interview, das Reporter der *Business Week* 1998 in den Räumen von Halliburton mit ihm führten, sagte Cheney: »Hier werde ich vermutlich den Rest meiner beruflichen Laufbahn verbringen.«[54]

1998, nach drei Jahren im Ölgeschäft, verriet Cheney einer Gruppe von Führungskräften in der Ölindustrie den Kern seiner Philosophie. Für ihn lief alles auf das Geschäft hinaus: »Sie müssen dorthin gehen, wo das Öl ist«, sagte er ihnen.[55] Im Klartext: Feindliche Staaten und Regime, deren Machthaber Angst und Schrecken unter der Bevölkerung verbreiten, sind ein idealer Ort, um Geschäfte zu machen. Unter Cheney kam Halliburton mit dem Irak, Iran, Libyen, Indonesien, Saudi-Arabien und Aserbaidschan ins Geschäft – um nur einige der Länder zu nennen, die ihr Öl dazu benutzen, ihre Bevölkerung auszubeuten, Länder, die dafür berüchtigt sind, Menschenrechte zu missachten, und von denen etliche erklärte Feinde der USA sind. Dieses Thema wurde während des Wahlkampfs 2000 nur flüchtig gestreift. Ende Juli berichtete die *New York Times:* »Mr. Cheneys Unternehmen hat bereits in Ländern Geschäfte getätigt, die noch immer amerikanischen Sanktionen unterworfen sind, einschließlich Libyen und Irak, der Feind, zu dessen Niederlage im Golfkrieg auch Mr. Cheney beigetragen hat.«[56] Als der so Inkulpierte einige Tage später in der Sendung *This Week* von ABC interviewt werden sollte, musste ihm klar sein, dass er zu diesem Punkt befragt werden würde, und er war entsprechend vorbereitet. Die entscheidende Passage des Gesprächs wird hier kurz zitiert.

> SAM DONALDSON: Ich habe gehört, und bitte korrigieren Sie mich, wenn ich mich irre, dass Halliburton durch Tochterunternehmen sogar versucht hat, mit dem Irak ins Geschäft zu kommen?
> DICK CHENEY: Aber nein. Ich hatte einen festen Grund-

satz, dass wir im Irak nicht tätig werden würden, selbst – selbst dann nicht, wenn die Abmachungen wahrscheinlich legal gewesen wären. Unsere Aktivitäten im Hinblick auf den Iran und Libyen erfolgen durch ausländische Tochterfirmen, vollkommen in Übereinstimmung mit dem amerikanischen Gesetz ... Der Irak ist etwas anderes, aber wir waren im Irak nicht mehr aktiv, seit die Sanktionen verhängt wurden, und an diesem Grundsatz habe ich bis heute festgehalten.[57]

Es war eine Lüge, doch Donaldson setzte nicht nach. Die *New York Times* ging der Geschichte jedoch nach und erhärtete einen Monat später die Zweifel an der Wahrhaftigkeit von Cheneys Erklärung. Unter Berufung auf Halliburtons Vize Donald Vaughn berichtete die Zeitung, Halliburtons Tochter unterhalte sehr wohl »Geschäftsbeziehungen« zum Irak.[58] Erst nachdem der Wahlkampf beendet war, erhielt die *Washington Post* von den Vereinten Nationen Unterlagen, aus denen hervorging, dass Halliburtons Tochterfirmen Ausrüstung und Ersatzteile für die Erdölförderung im Wert von 73 Millionen Dollar an den Irak verkauft hatten. Tatsächlich gab es *keine* Firma, die auf diesem Gebiet größere Geschäfte mit Saddam machte. Die *Washington Post* berichtete ferner, dass es Cheney gelungen war, seine ursprüngliche falsche Aussage im Fernsehen noch verwirrender zu machen, indem er in einer anderen Sendung behauptete, er habe nichts von dem Geschäft gewusst, das sie »geerbt« hätten, dass sein Unternehmen sich jedoch »aus solchen Geschäften zurückgezogen« habe. Um ihm das abzunehmen, brauchte man schon sehr viel Phantasie, da dieser Rückzug erst stattfand, nachdem die Tochtergesellschaft ein Geschäft mit Saddam im Wert von dreißig Millionen Dollar abgeschlossen hatte.[59] Zu diesem Zeitpunkt schrieb der Kolumnist Nicholas Kristof von der *New York Times*, Halliburton habe »dem

Irak mehr Ausrüstung verkauft als jedes andere Unternehmen«.[60]

»Prinzipien sind gut bis zu einem bestimmten Punkt, aber sie taugen überhaupt nichts, wenn Sie verlieren ...«, gab Cheney einem seiner Mitarbeiter im Weißen Haus während eines Wahlkampfs mit auf den Weg.[61] Das ist anscheinend die Leitphilosophie seiner unternehmerischen und politischen Laufbahn. So spielten Prinzipien beispielsweise kaum eine Rolle, als Cheney den bekanntermaßen grausamen und verschlagenen Diktator und früheren sowjetischen Apparatschik Gejdar Alijew, den späteren Präsidenten Aserbaidschans, freundschaftlich umwarb. Lawrence Kaplan, der Chefredakteur der *New Republic*, war einer der wenigen Journalisten, die Cheneys Beziehung zu Alijew als so anstößig empfanden, dass sie darüber schrieben. Alijew, ursprünglich ein kommunistischer Hardliner, der es aus seiner Heimat Aserbaidschan bis ins Politbüro nach Moskau geschafft hatte, wandelte sich nach dem Zerfall der Sowjetunion zum erklärten Nationalisten und wurde, nach einem Putsch gegen den gewählten Präsidenten des Landes, 1993 zum Staatschef ernannt. In dieser Eigenschaft »präsidierte« er über die letzten Phasen eines, so Kaplan, »bösartigen Kriegs samt Blockade« gegen die armenische Enklave Berg-Karabach. Alijew, der für seine »ethnische Säuberung Aserbaidschans von der armenischen Bevölkerung« bekannt war und sich seiner persönlichen Feinde durch Prozesse wegen Hochverrats oder durch einfaches Einkerkern entledigte, war mit Cheney befreundet (er starb im Dezember 2003).

Der amerikanische Kongress, dem die grausame Behandlung von Armeniern durch Alijew bekannt war, erließ 1992 einen Zusatz zur Freedom Support Act (»Section 907«), der es der Regierung der Vereinigten Staaten untersagte, Aserbaidschan finanzielle Hilfe zu gewähren. Der Grund für dieses Gesetz – Alijews Unmenschlichkeit –

»scheint auf Cheney, der einer der größten Förderer Alijews in den Vereinigten Staaten geworden ist und stets ein Plauderstündchen mit dem alternden Diktator hält, wenn dieser nach Washington kommt, nicht den geringsten Eindruck gemacht zu haben«.[62] Offensichtlich übte das Öl in Aserbaidschan auf Cheney eine unwiderstehliche Anziehungskraft aus. Die Ölreserven in der Region des Kaspischen Meeres liegen nach Ansicht mancher Fachleute in der Größenordnung der Ölvorkommen Saudi-Arabiens oder übersteigen diese sogar noch. Cheney sorgte dafür, dass Halliburton bei der Erschließung dieses schwarzen Goldes eine bedeutende Rolle spielen würde.

Statt das Geld Halliburtons – und anderer amerikanischer Unternehmen – für den Bau der erforderlichen Pipeline zu verwenden, um das aserbaidschanische Öl in den Westen zu befördern, wollte Cheney lieber den amerikanischen Steuerzahler das Risiko tragen lassen. (Was Bush in Arlington vorgemacht hatte, wollte Cheney in weit größerem Maßstab wiederholen.) Infolgedessen bearbeitete Cheney den Kongress, das Embargo der Hilfsgelder an Aserbaidschan nach Section 907 wieder aufzuheben, doch mit seinen Bemühungen hatte er erst Erfolg, als Bush ihn zum Vizepräsidenten machte. Doch selbst dann zog er sich nicht aus der aserbaidschanischen Interessenorganisation in Washington zurück, die sich zum Ziel gesetzt hat, die Amerikaner und ihre staatlichen Vertreter über die Wunder dieser Nation am Kaspischen Meer zu »unterrichten« – die United States-Azerbaijan Chamber of Commerce (USACC).[63]

Was Cheney als Geschäftsführer von Halliburton für Gejdar Alijew jedoch nicht erreichen konnte, das schaffte er als Vizepräsident. Im Januar 2003 schickte Bush in aller Stille einen Brief an den Kongress, in dem er seine Befugnisse als Präsident dazu nutzte, Section 907 aufzuheben, so dass von da an wieder beträchtliche staatliche Hilfsgelder nach Aserbaidschan flossen.[64] Und Ende Februar 2003 lud Bush Gejdar Alijew zu einem Besuch im Oval Office ein, um mit ihm über Terrorismus, einen Ausbau der globalen Energiesicherheit und den endlosen Konflikt um Berg-Karabach zu plaudern.[65] So konnte es niemanden überraschen, dass die Truppen des Diktators, die – nicht nur aus alphabetischen Gründen – ganz oben auf der Liste der »Koalition der Willigen« für Amerikas Krieg im Irak standen, mit insgesamt 150 Mann polizeiliche Aufgaben und den Schutz religiöser und historischer Denkmäler übernehmen sollten.[66] Im Oktober 2003 übergab Alijew die Macht an seinen Sohn Ilham – nach »Wahlen«, an denen Stalin seine Freude gehabt hätte. Doch diese »Unregelmäßigkeiten« störten Bush ganz offensichtlich nicht (auch wenn dem State Department förmlich schlecht dabei wurde), als er Ilham, den die *New York Times* als »Geschäftsmann, Playboy und politischen Novizen« beschrieb, seine herzlichen Glückwünsche übermittelte, nachdem er, so ebenfalls in der *Times* zu lesen, »ein hübsches Geschenk von seinem Vater« erhalten hatte. Kein Zweifel, Bush konnte sich mit Ilham identifizieren. Wieder etwas ernsthafter setzte die *Times* hinzu: »Präsident Bush hat gesagt, er führe den Krieg gegen den Irak unter anderem, um in den islamischen Nationen demokratische Modelle zu schaffen. Doch die Unterstützung für die Alijews durch Amerika legt die Vermutung nahe, dass die Regierung nichts aus ihrer von Erdölinteressen geleiteten Unterstützung des Schahs von Persien, Saddam Husseins und mehrerer saudischer Regierungen gelernt hat.«[67]

Wenn man bedenkt, dass Cheney im Juli 2000 einfach aufstand und Halliburton überraschend verließ, dann war seine Abfindung schon erstaunlich. Statt ihn zu zwingen, seinen Arbeitsvertrag einzuhalten, tauschte der Vorstand diesen gegen einen Zeitvertrag aus, da er darauf setzte, dass Cheney Vizepräsident würde, wovon Halliburton und die

Ölindustrie nur Vorteile hätten. Dies erwies sich als eine überaus clevere Investition.

Bei Halliburton bezeichnete man Cheneys Weggang, der de facto eine Kündigung war, lediglich als »Vorruhestand« – was es Cheney wiederum ermöglichte, seine Optionen auf Aktien des Unternehmens zu behalten. Die Bedingungen, unter denen er sich von Halliburton trennte, waren in jeder Hinsicht außergewöhnlich für einen CEO mit einer bestenfalls »gemischten Erfolgsbilanz«. Halliburton hatte andere hohe Führungskräfte (die nicht das Glück hatten, sich um die Vizepräsidentschaft der USA zu bewerben) ziemlich schäbig behandelt. Zur selben Zeit, als man Cheney den Abschied vergoldete, war gegen das Unternehmen eine Klage anhängig, weil es dem früheren Präsidenten von Dresser Oil Tools (ein Unternehmen, das mit Halliburton fusioniert hatte) seine Halliburton-Optionen verweigert hatte.[68] Einem Bericht von CNN zufolge bescherte Cheneys »goldener Handschlag« ihm Aktien und Optionen mit einem Marktwert von sage und schreibe 62,6 Millionen Dollar, außerdem ein nachzuzahlendes Einkommen und zusätzliche Leistungen. Nach anderen Schätzungen belief sich der Wert auf rund 45 Millionen Dollar. Niemand kennt die wirkliche Zahl, weil nur die allernotwendigsten Informationen an die Öffentlichkeit gelangten. Und Bush und Cheney haben alles getan, um keine weiteren Einzelheiten nach außen dringen zu lassen.

Während des Wahlkampfs weigerte Cheney sich, über seinen beruflichen Werdegang zu sprechen, doch in einer vorbereiteten Erklärung versprach er, im Falle seiner Wahl seine Halliburton-Aktien zu verkaufen »und alle Optionen verfallen zu lassen, die zum Zeitpunkt seines Amtsantritts noch nicht übertragen wurden«.[69] (Er verkaufte zwar seine Aktien, nicht jedoch seine Optionen, die er angeblich einer Wohlfahrtsorganisation übertrug.) Als dann aber die Frage nach seiner beruflichen Vergangenheit in einer öffentlichen Diskussion zur Sprache kam, konnte er einer Antwort nicht völlig ausweichen. Während des Streitgesprächs zwischen den Kandidaten für das Amt des Vizepräsidenten sagte Joe Lieberman: »Es freut mich, Dick, der Presse zu entnehmen, dass Sie heute auch materiell besser dastehen als vor acht Jahren.« Cheney straffte leicht seinen Rücken und schoss zurück: »Und das meiste davon – ich kann Ihnen sagen, Joe, dass die Regierung absolut nichts damit zu tun hatte.«[70] Über den Wahrheitsgehalt dieser Behauptung brauchte man nicht lange zu grübeln. Nach einer schnellen Überprüfung der Fakten entlarvte John Rega von den *Bloomberg [Business] News* die Bemerkung Cheneys innerhalb weniger Stunden als falsch.[71] Natürlich erfolgte weder von Cheney noch von Seiten der Wahlkampfleitung eine Richtigstellung.

Wäre Enron nicht eingebrochen und hätte sich dieser Energiegigant nicht als eine einzige kolossale Buchfälschung erwiesen, unterstützt und angestiftet von der eigenen Buchprüfungsfirma Arthur Andersen, gefolgt von Global Crossing, WorldCom und vielen mehr, dann wäre Cheney mit seiner Taktik des Mauerns im Hinblick auf Halliburton durchgekommen, und seine Vergangenheit in der Wirtschaft wäre immer weniger Gegenstand des öffentlichen Interesses gewesen. Doch als das ganze Ausmaß der Korruption in Großunternehmen im Sommer 2002 offenbar wurde, erfuhr die *New York Times*, dass Halliburton unter Cheney ihre eigenen Buchhaltungsmethoden à la Enron hatte. Statt nach der (von Cheney eingefädelten) Fusion mit Dresser Industries im letzten Quartal 1998 ein Spitzenergebnis zu erzielen, sah sich Halliburton unerwartet vor hohen Schadenersatzforderungen, änderte daraufhin seine Buchführungsmethoden in einer Weise, die den potentiellen Verlust verschleierte – und unterließ es, diese Änderung wie vorgeschrieben der Börsenaufsicht SEC mitzuteilen.

Ende Dezember 2002 ging die SEC von einer informellen zu einer formellen Untersuchung über (was mit der Befugnis einer Vorladung unter Strafandrohung verbunden war). Es ist nicht klar, was die SEC vorhat oder warum sie sich so viel Zeit nimmt; bis zur Niederschrift dieser Zeilen hat sie stillgehalten. Doch wenn sie ihre Aufgaben wahrnimmt, dann muss sich Cheney womöglich für weit mehr verantworten als für eine Änderung der Buchführungsmethoden und die Tatsache, dies der SEC nicht mitgeteilt zu haben. (Selbst die Bush und Cheney nahe stehende *National Review* ist der Meinung, dass dies ein Verstoß gegen die Börsenbestimmungen war und dass es jetzt nur noch um die Frage geht, ob er in betrügerischer Absicht erfolgte und damit eine kriminelle Handlung darstellte.[72]) Meiner Meinung nach steht noch mehr auf dem Spiel. Nachdem der Spürhund SEC erst einmal seine Nase in die ganze Angelegenheit gesteckt hatte, hat er gerochen, dass da noch etwas anderes vor sich hin schmorte. Die Zeit hat gezeigt, dass Cheneys Abschied vielleicht zu lukrativ ausfiel. Cheney verkaufte, davon wird noch die Rede sein, seine Halliburton-Aktien damals zu einem Kurs von über 50 Dollar das Stück. Im Juli 2002 stand die Aktie bei knapp über 13 Dollar.[73] Bei einem derartigen Kursverfall muss man sich schon fragen, ob Cheney sich selbst »freistellte«, um das Amt des Vizepräsidenten zu übernehmen (in dem Wissen, dass er nur noch zusagen musste, um das Amt zu bekommen), da dies die einzige Möglichkeit war, aus Halliburton auszusteigen – und Kasse zu machen –, bevor der große Krach kam. Auch Bush hatte sein Insiderwissen dazu genutzt, als er bei Harken abkassierte, während die anderen Aktienbesitzer zusehen konnten, wo sie blieben. Hier hatten sich die beiden Richtigen gefunden.

Wenn Bill und Hillary Clintons relativ unbedeutende Verlustinvestition bei einem Grundstücksgeschäft in Arkansas eine Untersuchung durch einen Sonderstaatsanwalt

(Special Counsel investigation) rechtfertigte, aus der später – nachdem das ursprünglich nur bis 1999 geltende IC-Gesetz (Independent Counsel Law), das die Bedingungen für die Einleitung einer Sonderuntersuchung festsetzt, wieder in Kraft getreten war – eine Untersuchung durch einen Unabhängigen Staatsanwalt (Independent Counsel investigation) wurde, dann wäre eine entsprechende Untersuchung der finanziellen Beziehungen Cheneys zu Halliburton mehr als angebracht. Dasselbe gilt im Hinblick auf die Art und Weise, wie Halliburton am Irakkrieg profitiert.* Auf jeden Fall gibt es genügend Anhaltspunkte für die Möglichkeit eines Aktienbetrugs, als Cheney seine Halliburton-Aktien verkaufte, weil es gegen das Gesetz verstößt, Aktien aufgrund von nichtöffentlichen Informationen abzustoßen. Eine Person im Besitz von Insiderinformationen, die solche Aktiengeschäfte tätigt, kann mit einer Geldbuße von bis zu einer Million Dollar belegt und zu einer Haftstrafe von bis zu zehn Jahren verurteilt werden.[74] Die angeblichen Insiderbörsengeschäfte der Lifestyle-Unternehmerin Martha Stewart hatten eine umfassende Untersuchung zur Folge, doch verglichen mit denen Cheneys waren ihre Transaktionen eine Lappalie.

Zum einen ist da also die Sache mit der geänderten Buchführungspraxis. David Lesar, Cheneys Nachfolger,

* Neue Geschichten bezüglich eines heimlich erfolgten Abschlusses von Verträgen mit Halliburton über nicht öffentlich ausgeschriebene Projekte in Irak im Wert von mehreren Milliarden Dollar (deren Inhalt ebenfalls geheim ist), füllen immer wieder die Titelseiten. Nach einem Bericht des Center for Public Integrity, einer überparteilichen Organisation, haben bislang an die siebzig amerikanische Unternehmen und Einzelpersonen, die den Wahlkampf Bushs mit hohen Summen unterstützt hatten, den Zuschlag für Projekte im Irak im Wert von mehreren Milliarden Dollar erhalten, allesamt versehen mit Geheimhaltungsklauseln, die es den Unternehmen untersagen, ihre Gewinne zu veröffentlichen, und das Weiße Haus hat die unmittelbare (wenn nicht sogar ausschließliche) Oberaufsicht über den größten Teil dieser geschäftlichen Aktivitäten.

der für diesen die laufenden Geschäfte geführt hatte, erklärte gegenüber *Newsweek*, Cheney sei über die Änderungen informiert gewesen, die zu der erwähnten Ermittlung der Börsenaufsicht SEC geführt hätten.[75] Außerdem unterhielt Cheney enge Verbindungen zu der mit der Buchprüfung beauftragten Firma Arthur Andersen und hatte ihr sogar einen auf Video aufgezeichneten Vermerk über die bei Halliburton praktizierten Methoden zukommen lassen (bevor diese wegen ähnlicher Methoden bei Enron inkriminiert worden waren). Cheney wäre nicht der erste CEO, der bei Manipulationen der Bücher erwischt wurde. Aber er wäre der Erste, der sein Vizepräsidentenamt dazu benutzt hätte, einer sich abzeichnenden Katastrophe an der Unternehmensspitze zu entrinnen. Denn genau dies ist eine zutreffende Beschreibung dessen, was sich aus der Fusion mit Dresser entwickelte – eine Katastrophe.

Cheney fädelte das Ganze ein, während er mit dem Mann an der Spitze von Dresser Lachse angelte. Die beiden konkurrierenden Unternehmen hatten einander seit Jahren wachsam beäugt, doch die beiden Manager kamen so gut miteinander aus, dass sie beschlossen, die beiden Firmen zu fusionieren. Cheney musste 7,7 Milliarden Dollar für Dresser auf den Tisch legen, doch Dresser war eine tickende Zeitbombe. Wie die Zeitschrift *Time* berichtete, wusste Cheney von dieser sich anbahnenden Krise, die in einer Flut von Schadenersatzklagen von Asbestopfern gegen ein Tochterunternehmen bestand.[76] Als Halliburton die Fusion bekannt gab, erklärte das Unternehmen, die Sammelklage werde keine materiellen Auswirkungen auf das Geschäft haben. Später, als die ganze Bedeutung dieser Klage sichtbar wurde, behaupteten Vertreter von Halliburton, man habe sie erst *nach* der Fusion über dieses Problem informiert. Dagegen berichtete die *New York Times:* »Aus nicht zur Veröffentlichung bestimmten Gerichtsunterlagen geht hervor, dass Dresser einen Monat *vor* der Fusion davon in Kenntnis gesetzt wurde, dass höhere Schadenersatzansprüche gegen ihr früheres Tochterunternehmen auf sie zukommen würden als angegeben.« Die Zeitung zitierte zudem einen Sprecher von Halliburton, der einräumte, dass sich »die Rahmenbedingungen durch die Sammelklage der Asbestopfer nach 1998 verschlechtert« hätten.[77]

Erst im März 2000, als Cheney sich darauf vorbereitete, Bush bei der Prüfung der Kandidaten für das Amt des Vizepräsidenten behilflich zu sein, gab Halliburton bekannt, es sehe einem Prozess wegen der Klage von nicht weniger als 107 650 Asbestgeschädigten entgegen – fügte aber unbekümmert hinzu, das seien »Peanuts«; die Ansprüche könnten ohne besondere finanzielle Einbußen befriedigt werden. Doch im Mai 2000 trennte sich Cheney von 100 000 Aktien in seinem Depot zu einem Kurs von 50,97 Dollar und kassierte dafür gut 5 Millionen Dollar. Es ist nicht klar, wann er sich als Kandidat für das Amt des Vizepräsidenten selbst ins Gespräch brachte, aber es muss im Mai oder Juni gewesen sein, denn er und Bush einigten sich in dieser Sache am 4. Juli, dem amerikanischen Nationalfeiertag. Im August schied Cheney bei Halliburton aus und verkaufte sogleich ein weiteres Aktienpaket von 660 000 Stück zu Kursen zwischen 50 und 54 Dollar, der Erlös betrug knapp 36 Millionen Dollar. Drei Monate später gab Halliburton bekannt, die Zahl der Schadenersatzklagen habe sich um 10 000 erhöht, behauptete jedoch noch immer, dies habe keine gravierenden Auswirkungen auf die Finanzen des Unternehmens.

Tatsächlich bedeuteten (und bedeuten) die 117 000 anhängigen Klagen der Asbestopfer eine finanzielle Katastrophe für Halliburton. Als die Wahrheit schließlich bekannt wurde, ging der Kurs der Aktie rapide in den Keller. Nach den Unterlagen der SEC werden diese Klagen das Unternehmen nach Cheneys Ausscheiden schätzungsweise

3,4 Milliarden Dollar kosten. Wenn Cheney von diesem Problem wirklich keine Kenntnis gehabt haben sollte, als er noch Chef bei Halliburton war, dann wäre er nicht halb so clever, wie er in der Öffentlichkeit erscheint. Was der Firma da ins Haus stand, hätte ihm im Grunde überhaupt nur entgehen können, wenn er etwa ab 1998 aufgehört hätte, die Zeitungen zu lesen (als erste Berichte über signifikante Urteile in den Schadenersatzprozessen erschienen); er hätte aufhören müssen, sich mit anderen CEOs auszutauschen (die bei dem bloßen Gedanken an die Prozesse das große Zittern bekamen), und es hätte ihm entgehen müssen, dass der Kongress Anhörungen abhielt und verschiedene Vorschläge erörterte, wie man das Problem lösen könnte. Tatsächlich betrieb Cheney eine der raffiniertesten Geheimdienstoperationen eines CEO in den Vereinigten Staaten und stellte sogar ehemalige CIA-Agenten an, die für ihn während seiner Zeit bei Halliburton als Spitzel tätig waren.[78] Zudem war er dafür bekannt, dass er seine Buchhalter, Anwälte und Versicherungsträger zu den verschiedensten Dingen eingehend befragte. Es ist somit äußerst unwahrscheinlich, dass er wirklich geglaubt haben könnte, die Schadenersatzklagen seien kein gravierendes finanzielles Problem für sein Unternehmen. Ein Blick auf den Kursverlauf der Halliburton-Aktie zwischen 1999 und 2002 zeigt, dass Cheney – wie durch ein Wunder – seine Aktien auf dem Höhepunkt ihres Kurswertes verkauft hat. Wenn er den republikanischen Kongress nun auch noch dazu brächte, das anstehende Gesetz zu verabschieden, das einen großen Teil von Halliburtons Asbestproblem lösen würde, und wenn die Börsenaufsicht irgendwie einfach über Cheneys Verbindungen zu Halliburton hinwegsähe, dann wäre dies eine weitere wundersame Fügung.

Was hat Cheney selbst zu alledem zu sagen? Nichts. Es ist ihm schlicht egal, also wird er weiter mauern. Es hat bisher einfach zu gut funktioniert. Schließlich gehört diese

Taktik zum Repertoire eines Spielers, und Spieler sind sie alle beide, Cheney und Bush. Inzwischen ist aus diesem Spiel indes bitterer Ernst geworden: Ihre Geheimhaltung im Weißen Haus nimmt zwanghafte Züge an.

# Zwanghafte Geheimhaltung

*Ich bin Republikaner, und George W. Bush ist einer meiner Helden. ... [Aber] ich glaube, dass sich über die Regierung ein Schleier der Geheimhaltung gelegt hat, und meiner Meinung nach ist das nicht in Ordnung.*
Abgeordneter Dan Burton
Vorsitzender des Government Operations Committee

Noch vor der endgültigen Entscheidung des Obersten Gerichtshofs im Stimmenzählverfahren *(Bush vs. Gore)* bereitete Dick Cheney sich zuversichtlich auf die Übernahme des Vizepräsidentenamtes vor.[1] Cheneys Angelkumpan, der frühere Außenminister James Baker, ein starrköpfiger, aber geachteter politischer Drahtzieher, war Beobachter der Nachzählung der Stimmzettel in Florida und der damit verbundenen rechtlichen Maßnahmen. Da Bushs Bruder John Edward »Jeb« Bush in Florida Gouverneur war, hatte Cheney allen Grund, zuversichtlich zu sein. Auch wenn die Aktivitäten, die Jeb Bush hinter den Kulissen unternahm, um seinem Bruder die nötigen Stimmen zu sichern, natürlich geheim blieben, können wir uns doch eine gewisse Vorstellung von seiner Denkweise machen, denn es ist bekannt, dass er bereit war, den Spruch des Obersten Gerichts Floridas notfalls zu missachten, um die Wahl seines Bruders zu gewährleisten.[2]

Cheneys Insiderwissen über die Arbeitsweise im Weißen Haus ging zurück auf seine Tätigkeit als Donald Rumsfelds Berater unter der Regierung Nixon im Jahre 1969. Später hatte er das Amt des stellvertretenden Stabschefs unter Rumsfeld und Gerald Ford inne, bevor Letzterer ihn 1974 selbst zum Stabschef machte, ein, wie Ford später schrieb, »intelligenter junger Politikwissenschaftler ... erst Anfang dreißig«, »zurückhaltend« und ein pragmatischer

Problemlöser, der »achtzehn Stunden am Tag arbeitete«, und »absolut loyal« sei.[3] Der neue Stabschef hatte alle Hände voll zu tun, das Weiße Haus mit seinen undichten Stellen und seinen vielen Fraktionen in den Griff zu bekommen (da gab es etwa noch die ehemaligen Berater Nixons, die alten Weggefährten Fords, die ins Weiße Haus gezogen waren, und neue Leute wie Cheney selbst). Im Laufe der Zeit machte er sich als der »Grand Teuton« einen Namen, »ein kompliziertes Wortspiel, das auf seinen gebirgigen Heimatstaat Wyoming und auf das deutsche Auftreten seines Vorgängers H. R. Haldeman zurückging«.[4]

Trotz seines bescheidenen Naturells war (und ist) Cheney ein stahlharter, kaltblütiger Mann, der wenig Worte macht und feste Grundsätze hat. Ihn hat es nie ins Rampenlicht gedrängt; stets zog er es vor, bei seiner Arbeit den Blicken der Öffentlichkeit entzogen zu sein, was ihm unter Ford den geheimdienstlichen Codenamen »Backseat« eintrug. Während seiner sechs Amtsperioden im Kongress als Abgeordneter von Wyoming unterhielt Cheney kontinuierliche (und bemerkenswert unauffällige) Kontakte zum Weißen Haus unter Reagan und wirkte während der Iran-Contra-Affäre praktisch als Schutzschild seines Freundes, des Vizepräsidenten George H. W. Bush. Später fungierte er unter ihm als Verteidigungsminister. Kurzum, Cheney kannte die Verfahrensweisen, Praktiken und das Protokoll im Weißen Haus aus dem Effeff. Bush junior war natürlich mit Washington und dem Weißen Haus weniger vertraut als er, aber dennoch in der Politik kein Neuling. Während Cheney sich in Washington auf die neue Regierung und sein künftiges Amt vorbereitete, kümmerte sich der kommende Präsident um seine Geschäfte in Texas und bereitete seinen Auszug aus dem Amtssitz des Gouverneurs vor.

## Gesetzwidrige Vorenthaltung von Gouverneursunterlagen

Als seine letzte Amtshandlung als Gouverneur von Texas und eine seiner ersten Handlungen als zukünftiger Präsident demonstrierte George Bush seine äußerste Missachtung des Gesetzes, wenn es um Geheimhaltung ging. Im Dezember 2000, als die Nachzählung der Stimmen in Florida ihrem Ende zuging und alles auf den Spruch des Obersten Bundesgerichts wartete, befand Bush sich in Austin, Texas – fern dem Rampenlicht. Sobald er von der für ihn vorteilhaften Entscheidung des Supreme Court erfuhr, sorgte er dafür, dass seine Unterlagen eingeschweißt und, verpackt auf sechzig großen Paletten, in aller Stille zur Präsidentenbibliothek seines Vaters an der Texas A & M University transportiert wurden. Die rechtliche Grundlage hierfür hatte Bush bereits 1997 geschaffen, als er sich mit Erfolg um eine Änderung des texanischen Gesetzes bemühte, das bislang vorsah, dass alle Unterlagen eines Gouverneurs nach Beendigung seiner Amtszeit in die Bibliothek des Staates Texas verbracht wurden. Die Lagerung an einem anderen Ort war nur zulässig nach einer (gesetzlich vorgeschriebenen) »Rücksprache« mit dem Ausschuss für die Bibliotheken und Archive des Staates Texas, die sicherstellen sollte, dass das Material prinzipiell für alle zugänglich war. Bush nahm jedoch gar nicht erst Kontakt mit dem Ausschuss auf, sondern ließ diesen lediglich durch einen seiner Mitarbeiter darüber informieren, dass er die Akten in die Bibliothek seines Vaters habe bringen lassen, ob das den Beteiligten nun gefiel oder nicht.[5]

Es gefiel ihnen ganz und gar nicht. Auf der Grundlage eines der schärfsten US-Gesetze in Bezug auf Informationspflichten der Öffentlichkeit gegenüber legte Peggy Rudd, die Leiterin der Bibliothek, gegen dieses einseitige Vorgehen Beschwerde ein. Laut texanischen Gesetzen werden alle Gouverneursakten nach Beendigung einer Amtszeit sofort von Archivaren in einem Verzeichnis erfasst und anschließend der Öffentlichkeit zugänglich gemacht. Alle Anfragen zu diesen Unterlagen müssen nach texanischem Recht innerhalb von zehn Tagen beantwortet werden. Die Präsidentenbibliothek von Bush senior untersteht jedoch der National Archives and Records Administration der US-Regierung, die auf alle Ersuchen, Einblick in die nunmehr hier gelagerten Akten zu erhalten, unverzüglich antwortete, diese Akten unterlägen jetzt nicht mehr texanischem Recht, und die Archivare seien zu sehr mit den Papieren des Vaters beschäftigt, um sich der Unterlagen des Sohnes annehmen zu können. Bush hatte seine Akten praktisch dem Bund unterstellt und in einer juristischen Grauzone in der Bibliothek seines Vaters untergebracht, wo buchstäblich niemand sie einsehen konnte. Sein sorgfältig ausgesuchter Nachfolger, der neu ins Amt eingeführte Gouverneur von Texas, Rick Perry, bestätigte Bush in dieser Rechtsauffassung.

In ihrer Eigenschaft als Leiterin der Texas State Library and Archives Commission ließ Peggy Rudd indes nicht locker. Sie weigerte sich, den Aktentransfer ohne weiteres zu akzeptieren, und nach mehr als einem Jahr, im Mai 2002, hatte sie es geschafft: Der texanische Justizminister (Attorney General), der sich schwer getan hätte, das geltende Gesetz anders auszulegen, entschied endlich gegen Bush, indem er die Texas Public Information Act für anwendbar auf dessen Gouverneursakten erklärte. Angesichts der Eindeutigkeit des texanischen Gesetzes stellte Bushs Handeln einen eklatanten Verstoß gegen das Recht seines Heimatstaates dar.

In manchen Pressemeldungen hieß es zwar, dies sei nicht der Fall[6], doch eine genaue Lektüre der offiziellen Meinung des Justizministers zeigt, dass diese Berichte unzutreffend sind.[7] Bei solchen Verstößen gibt es jedoch keine Sanktionen, außer dass die betreffenden Papiere der Öffentlichkeit zugänglich gemacht werden müssen. Und bis heute gibt niemand Auskunft darüber, in welchem Umfang diese Akten ausgedünnt worden sind, bevor Bush sie gezwungenermaßen wieder herausgerückt hat.

Trotzdem saß Bush zuletzt anscheinend doch noch am längeren Hebel. Die Akten wurden nach Austin in Texas verbracht, um nach und nach erfasst zu werden. Und Gouverneur Perry hat zusammen mit einem neuen Justizminister (beide sind Bush-Anhänger) neue Ausnahmen im texanischen Gesetz über die Information der Öffentlichkeit gefunden, die Perry die Schlüssel zu den Aktenschränken mit den Unterlagen Bushs in die Hand gegeben haben.[8] Kurzum, die Geheimhaltung hat gewonnen. Was allerdings aus den Amtsunterlagen Bushs hervorging, die kurzfristig zugänglich waren, bevor Perry sie erneut unter Verschluss nahm, brachte Bush in Verlegenheit: die Tatsache etwa, dass er und sein Rechtsberater Alberto Gonzales gegen die Umwandlung von Todesurteilen in Haftstrafen prozessiert hatten.[9] Es ist nur schwer vorstellbar, dass jemand sich so viel Mühe macht, seine Akten vor der Öffentlichkeit zu verbergen, wenn darin nichts enthalten wäre, was unter keinen Umständen an den Tag kommen soll.

## Das Weiße Haus – vakuumverpackt

Bush, der schon sowohl bei den Wahlkämpfen als auch während der Präsidentschaft seines Vaters nach undichten Stellen gefahndet (und für Disziplin gesorgt) hatte, wusste, wie sehr Indiskretionen diesem geschadet hatten: als Vizepräsident in Gestalt der Iran-Contra-Affäre, als Präsident in Form von Gerüchten über seine angebliche eheliche Untreue. Das alles hatte der Sohn nicht vergessen. War sein Bedürfnis nach Informationskontrolle schon sehr stark, so wurde er von Cheney darin noch übertroffen, hatte dieser doch bereits unter Ford seine Erfahrungen mit »undichten Stellen« gemacht. Für den frisch gekürten Stabschef muss es damals äußerst schmerzlich gewesen sein, als ihn die *New York Times* der Inkompetenz bezichtigte und ihm vorwarf, er habe die Abläufe im Weißen Haus nicht im Griff und verfüge über Mitarbeiter, die bei anderen Insidern der Ford-Regierung für ihre »politische Unbedarftheit« bekannt seien.[10] Wenig später veröffentlichte dieselbe Zeitung weitere Interna. So gab ein anderer Informant vertraulich zu Protokoll, im Weißen Haus gehe es unter Ford und Cheney zwar entspannter zu als unter den Amtsvorgängern, doch sei nun ein Mangel an Disziplin zu beklagen. »Die alltäglichen Dinge sind selten rechtzeitig fertig, und die Stabsarbeit ist häufig schlampig und unvollständig. Es werden einfach zu viele Fehler gemacht.«[11] Selbst in seriöseren öffentlich erhobenen Vorwürfen wurde behauptet, Cheney (und Ford) hätten den Nationalen Sicherheitsrat oder Außenminister Kissinger nicht unter Kontrolle, der eigenmächtig agiere, ohne den Präsidenten zu informieren.[12]

Als Kongressabgeordneter war Cheney entsetzt über Indiskretionen während der Ermittlungen im Zuge der Iran-Contra-Affäre, und als er 1989 als Verteidigungsminister im Pentagon seinen Einzug hielt, zog er sogleich andere Saiten auf. Er war gerade eine Woche im Amt, als er den Stabschef der Air Force öffentlich abkanzelte, weil dieser im privaten Kreis Informationen an einflussreiche Kongressmitglieder weitergegeben hatte. Ein Jahr später entließ er einen weiteren Stabschef der Luftwaffe, weil dieser mit anderen unautorisiert Schubladenpläne im Hinblick auf den Golfkrieg erörtert hatte. Cheney ist so verschwiegen, dass er sogar seine eigenen Berater nur selten über seine Aktivitäten, seine Abmachungen mit Dritten oder über seine Kenntnisse über vorgegebene Themen informiert.[13] Unter diesen Umständen kann es nicht wundernehmen, dass sich Cheneys rigorose Auffassungen von Informationskontrolle in der operativen Struktur, den Abläufen und der personellen Besetzung des Weißen Hauses niederschlagen.

Um ihre Vorstellung von Geheimhaltung in die Tat umsetzen zu können, suchten Bush und Cheney sich zunächst einen Stabschef, der ihre Ansichten teilte und dem zugleich, was noch wichtiger war, die Funktionsweise des Weißen Hauses vertraut war. Cheney empfahl für diesen Posten einen langjährigen Freund der Familie, Andrew H. Card Jr., der für Bush senior gearbeitet hatte und dessen Sohn seit einem Besuch auf dem Anwesen der Familie in Kennebunkport im Jahr 1979 kannte. Card, ein ehemaliger Abgeordneter und erfolgloser Kandidat für den Gouverneursposten in Massachusetts, hatte 1988 den entscheidenden Vorwahlkampf für Bush senior in New Hampshire geleitet und wurde, nachdem dieser zum Präsidenten gewählt worden war, 1989 stellvertretender Stabschef im Weißen Haus unter John Sununu. Im Unterschied zu dem aufbrausenden, wichtigtuerischen Sununu hat Card von Anfang an sehr gute Beurteilungen erhalten, und Bush pries ihn als eine kluge Wahl. »Andy bringt praktische Intelligenz, Festigkeit und trotzdem Bescheidenheit für den Posten mit«, erklärte ein Kenner der Verhältnisse gegenüber der *Washington Post*. »Er ist genau der richtige Mann«, sagte ein anderer.[14] »Er ist keine spritzige Persönlichkeit«, kommentierte damals Brent Scowcroft, Bushs Nationaler Sicherheitsberater, sondern eher »ein sehr ruhiger, realistischer Mensch. Er ist ein Arbeitstier und absolut kein Schaumschläger.«[15] Während des Wahlkampfs 2000 bereitete Card George W. Bush auf seine Streitgespräche mit Al Gore vor und schlüpfte dabei in dessen Rolle, so dass er Bushs Stärken und Schwächen kannte. Um dann im Weißen Haus für ihn zu arbeiten, gab Card eine lukrative Tätigkeit als Lobbyist der Automobilindustrie in Washington auf und erklärte gegenüber der *New York Times*: »Ich würde alles tun, um den Eltern [Bushs] zu helfen ... Ich empfinde eine unendlich tiefe Zuneigung zu ihnen.« Was, so die frühere First Lady Barbara Bush in ihren Erinnerungen, durchaus auf Gegenseitigkeit beruhte.[16]

Während Cheney und Card in aller Stille das Weiße Haus planten, richtete sich die öffentliche Aufmerksamkeit nicht wie sonst auf den Übergang von der alten zur neuen Regierung, sondern auf die Nachzählung der Stimmen in Florida. Die beiden Männer nutzten die Gelegenheit und schufen stark segmentierte Strukturen. Die Macht im Weißen Haus hängt in der Regel vom Zugang zum Präsidenten ab. Viele Präsidenten lassen ihrem Stabschef freie Hand bei der Entscheidung darüber, wer wann mit ihnen sprechen kann. Bush und Cheney beschlossen von Anfang an, dass Cheney zu Bush stets Zutritt haben sollte, ebenso einige weitere ranghohe Berater wie Karl Rove, Pressesprecher Ari Fleischer sowie Karen Hughes, bevor sie nach Texas zurückging. Die Tatsache, dass Card nicht zu diesen Leuten gehörte, minderte seine Macht, doch das machte ihm nichts aus. Die einzige von ihm gestellte Bedingung war die Zusicherung Bushs, »ihn über alle Instruktionen zu informieren, ob sie ihn betrafen oder nicht«.[17] Tatsächlich hat Card im Gegensatz zu seinen Vorgängern mehr von einem Stabskoordinator oder Betriebsleiter im Weißen Haus als von jemandem, der selbst Macht an sich zieht.

Nachdem Bush drei Jahre im Amt war, widmete das *Wall Street Journal* der Funktionsweise des Weißen Hauses unter Card einen Artikel. Der Autor konstatierte eine »dicht konzentrierte Macht im Innern des Westflügels« und ein »nahezu wasserdichtes System, das dem Präsidenten Skandalgeschichten und Aufregungen erspart – indem Geheimnisse den Medien, dem Kongress und selbst Kabinettsmitgliedern gegenüber gewahrt bleiben, bis Mr. Bush beschließt, sie zu offenbaren, wenn überhaupt«.[18] Das der Regierung Bush nahe stehende Nachrichtenmagazin stellte dennoch fest, dieses System habe doch insofern seine Nachteile, als Bush im Lauf der Zeit merklich den Kontakt zur Wirklichkeit verloren habe. Außerdem hätten die neuen Strukturen und Abläufe die Leiter von Ministerien und anderen Regierungsstellen frustriert, die »außen vor« zu bleiben hätten (und zudem in ständiger Sorge um ihren Arbeitsplatz seien).* Die Anwälte im Büro des Rechtsberaters des Weißen Hauses, Alberto Gonzales, würden es »bewusst vermeiden, Fragen zum Stand der Debatte im Westflügel zu stellen«. Konkret ging es dabei um das Programm zur Förderung von Minderheiten (Affirmative Action Program) an der Universität von Michigan, als dieses gerade vor dem Obersten Bundesgericht verhandelt wurde und die Regierung sich mit ihrer Position noch nicht festgelegt hatte. Warum sollte man sich bedeckt halten? Weil die Berater dadurch »einen gewissen Spielraum für Dementis [hätten], falls doch etwas nach außen dringen sollte«, so das *Journal*.

* Der ehemalige Finanzminister Paul O'Neill, der zu den wenigen Mitgliedern des Kabinetts gehörte, die regelmäßig Zugang zum Präsidenten hatten, schilderte Bush als durchgehend desinteressiert und wenig mitteilsam. Bis auf Cheney und eine kleine Gruppe von Beratern ließ Bush alle Mitarbeiter im Weißen Haus über seine Pläne im Ungewissen. Christopher DeMuth, Leiter des American Enterprise Institute, bestätigte O'Neills Feststellungen über die fest geschlossenen Reihen im Weißen Haus, vor allem nach dessen Ausscheiden aus dem Amt. Der »Kreis um diesen Präsidenten ist kleiner und dichter geschlossen als alles, was wir in den letzten Jahren erlebt haben … und ich habe das Weiße Haus noch unter Nixon gekannt.« Nach Ansicht O'Neills, der auf zwei Jahrzehnte Erfahrung im Weißen Haus – und als erfolgreicher CEO – zurückblicken kann, hatte das Fehlen eines politischen Prozesses zur Folge, dass die Leiter der Ministerien und Behörden »in vielen Fällen in ihrem Handeln auf Vermutungen darüber angewiesen waren, was der Präsident denken … oder eines Tages für den richtigen Weg halten mochte, nachdem die US-Regierung längst gehandelt hatte«. Vgl. Ron Suskind, *The Price of Loyalty: George W. Bush, the White House, and the Education of Paul O'Neill*, New York 2004, S. 98, 321.

Das in seinem Inneren ohnedies mit vielen Schotten versehene Weiße Haus hat durch Cheney eine weitere Sicherung gegen undichte Stellen erhalten. In der ersten Zeit unter Ford hatte Cheney festgestellt, dass der Ausschluss der Redenschreiber (von denen viele ehemalige Journalisten waren) von wichtigen Planungs- und Entscheidungssitzungen dazu beitrug, Lecks zu schließen.[19] Redenschreiber sind naturgemäß auch diejenigen, die am ehesten Bücher schreiben. Im Weißen Haus unter Bush werden sie kurz gehalten, man bedient sich ihrer als Sprachhandwerker, nicht aber als Denker oder Politiker. Bushs oberster Redenschreiber Michael Gerson, ein gläubiger evangelischer Christ, ist kein Journalist von Beruf; er wurde vielmehr von dem politischen Planer und ehemaligen Ausputzer Nixons im Weißen Haus Chuck Colson entdeckt, als er noch Theologie studierte. Colson, der sich nach der Watergate-Affäre vom Saulus zum Paulus wandelte, unter anderem als Gefängnisgeistlicher wirkt und eine landesweite eigene Organisation zur Gefangenenbetreuung aufgebaut hat, engagierte Gerson nach dessen Graduierung 1986 als Stabsschreiber (und Ghostwriter). Bevor Bush ihn für den Wahlkampf 2000 abwarb, hatte Gerson auch für Senator Dan Coats gearbeitet und Reden für andere Republikaner geschrieben.[20] Somit war er mit dem Evangelium der Grand Old Party vertraut, und bei ihm stand nicht zu befürchten, dass er in der Bar des National Press Club oder einem anderen Journalistentreff herumhing.

Gegenwärtig herrscht unter den Mitarbeitern im Weißen Haus ein gewisser Mangel an Journalisten, und ironischerweise stammt der erste Insiderbericht über Bushs Präsidentschaft von einem von ihnen, David Frum, der von Januar 2001 bis Februar 2002 dort tätig war. Frum, ein ehemaliger Redenschreiber, veröffentlichte sein überwiegend anerkennendes Buch im Jahre 2003 unter dem Titel *The Right Man: The Surprise Presidency of George W. Bush*.

Bei der Lektüre fällt vor allem auf, wie wenig Frum über das, was im Weißen Haus vorging, wirklich wusste. Zwar nimmt er nicht für sich in Anspruch, umfassende Informationen eines Insiders zu liefern, doch was er zu bieten hat, legt den Schluss nahe, dass er dasselbe Buch auch hätte schreiben können, ohne im Weißen Haus gearbeitet zu haben – einige wenige Besuche dort hätten ausgereicht. Das soll jedoch nicht heißen, dass er keinerlei besondere Einblicke ermöglichen würde. Im Unterschied zu den meisten Redenschreibern Bushs ist Frum finanziell unabhängig und hatte nichts zu befürchten, wenn er das im Weißen Haus herrschende Gesetz des Schweigens brach. Und er war der Einzige, der von seinem Arbeitgeber nur in den respektvollsten Tönen sprach. Er bestätigt die Tatsache, dass undichte Stellen – die von außen nicht immer zu erkennen sind – Card, Cheney und Bush auf die Palme bringen, weil es ihnen nicht gelungen ist, das Weiße Haus völlig abzuschotten, und dass ihr Versuch, den Abfluss von Informationen aus den Ministerien, vor allem dem Außen- und dem Verteidigungsministerium, zu unterbinden, auf ganzer Linie gescheitert ist.

Jack Nelson, ein langjähriger Washington-Korrespondent, hat während eines Forschungsstipendiums am Shorenstein Center on the Press, Politics and Public Policy an der Kennedy School of Government der Harvard-Universität die Medienpolitik Bushs und sein Verhältnis zu den Medien untersucht. Wie es in seiner Studie heißt, war »kein Präsident seit Richard Nixon so auf Geheimhaltung bedacht oder reagierte so aggressiv auf Indiskretionen aus dem Weißen Haus wie George W. Bush«.[21] Seit Nelson seine Untersuchung abgeschlossen und im Januar 2003 darüber berichtet hat, ist die Lage noch extremer geworden. Wollte er seine Ergebnisse aktualisieren, so würde er feststellen, dass diese Präsidentschaft ebenso wie die Nixons am liebsten gegen alle kleinen Mitarbeiter unnachsichtig vorgehen würde, die auch nur die belanglosesten Informationen nach außen dringen lassen, einzig und allein zum Zweck der Einschüchterung. Gegen hoch gestellte Informanten würde die Regierung indes nicht vorgehen, solange die Preisgabe geheimer Informationen einem potentiellen Feind schadet oder der eigenen Politik irgendwie zugute kommt.

## Die Unterdrückung von Kritik und Indiskretionen

Im Interesse der Imagepflege hat die Regierung Bush eine wirklich bösartige nixonsche Taktik übernommen, mit öffentlicher Kritik fertig zu werden. Abgesehen davon, dass sie sich in der Öffentlichkeit nur an sorgfältig ausgewählten Orten in wohl präparierten Szenarien zeigen, vor Publikum, das manipuliert werden kann (»Die Gentlemen, die nachher hinter dem Präsidenten stehen, nehmen Sie doch bitte die Krawatten ab und geben Sie sich ganz zwanglos!«), unternehmen der Präsident und sein Vize alles, was in ihren Kräften steht, um auf dem Weg zu solchen Auftritten nicht mit öffentlichem Protest konfrontiert zu werden – genau wie Nixon es tat.

Dessen Intoleranz wurde für mich seinerzeit deutlich, wenn ich mit ihm unterwegs war. Auf dem Weg, den seine Autokolonne nahm, wurden alle Personen, die gegen den Vietnamkrieg demonstrierten, entfernt, und als einmal ein Häuflein Demonstranten unter Sprechchören in die Nähe seines Hotels gelangte, wies Nixon wütend den Geheimdienst an, sie ihm aus den Augen zu schaffen. Als er eines Tages zufällig aus einem im zweiten Stock des Weißen Hauses gelegenen Fenster auf die Pennsylvania Avenue blickte, bemerkte er im Lafayette Park einen einzelnen schweigenden Demonstranten mit einem Schild, das die Aufschrift »End the War« trug. Auch dieser Mann wurde durch den Geheimdienst entfernt. Bis Ende 1972 war mir klar geworden, dass dies keine Ausrutscher waren, sondern Zeichen für einen verbreiteten Gebrauch gesetzwidriger Maschen und Tricks durch Vorposten des Weißen Hauses und des Geheimdienstes, Demonstranten aus dem Blickfeld des Präsidenten (und der Fernsehkameras) zu entfernen. Dass solche Maßnahmen Bürgerrechte verletzen und eigentlich unter Strafe stehen, kümmerte Nixon nicht.[22] Diese systematischen Verletzungen der Rede- und Meinungsfreiheit standen kurz davor, sich zu einem eigenen Skandal auszuwachsen, als die versuchte Vertuschung der Watergate-Affäre an die Öffentlichkeit gelangte und alles andere in den Hintergrund gedrängt wurde. Doch als die betroffenen Demonstranten Zivilklagen einreichten, gab es äußerst unangenehme Schlagzeilen. Der Watergate-Ausschuss des Senats nahm sich der Sache an und stellte fest, das Weiße Haus habe »unerwünschte Elemente« von Nixon-Kundgebungen ferngehalten und zu diesem Zweck »Cowboys« eingesetzt, die »die Sache regelten«, wenn die Präsenz von Geheimdienst oder Polizei vor Ort nicht ausreichte.[23] Soweit ich mich erinnere, endeten die Zivilprozesse damit, dass die Kläger eine Entschädigung erhielten, die aus Wahlkampfgeldern bezahlt wurde.

Wenn Bush durch die Vereinigten Staaten reist, benutzt auch er seine Wachleute und den Geheimdienst, die ihm eventuelle Demonstranten vom Leib halten sollen. Ebenso wie damals unter Nixon behauptet das Weiße Haus, diese Maßnahmen seien zum Schutz des Präsidenten erforderlich.* Bush hat die Dinge so weit getrieben, dass die Ame-

* Das war bereits zu jener Zeit eine Schutzbehauptung und ist es auch heute noch. Wer dem Präsidenten wirklich nach dem Leben trachtet, wird alles tun, um keine Aufmerksamkeit auf sich zu lenken. Demonstranten, die Transparente tragen, sind nicht gefährlicher als Blaskapellen, die den Präsidenten begrüßen, wahrscheinlich sogar weniger gefährlich, weil sie in der Regel eine Erlaubnis benötigen, für die sie einen gültigen Ausweis vorlegen müssen.

rican Civil Liberties Union Ende September 2003 eine Klage eingereicht hat, der zufolge der Geheimdienst in nicht weniger als siebzehn Fällen von Kalifornien über New Mexico, Missouri, Connecticut, New Jersey, South Carolina bis nach Pennsylvania Gruppen und Einzelpersonen in so genannte Free Speech Areas (»Redefreiheitszonen«) abgedrängt hat, die stets mehrere Straßenblöcke weit von Bushs oder Cheneys Autokolonne und den Plätzen, wo sie eine Rede hielten, entfernt waren.[24] Außerdem lässt Bush Demonstranten verhaften und sogar gerichtlich verfolgen, wobei er sich auf ein geheimes Bundesgesetz beruft, das vor Jahrzehnten verabschiedet wurde, um Demonstranten vor Nixon zu verstecken.[25] Das ist nichts anderes als die Kriminalisierung von Regimekritik.

Nixon wollte natürlich die Leute, die nicht dicht gehalten hatten, ins Gefängnis bringen, was ihm jedoch nicht gelang, da die Regierung sich bei der gerichtlichen Verfolgung Daniel Ellsbergs wegen Weitergabe der Pentagon-Papiere in die Nesseln gesetzt hatte. Als Nixons Justizministerium 1971 Ellsberg gemeinsam mit seinem Helfer Tony Russo anklagte, stützte es sich auf das Spionagebekämpfungsgesetz (Espionage Act) von 1917 und das Gesetz gegen den Diebstahl von Regierungseigentum (obwohl es in dem Gesetz von 1917 gar nicht um die Preisgabe von Regierungsgeheimnissen ging, sondern um Spionage, deren sich weder Ellsberg noch Russo schuldig gemacht hatten, und sie hatten auch nichts gestohlen, da Ellsberg nur Kopien der Papiere erhalten hatte). Die Abweisung der Klagen gegen Ellsberg und Russo ließ die Frage offen, ob es überhaupt möglich war, die Weitergabe politischer Geheimnisse auf der Grundlage dieser Gesetze zu bestrafen. 1986 statuierte Reagans Justizministerium ein Exempel an Samuel Loring Morison, der als geheim eingestufte Bilder eines russischen Flugzeugträgers an die Zeitschrift *Jane's Defence* weitergegeben hatte, für die er arbeitete. Obwohl die nationale Sicherheit dadurch in keiner Weise gefährdet worden war, wurde Morison nach dem Spionagebekämpfungsgesetz von 1917 angeklagt und verurteilt.

Dieser Schuldspruch musste alle Regierungsangestellten, Redakteure und Verleger aufschrecken.[26] Präsident Clinton, kein Freund von undichten Stellen im Weißen Haus, sah dennoch eine Heuchelei darin, wenn eine Regierung einen Regierungsangestellten der unteren Ränge wegen der Weitergabe von Interna ins Gefängnis bringen wollte, während hohe Regierungsvertreter regelmäßig gezielte Indiskretionen begingen, wenn es den Interessen der Regierung diente, und amnestierte Morison. Nach dem Präzendezfall *Morison vs. US** hätte man mehrere Präsidenten und Außenminister wegen der in ihren Memoiren enthaltenen Informationen ohne weiteres verurteilen können, denn wie John F. Kennedy einmal bemerkt hat, ist das Staatsschiff insofern ein ganz besonderes Schiff, als bei ihm die Lecks in den meisten Fällen weit oben auftreten. Die Weitergabe von regierungsinternen Informationen kann einen Schaden herbeiführen und tut das gelegentlich auch.[27] Doch bis zu dem Prozess gegen Morison – der mit Erlaubnis seines Arbeitgebers, der US-Marine, als Teilzeitredakteur bei der britischen Zeitschrift *Jane's Defence* arbeitete – war noch niemand wegen eines solchen Delikts gerichtlich belangt worden. Im Gegensatz etwa zu Großbritannien hat man in den Vereinigten Staaten darauf verzichtet, »amtliche Geheimnisse« in einer so genannten Official Secrets Act (Geheimhaltungsgesetz) zu definieren, einem Gesetz also, das die Weitergabe von Regierungsinterna – ob als geheim eingestuft oder nicht – unter Strafe stellt. Nach dem Ausbruch des Ersten Weltkrieges strebte

* Das Urteil stützte sich auf eine verfehlte Entscheidung des Bundesberufungsgerichts für den Vierten Gerichtsbezirk (U. S. Court of Appeals for the Forth Circuit), der zufolge die Espionage Act von 1917 *entgegen der ausdrücklichen Absicht des damaligen Kongresses* anzuwenden sei.

Woodrow Wilson ein solches Gesetz zwar an, doch der Kongress lehnte ab. Während der 1917 geführten Debatte über diese Frage erinnerte Senator William Borah, ein Republikaner aus Idaho, seine Amtskollegen an die Lehren aus den schändlichen Gesetzen gegen Ausländer und Volksverhetzung (Alien and Sedition Acts)* von 1798, mit denen die junge amerikanische Republik auf die Französische Revolution reagierte: »Ein einziges Mal in der Geschichte dieser Regierung haben wir es unternommen, etwas einzuführen, was auf eine Beschränkung der freien Rede und der freien Presse hinauslief. Es war ein vollkommener und schmählicher Fehlschlag.«[28] Im Jahr 2000 legte Clinton sein Veto gegen den Entwurf einer Official Secrets Act ein (nachdem er ihn zunächst fast hätte durchgehen lassen), und der Kongress hat dieses Veto nicht übergangen. Kaum einer zweifelt daran, dass der Grund, weshalb die Regierung Bush bislang keinen Vorstoß in dieser Richtung gewagt hat, darin liegt, dass sie das hierfür erforderliche politische Kapital nicht aufs Spiel setzen will, denn die amerikanischen Nachrichtenmedien stehen einem solchen Gesetz nach wie vor ablehnend gegenüber – und dies mit vollem Recht.

Eine gesetzliche Festlegung ist außerdem gar nicht mehr erforderlich, seit Bush, Cheney und Justizminister John Ashcroft das Äquivalent einer neuen – inoffiziellen – »Official Secrets Act« zusammengeschustert haben, das entsetzlicher ist als alles, was der Kongress ihnen möglicherweise zugestanden hätte. Sie haben bestehende Gesetze herangezogen und die Interpretation der Richter im Fall Morison übernommen – dass nämlich die Geschichte eines Gesetzes in der Rechtsprechung irrelevant sei, wenn seine Formulierung den zu behandelnden Sachverhalt treffe.

* Aufgrund der Sedition Act konnte jeder strafrechtlich verfolgt werden, der unzutreffende kritische Aussagen über Regierungsbeamte veröffentlichte. (Anm. d. Ü.)

Auf dieser Grundlage erfolgte eine Anklage gegen Jonathan C. Randel, einen ehemaligen Geheimdienstanalytiker, der in Geschichte promoviert hatte und für die Drogenüberwachungsbehörde DEA (Drug Enforcement Agency) in deren Büro in Atlanta tätig war. Randel gab *nicht als geheim eingestufte* Informationen an einen britischen Journalisten weiter.[29] Die Indiskretion – von der die nationale Sicherheit in keiner Weise berührt war – enthüllte die Tatsache, dass der Name eines der reichsten Männer Großbritanniens und Nordirlands, Lord Michael Ashcroft (nicht verwandt mit dem US-Justizminister) in mehreren DEA-Akten auftauchte, in denen es um Drogenhandel und Geldwäsche in Belize ging. Zwar sind Informationen der Ermittlungsbehörden etwas Besonderes, und die Behörden wie die DEA sind bemüht, ihre Akten verschlossen zu halten, doch die Weitergabe solcher Informationen ist nichts Ungewöhnliches und wird in der Regel ignoriert.

Mit gut betuchten konservativen Lords, die in den Vereinigten Staaten leben, verhält es sich unter der jetzigen Regierung etwas anders. Um Randels Indiskretion strafrechtlich verfolgen zu können, fuhr Ashcrofts Justizministerium schwerstes Geschütz gegen ihn auf. Die aus nicht weniger als zwanzig (!) Punkten bestehende Anklage ist ein Beispiel für das neue, inoffizielle Geheimhaltungsgesetz der Regierung. Sie stützt sich auf das Allgemeine Bundesgesetz gegen Diebstahl (General Theft statute)[30], womit Informationen in den Computern der Regierung (in denen sich heute fast sämtliche Regierungsinformationen befinden) geschützt werden.[31] Darüber hinaus machen die allgemeinen Bundesgesetze zur Aufrechterhaltung des Post-, Telegrafen- und Bankgeheimnisses jede der insgesamt sechzehn Benutzungen des DEA-Computers durch Randel, um Informationen über Seine Lordschaft zu erhalten, zu einem eigenen Vorsatz, die Regierung zu hintergehen. Dasselbe gilt für die Aufwandsentschädigung, die

Randel von der Londoner *Times* erhielt, als er sich mit ihren Vertretern traf, nachdem Lord Ashcroft die Zeitung verklagt hatte.[32] Es muss noch einmal betont werden, dass keines dieser Gesetze verfasst wurde, um die Weitergabe vertraulicher Informationen unter Strafe zu stellen. Trotzdem kann es kaum überraschen, dass Randel sich im Sinne des Allgemeinen Bundesgesetzes gegen Diebstahl (mit einer zu erwartenden Höchststrafe von zehn Jahren Gefängnis) schuldig bekannte, denn andernfalls hätte er mit einer phantastischen Höchststrafe von 580 Jahren oder lebenslanger Haft rechnen müssen – wegen der Weitergabe von Informationen, die seiner Überzeugung nach bekannt gemacht werden mussten, da die DEA gegen Seine Lordschaft hätte ermitteln müssen, statt ihn laufen zu lassen.

Randel erhielt eine Gefängnisstrafe von einem Jahr mit anschließender (mit Auflagen verbundener) dreijähriger Bewährungsfrist, außerdem eine Geldbuße von 2000 Dollar. Bushs Rechtsanwalt in Atlanta, William Duffy (ein früherer stellvertretender Unabhängiger Staatsanwalt unter Kenneth Starr), sagte der *New York Times*, er sei mit dem Urteil zufrieden und die Anklage gegen Randel sei »eine Warnung an die übrigen Mitarbeiter der Regierung«. Auf jeden Fall war es eine Warnung an alle in der Regierungsbürokratie Tätigen, den Mund zu halten, wenn sie keine Gefängnisstrafe riskieren wollten.

## Sonstige Kontrollen der Massenmedien

»Diese Regierung ist die verschlossenste, am meisten abgeschottete von allen Regierungen der Vergangenheit«, gab auch Michael Duffy, ein altgedienter Chef des Washingtoner Büros von *Time*, seinem früheren Kollegen Tom Stacks zu Protokoll, als dieser ihn zum Verhältnis Bushs zu den Medien befragte. Was Stacks besonders auffiel, war die Kontrolle der Nachrichtenmedien: »Regierungsvertreter in Washington haben weitgehend aufgehört, mit der Presse zu sprechen, es sei denn bei sorgfältig vorbereiteten Pressekonferenzen. Interviews werden abgelehnt, telefonische Anfragen bleiben unbeantwortet. Der Öffentlichkeit wird auf diese Weise der Einblick in die Tätigkeit der von ihr gewählten Regierung verwehrt.«[33] Tatsächlich haben Bush und Cheney die Kontrolle über das, was sie an die Nachrichtenmedien weitergeben, in beispielloser Weise verschärft – was Kenner der Materie unweigerlich an Nixon denken lässt, der damit den Anfang machte.

Nixon brachte das Pressekorps im Weißen Haus physisch unter Kontrolle, indem er es in den kleinen Presseraum pferchte, in dem es heute noch untergebracht ist. Diesen Raum hatte man dadurch geschaffen, dass das Schwimmbecken im Weißen Haus überbaut wurde. Der Presse wurde dies als eine »Verbesserung« verkauft, während man sie in Wirklichkeit von der Lobby im Westflügel fern halten und daran hindern wollte, sich im Haus herumzutreiben. Bush hielt in diesem beengten Raum seine erste formelle Pressekonferenz ab, und bei den seltenen Anlässen, zu denen er für diesen Zweck den geräumigen East Room wählte, unterwarf er die eingeladenen Journalisten einer äußerst strengen Kontrolle, indem er sie wie Grundschüler in Zweierreihen zu ihren Sitzen führen ließ und anschließend nur diejenigen aufrief, die er vorher ausgewählt hatte.[34] Er missachtete die langjährige Tradition, die Möglichkeit zur ersten Frage dem dienstältesten Mitglied im Pressekorps des Weißen Hauses zu geben. Es handelte sich um Helen Thomas, die geschrieben hatte, Bush sei der schlechteste Präsident der amerikanischen Geschichte (und sie hat viele von ihnen persönlich gekannt).[35] Ein weiterer Trick, der auf Nixon zurückgeht und den Bush übernommen hat, um das Pressekorps zu umgehen, besteht darin, Journalisten von außerhalb ins Weiße Haus einzuladen, die ihn interviewen dürfen, weil diese, wie seine Berater zugeben, »empfänglicher und weniger kritisch in ihrem Urteil« sind.[36]

Ähnlich wie Nixon benutzt auch Bush im Umgang mit der Presse die Methode der Einschüchterung. Wenn ein Reporter eine Geschichte gebracht hat, die dem Weißen Haus nicht genehm ist, dann bleiben seine Anrufe unbeantwortet. Und wenn dem Präsidenten eine Frage missfällt, dann geht er den Fragesteller frontal an. Wer könnte vergessen, wie Bush am 31. Mai 2002 in Paris gemeinsam mit dem französischen Staatspräsidenten, Jacques Chirac, eine Pressekonferenz abhielt und bei dieser Gelegenheit den NBC-Korrespondenten David Gregory abbürstete. Dieser hatte ihm die Frage gestellt, wie er es sich erkläre, dass man in Europa ihm gegenüber so kritisch eingestellt sei, sich anschließend zu Chirac gewandt und ihn auf Französisch gefragt: »Et vous, Monsieur le Président, qu'en pensez-vous?« (»Und Sie, Herr Präsident, wie denken Sie darüber?«)

Bush, der den Mund verzog und seine Wut kaum verhehlen konnte, bemerkte daraufhin hämisch und in spöttischer Anerkennung mit dem Kopf nickend: »Very good, der Mann lernt vier Wörter auswendig und gibt sich weltmännisch.« Gregory, etwas überrascht, versicherte, dass er seine Frage ernst gemeint habe, doch Bush schnitt ihm das Wort ab: »Ich bin beeindruckt – qué bueno. Jetzt bin ich in zwei Sprachen bewandert.« Als die Pressekonferenz beendet war, wandte sich Bush, immer noch kochend vor Wut, vor allen noch Anwesenden zu Gregory und fauchte: »Sobald Sie vor einer Kamera stehen, meinen Sie, Sie müssten eine Show abziehen.«[37] Es war ein absurder Vorwurf, denn Gregory ist unprätentiös wie kaum einer seiner Kollegen. Doch die Botschaft Bushs an ihn und die anderen amerikanischen Journalisten war klar: Stellt keine unangenehmen Fragen und zeigt auch nicht die geringste Individualität, schon gar nicht bei einer Pressekonferenz, die bei den ausländischen Medien starke Beachtung findet.

Martha Brant, die *Newsweek*-Korrespondentin im Weißen Haus, hat zu dieser Situation bemerkt: »Wir sind mehr denn je auf [Bushs] Spitzenberater angewiesen, da mit allem hinter dem Berg gehalten wird. ... Wir können nur hoffen, dass wir nicht als Werkzeug der Regierung benutzt werden.«[38] Allein die Tatsache, dass sie diese Besorgnis äußert, bestätigt, dass sie nur allzu berechtigt ist.

## Inszenierung und Imagepflege

Sollte irgendein Politiker besser als Bush darin sein, die Wahrheit durch Informationskontrolle und ein genau kalkuliertes Image vor der Öffentlichkeit zu verbergen, so bin ich ihm noch nicht begegnet. Dass dieser Präsident so großen Wert auf sein Image legt und fortwährend Wahlkampf betreibt, hängt mit der Präsidentschaft seines Vaters und mit der Tatsache zusammen, dass dieser nicht für eine zweite Amtszeit gewählt wurde. George H. W. Bush war ein erfahrener Politiker, dem die Präsidentschaft sehr viel bedeutete. Unter Nixon, dessen politischen Stil er nicht immer billigte, den ausgiebigen Einsatz der neuesten Kommunikationsmittel und -tricks inbegriffen, hatte er den Vorsitz im republikanischen Nationalen Ausschuss inne. Später war Bush senior Zeuge der nächsten Evolution einer imagebetonten Präsidentschaft, diesmal aus noch größerer Nähe, als Reagans Vizepräsident. Doch schätzte er diesen Rummel nicht wirklich, und obwohl er auch selbst davon Gebrauch machte, um 1988 gewählt zu werden, vergaß er ihn schnell wieder, als er einmal im Amt war. Andy Card, der damals den Posten des stellvertretenden Stabschefs im Weißen Haus bekleidete, sagte einmal:

»Präsident [George H. W.] Bush hat die Rolle des Regierenden sichtlich genossen, die Rolle als Wahlkämpfer hingegen verachtete er.«[39] Deshalb unterließ er es auch, in der Zeit seiner Regierung unausgesetzt weiter Wahlkampf zu betreiben, eine Tradition, die Nixon während seiner ersten Amtszeit begründet hatte und die von den meisten seiner Nachfolger fortgesetzt worden war.[40] Bush senior lehnte es ab, sich zu inszenieren wie Reagan. Er mochte nicht einmal ausgefeilte Redetexte, weil er es für unwürdig hielt, mit solchen Mitteln zu arbeiten, und weil zu viel Eloquenz in seinen Augen aufgesetzt und unecht wirkte.[41] Die Ergebnisse von Meinungsumfragen tat er als »Echos von gestern« ab.[42]

Als er sich auf seine Wiederwahl vorbereitete, nachdem er drei Jahre lang die höchsten Zustimmungswerte eines modernen Präsidenten verbuchen konnte, waren seine Berater besorgt darüber, dass es ihm nicht gelungen war, ein klares Bild seiner Präsidentschaft zu vermitteln – nicht weil er keines gehabt hätte, sondern weil er sich weigerte, das vorhandene Instrumentarium zu nutzen, um dieses Bild auch medienwirksam an den Wähler zu bringen. Bis zu einem gewissen Grad hatten sie damit Recht. Sein Weggefährte und Vizepräsident Dan Quayle bezeichnete die Bemühungen um ihre Wiederwahl als den »am schlechtesten geplanten und durchgeführten Wahlkampf eines amtierenden Präsidenten in diesem Jahrhundert«.[43]

George W. Bush erlebte das politische Ende seines Vaters aus nächster Nähe, und wie es heißt, war der persönliche Schmerz über den Verlust für den ältesten Sohn des Präsidenten größer als für den Präsidenten selbst. Im klaren Bewusstsein der Fehler seines Vaters hat Bush im Verlauf seiner Präsidentschaft fast genau gegenteilig agiert: Er hat ununterbrochen Wahlkampf betrieben, denn das lag ihm mehr als zu regieren. Anders als der Vater verlässt sich Bush junior auf Meinungsumfragen, auch wenn er dies abstreitet. Er benutzt alle bekannten Kommunikationstechniken und -tricks. Das Weiße Haus ist ununterbrochen damit beschäftigt, das von ihm und seinen Mitarbeitern gewünschte Image nach außen zu projizieren. Gelegentlich orientiert sich sein Handeln als Präsident buchstäblich an einem Drehbuch. Bevor Bush sein Amt öffentlich antrat, befasste sich Karl Rove mit den ersten Amtstagen früherer Präsidenten unter dem Aspekt, was sich bewährt hatte und was schief gegangen war. In Zusammenarbeit mit dem Kommunikations- und dem politischen Stab entwickelten und testeten sie einen detaillierten Plan für die ersten sieben Tage. Alle mit PR, Kommunikation und politischen Operationen beschäftigten Abteilungen aus dem Wahlkampf wurden umstrukturiert und verfeinert und zogen gleich mit ins Weiße Haus. Die ersten sieben Tage liefen ab wie eine erfolgreiche Premierenwoche am Broadway. Selbst Andy Card gestand später ein, es sei »wie ein Drehbuch [gewesen] – ich hatte einen Rollentext«.[44*]

Und es wurden immer neue Drehbücher verfasst, für eine Veranstaltung nach der anderen. Häufig baute man regelrechte Kulissen für die Auftritte des Präsidenten auf, der dann nur noch erscheinen und eine Rede verlesen musste, die niedrigsten Ansprüchen gerade genügte. Die *New York*

* Paul O'Neill – der dem Nationalen Sicherheitsrat angehörte und dem die Fiskalpolitik unterstand – erklärte gegenüber dem schockierten Autor Ron Suskind, dass nicht nur öffentliche politische Veranstaltungen, sondern auch Kabinetts- und andere Sitzungen im Weißen Haus unter Bush einem Drehbuch folgen, in dem alle außer dem Präsidenten eine Sprechrolle haben. Für diesen sehe das Skript lediglich vor, dass er zu nicken oder völlig ausdruckslos zuzuhören habe – abgesehen von gelegentlichen kryptischen (oder sarkastischen) Kommentaren. So sprachen beispielsweise während einer Sitzung von Bushs Kriegskabinett zum Irakkrieg »alle Kabinettsmitglieder in einer Reihenfolge und zu Themen, die zuvor festgelegt worden waren. An einer Stelle forderte Bush [Verteidigungsminister] Rumsfeld auf, sich zu etwas zu äußern, was [Außenminister] Powell gerade gesagt hatte, doch das war schon das Höchste an Meinungsaustausch.« Vgl. Ron Suskind, *The Price of Loyalty*, S. 147, 160.

*Times* kommentierte, Bush sei »über die vom Weißen Haus unter Reagan gelegten Fundamente einer Bühnenkunst längst hinausgelangt«. Derlei Aufwand ist nicht nur ambitioniert, er ist auch kostspielig. Für den ersten Jahrestag des 11. September mietete das Weiße Haus Flutlichtlampen und platzierte sie auf drei Mietsbooten, um die Freiheitsstatue zu illuminieren und auf diese Weise einen Hintergrund für Bushs Rede zu schaffen.

Ein anderes Mal, vor dem Mount Rushmore National Memorial, stellten die Regisseure Tribüne und Rednerpult so auf, dass während seiner Rede »die Kameras Mr. Bushs Gesicht im Profil erfassten, das genau auf einer Linie mit den vier in den Fels gehauenen Präsidentenköpfen lag«.[45] Unvergesslich auch die Inszenierung seiner Landung auf dem Flugdeck des Flugzeugträgers *Abraham Lincoln*, nach der Bush im Fliegerdress zur Mannschaft des Schiffes sprach. Er tat nichts, um die Illusion zu zerstören, er selbst habe das Flugzeug geflogen; in Wirklichkeit war er lediglich ein Passagier im Pilotenkostüm. Dann, nachdem er sich umgezogen hatte und die Dämmerung hereinbrach (während das Schiff langsam einen großen Bogen fuhr, so dass die Kameras eine ideale Kulisse hatten), hielt er – auch der Zeitpunkt war sorgfältig gewählt – seine Rede, in der er das Ende der Feindseligkeiten im Irak ankündigte, hinter sich ein Spruchband mit der Aufschrift »Mission Accomplished« (»Mission erfüllt«), das entgegen Bushs späteren Behauptungen nicht von der Mannschaft des Trägers, sondern von seinen Mitarbeitern besorgt und dort angebracht worden war. Und Ende 2003 dachte man sich noch einen besseren Fototermin aus und schickte den Oberbefehlshaber am Thanksgiving-Tag nach Bagdad, wo er kamerawirksam damit begann, den (handverlesenen und allesamt zuvor überprüften) Soldaten von einer großen Platte Truthahn zu servieren – das Tier war, wie sich später herausstellte, aus Plastik.[46]

Um die Wahrheit zu sagen: Bush verdankt sein Image dem 11. September, und seitdem hat er es weidlich ausgeschlachtet. Ironischerweise war es am besten bei einem Ereignis, das vom Drehbuch nicht vorgesehen war. An dem Tag, als er »Ground Zero« besichtigte, kletterte er auf einen Trümmerhaufen der eingestürzten Zwillingstürme, um an die dort arbeitenden Feuerwehrleute einige Grußworte zu richten. Einer seiner Mitarbeiter reichte ihm ein Megaphon, das nicht funktionierte, und einige Feuerwehrleute auf einem anderen Trümmerberg riefen ihm zu, sie könnten ihn nicht hören. Bush, den Arm um die Schulter eines Feuerwehrmanns gelegt, rief zurück: »Ich kann Sie hören. Die übrige Welt hört Sie. Und die Leute, die diese Gebäude in Trümmer gelegt haben, werden uns alle bald hören.« Nach diesen Worten setzten plötzlich Sprechchöre ein: »U-S-A! U-S-A! U-S-A!« Diese kleine Kundgebung, die von Millionen an den Bildschirmen verfolgt wurde, brachte Bush die höchsten und dauerhaftesten Zustimmungswerte ein, seit es Meinungsumfragen gibt, besser als die Franklin D. Roosevelts nach Pearl Harbor, besser als die John F. Kennedys nach der Kubakrise und besser als die seines Vaters nach dem Golfkrieg 1991.[47]

Diese Veranstaltung auf Ground Zero wird während des Präsidentschaftswahlkampfs 2004 wieder und wieder aufgeführt werden. Das wird natürlich viel Geld kosten. Wie schon im Jahr 2000 hat Bush auch diesmal unglaubliche Summen für seinen Wahlkampf aufgetrieben. Man muss es wohl nicht eigens betonen, dass diese Spendenbereitschaft bei den Geldgebern nichts mit staatsbürgerlichem Bewusstsein oder Gefühlen christlicher Nächstenliebe zu tun hat, schon gar nicht bei den Großkonzernen, die besonders umsorgt werden wollen – ein weiteres Gebiet, auf dem sich Cheneys reiche Erfahrung für Bush als unentbehrlich erweist. Die größten Wahlkampfspender sind Investoren, und es gehört zu den Aufgaben Cheneys, dieses Portefeuille zu verwalten.

### Cheneys geheime Energiegruppe

Die amerikanische Energieindustrie (Öl- und Erdgasgesellschaften, Energiedienstleister, Kohleunternehmen, Betreiber von Kernkraftwerken, Stromversorgungsunternehmen etc.) hat auf ihre Wahlkampfspenden in jeder Hinsicht satte Renditen eingefahren. Für mich ist der Unterschied zwischen Bestechungs- und Spendengeldern nur noch daran abzulesen, mit welchem Etikett die Parteien selbst die Transaktion versehen. Mit hohen Wahlkampfspenden wird ein besonderer Zugang erkauft, der die Möglichkeit eröffnet, eine für das eigene Geschäft günstige Politik zu erwirken. Die US-Energieindustrie hat Bush und Cheney »legal« gekauft – und dieses Geld war bestens angelegt.

Nach gerade neun Tagen im Amt rief Bush bereits die National Energy Policy Development Group ins Leben,[48] eine Task Force, die unter dem Vorsitz des Vizepräsidenten damit betraut war, »eine nationale Energiepolitik [zu entwickeln] mit dem Ziel, die Wirtschaft, die Regierung, einzelne Kommunen und Bürger zusammenzuführen, um eine zuverlässige, bezahlbare und umweltschonende Energie für die Zukunft zu fördern«.[49] Dieses Projekt wurde genau genommen bereits während der Vorbereitungsphase der Präsidentschaft angeschoben, so dass es nach dem Amtsantritt Bushs und Cheneys mit voller Kraft verfolgt werden konnte. Am 19. April 2001 schwirrten in der Hauptstadt Gerüchte, dass Cheneys Gruppe hinter verschlossenen Türen mauschelte, und alles deutete darauf hin, dass die Hauptakteure ein Bombengeschäft machen würden.[50] Wenn die Energieriesen auf der Gewinnerseite waren, hieß das natürlich, dass die Umweltschützer verlieren würden. Solche Gerüchte schreckten die Abgeordneten Henry Waxman, ranghöchstes Mitglied des Regierungsausschusses zur Regierungsreform (Committee on Government Reform), und John Dingell, ranghöchstes Mitglied des Energie- und Handelsausschusses (Energy and Commerce Committee), auf, die allgemein zu den Besten einer aussterbenden Spezies engagierter und sachkundiger Staatsdiener gerechnet werden. Gemeinsam schrieben sie einen Brief an Cheneys Energy Group und an David Walker, den Präsidenten des Gernal Accounting Office, des amerikanischen Bundesrechnungshofs (GAO), das als Arm des Kongresses zur Überwachung des Finanzgebarens der Exekutive fungiert. Waxman und Dingell ersuchten schlicht um eine Auskunft über die Zusammensetzung der Energiepolitikgruppe und ihre Aktivitäten bei der Entwicklung einer nationalen Energiepolitik.

Der Rechtsberater des Vizepräsidenten, David Addington, antwortete den Abgeordneten und wies darauf hin, dass Cheneys Gruppe nicht der Federal Advisory Committee Act unterliege (der zufolge Expertenanhörungen, die unmittelbaren Einfluss auf Regierungsentscheidungen haben, nicht unter vollkommenem Ausschluss der Öffentlichkeit stattfinden dürfen). Somit seien die Beteiligten rechtlich auch nicht verpflichtet, die verlangten Auskünfte zu erteilen; um des guten Einvernehmens willen gab er jedoch auf einige der Fragen unbestimmte Antworten. Im Hinblick auf das GAO schrieb Addington, dieses solle den Versuch aufgeben, »in das Zentrum der regierungsinternen Beratungen einzudringen, unter anderem Beratungen zwischen dem Präsidenten, dem Vizepräsidenten, Mitgliedern des Kabinetts und den unmittelbaren Beratern des Präsidenten, die vom Gesetz geschützt würden, um die Freimütigkeit in den Beratungen der Exekutive zu gewährleisten, die für eine effektive Regierung erforderlich« seien. Die Antwort Addingtons war überraschend, ganz zu schweigen davon, dass in ihr das Ersuchen des GAO unrichtig wiedergegeben worden war. Es stand außer Zweifel, dass er es auf eine Auseinandersetzung ankommen lassen wollte.

Der Rechtsberater des Rechnungshofs wies Addington nun darauf hin, dass das GAO laut Gesetz sehr wohl befugt sei, »in das Zentrum der regierungsinternen Beratungen einzudringen«, und zitierte das einschlägige Gesetz (samt Quellenangaben) und seine Geschichte, die unmittelbar auf den strittigen Punkt einging: »[Die] bloße Tatsache, dass angeforderte Unterlagen ... noch [beraten werden müssen] und deshalb von einer Veröffentlichungspflicht ausgenommen sind, rechtfertigt nicht, sie dem Präsidenten des GAO vorzuenthalten.« Noch wichtiger war jedoch die Richtigstellung durch das GAO, dass es »nicht darum geht, Informationen über den Beratungsprozess zu erhalten, sondern Tatsacheninformationen im Hinblick auf die Entwicklung von Präsident Bushs nationaler Energiepolitik«. In einem nachfolgenden Brief änderte das GAO sogar bewusst den Inhalt des Ersuchens und engte dessen Gegenstand ein, um klarzustellen, dass es ihm nicht um den Inhalt der Beratungen ging, sondern allein darum, wer wann in der Energiepolitikgruppe mitgearbeitet hatte.

Cheney blieb jedoch unnachgiebig, ohne sich an irgendwelche bestehenden Regeln zu halten. Als die Geschichte an die Öffentlichkeit gelangte, stellte er den wesentlichen Inhalt des Ersuchens von Waxman und Dingell sowie des GAO völlig falsch dar. Nach dem 11. September machte das GAO einen Rückzieher und hielt still, bis die Lage sich wieder normalisiert hatte. Nach neun Monaten, in denen nichts Wesentliches passierte, verkündete David Walker, er werde jetzt diesen Schwebezustand beenden.[51] Cheney solle seine Karten auf den Tisch legen. Am 30. Januar 2002 informierte das GAO den Kongress, den Präsidenten und den Vizepräsidenten, es habe alle gesetzlichen Vorschriften eingehalten, der Präsident habe von seinen gesetzlichen Rechten im Hinblick auf die Zurückhaltung erfragter Interna keinen Gebrauch gemacht, noch habe er sich ausdrücklich auf das so genannte »Executive Privilege« berufen, sein Recht nämlich, dem Kongress bestimmte Informationen vorzuenthalten. Aus diesen Gründen werde das GAO nunmehr die Gerichte anrufen. Zum ersten Mal, seit sie 1921 ins Leben gerufen wurde, sah sich die Institution gezwungen, »Klage einzureichen, um [ihre] Zugangsrechte gegen einen Vertreter der Bundesregierung geltend zu machen.«

In diesem Prozess ging es, gelinde gesagt, um hohe Einsätze. Er warf fundamentale Fragen über das eigentliche Wesen des Systems einer gegenseitigen Kontrolle der drei Gewalten Exekutive, Legislative und Judikative auf. Wenn das GAO die Informationen, um die es ersucht hatte, nicht erhalten konnte, dann bedeutete dies, dass es am Firmament des Staates ein schwarzes Loch gab – ein Niemandsland, in dem ein Präsident und sein Vize sich der Aufsicht des Kongresses entziehen konnten. Hier war mehr im Spiel als bloße Parteipolitik. David Walker hatte den Regierungen von Ronald Reagan und Bush senior angehört. Präsident Clinton hatte ihn 1998 auf Drängen der Republikaner auf fünfzehn Jahre zum Präsidenten des GAO ernannt. Obwohl das Ersuchen um Informationen von zwei hochrangigen demokratischen Mitgliedern zweier Ausschüsse in einem von einer knappen republikanischen Mehrheit beherrschten Repräsentantenhaus ausging, betreibt das GAO selbst keine Parteipolitik. Unabhängig davon, welche der beiden großen Parteien im Kongress die Mehrheit innehat, führt das GAO solche Ermittlungen durch, wann immer vom Vorsitzenden oder dem rangältesten Minderheitsmitglied eines der Ausschüsse oder Unterausschüsse des Kongresses darum ersucht wird.

Das GAO beauftragte eine Anwaltskanzlei in Washington,

die historisch bedeutsame Klage *Walker vs. Cheney* vor dem Bundesbezirksgericht des District of Columbia einzureichen. Je nachdem, welcher Richter den Vorsitz in einem solchen Prozess hat, kann dieser gewonnen oder verloren werden (was der Grund dafür war, warum Bush so viel Energie und Mühen darauf verwendet hat, möglichst viele konservative Richter in den Bundesgerichten unterzubringen). Wie es das Schicksal wollte, hatte Cheney Glück, denn durch einen elektronischen Zufallsgenerator wurde der Fall einem Bezirksrichter namens John Bates zugeteilt, einem ehemaligen Angestellten des Justizministeriums, der für den Sonderstaatsanwalt Kenneth Starr gearbeitet hatte und dann als freier Anwalt tätig gewesen war. Erst vor kurzem hatte Bush ihn in dieses lebenslange Amt berufen, und dies war einer seiner ersten Prozesse.

Normalerweise wäre eine Klage gegen den Vizepräsidenten durch die zivilrechtliche Abteilung des Justizministeriums abgewickelt worden. Doch diese Klage wurde ausnahmsweise von einem besonderen Gremium behandelt, das der unmittelbaren Aufsicht des stellvertretenden Generalstaatsanwalts (Deputy Solicitor General) Paul Clement und der Gesamtverantwortung des Generalstaatsanwalts im Justizministerium (Solicitor General), Ted Olson, unterstand, demselben, der früher Bush als privater Anwalt in der Sache *Bush vs. Gore* vertreten hatte. Dieses eigens eingerichtete Dreierteam unter Leitung des Generalstaatsanwalts sucht unter anderem nach geeigneten Anlässen, bestimmte Fälle vor dem Supreme Court anhängig zu machen, mit dem Ziel, durch so zustande kommende Präzedenzurteile veränderte rechtliche Tatsachen zu schaffen. Von ehemaligen Mitarbeitern des Justizministeriums weiß ich, dass diese Maßnahme die verbeamteten Anwälte in der Zivilabteilung des Justizministeriums (die sich als Rechtsexperten und nicht als Parteimitglieder verstehen) so sehr vor den Kopf gestoßen hat, dass viele von ihnen gekündigt haben – was für die Regierung einen großen Verlust an talentierten Juristen bedeutet. Als der Generalstaatsanwalt während des Verfahrens im Zuge eines Antrags im Namen Cheneys, die Klage abzuweisen, persönlich am Prozesstisch der Regierung in Richter Bates' Gerichtssaal erschien, hatte Bates die Botschaft verstanden. In der Regel erscheint der Generalstaatsanwalt nur vor dem Obersten Bundesgericht.

Indem er die Gesetze ebenso wie die Logik durcheinander brachte, gab Bates dem Antrag Cheneys mit der Begründung statt, die Klage David Walkers in seiner Eigenschaft als Präsident des GAO sei nicht zulässig, weil er am Verfahren kein hinreichendes persönliches Interesse habe. Das Argument des Richters lief darauf hinaus, dass der Präsident des Rechnungshofs lediglich im Auftrag des Kongresses handle; deshalb sei ihm persönlich durch die Weigerung Cheneys, die verlangten Unterlagen herauszugeben, kein wirklicher Schaden entstanden. Zudem behauptete Bates, der Rechnungshof habe keine Informationen beigebracht, aus denen hervorgehe, dass dem Kongress selbst durch die Weigerung Cheneys ein Schaden entstanden sei. Schließlich erinnerte der Richter Walker daran, der Kongress habe die Möglichkeit gehabt, die Unterlagen unter Androhung einer Strafe zu verlangen; da dies nicht geschehen sei, hege er Zweifel, ob der Rechnungshof tatsächlich für den Kongress gesprochen habe, als er die Unterlagen verlangte.

Das war eine hanebüchene Auslegung der Gesetze. Walker hatte sich in seiner Klage auf eine Gesetzesvorschrift (statute) aus dem Jahr 1980 berufen, die eine solche Klage ausdrücklich zulässt. Doch Richter Bates belehrte den Kongress de facto, er könne dem Präsidenten des GAO keine Generalvollmacht erteilen, um in seinem Namen zu handeln, womit der ausdrückliche gesetzliche Auftrag des Bundesrechnungshofs faktisch ausgehöhlt wäre. Obwohl der Richter die Gesetzesvorschrift – wie vom Justizministerium gefordert – an sich nicht für verfassungswidrig befand, zog er damit doch, wenn man so will, dem GAO als Institution die Zähne. Noch verblüffender als die Urteilsbegründung des Richters war der Entschluss des Rechnungshofs, auf eine Revision zu verzichten. Walker gab die formelle Erklärung ab, seiner Überzeugung nach sei die Entscheidung von Richter Bates ein Fehlurteil. Dennoch war das GAO nicht bereit, Zeit und Geld in ein Berufungsverfahren zu stecken. Da Richter Bates in seinem Urteil »nicht auf die Hauptpunkte eingegangen« sei, machte das GAO gute Miene zum bösen Spiel und stellte sich auf den Standpunkt, die Entscheidung habe »keine Auswirkung auf die gesetzlich verankerten Prüfungsrechte oder die Verpflichtung von Regierungsbehörden, dem GAO Informationen zu liefern«. Diese Sicht der Dinge ist bestenfalls frommes Wunschdenken.

Nach der Lektüre mehrerer Pressemeldungen, denen zufolge die republikanischen Führer im Kongress – deren Partei seit den Zwischenwahlen Mitte 2002 dort ihre Mehrheit zurückerobert hatte – Walker geraten hatten, die Sache fallen zu lassen, sprach ich mit einem hohen Mitarbeiter des GAO, der erklärte, der Entschluss, nicht in die Berufung zu gehen, sei nach Diskussionen mit Anwälten des GAO sowie Gesprächen mit den beiden unmittelbaren Vorgängern Walkers erfolgt. Alle seien sich einig gewesen, dass Walker nichts weiter unternehmen solle, möglicherweise in der Erkenntnis, dass andernfalls der Oberste Gerichtshof dasselbe tun könnte wie im Fall *Bush vs. Gore* – nämlich in der Sache *Walker vs. Cheney* ein wegweisendes Urteil zu sprechen, mit dem praktisch *jede* Kontrollbefugnis des Kongresses beendet würde.

Trotz der außerordentlich vorsichtigen Reaktion des GAO sind die Juristen des überparteilichen Wissenschafts- und Informationsdienstes des Kongresses (Congressional

Research Service, als Teil der Library of Congress) über die gravierenden Konsequenzen des Urteils *Walker vs. Cheney* für die Aufsichtspflichten des Kongresses zutiefst besorgt. Zunächst einmal werden dadurch die Befugnisse des GAO, gegen den Präsidenten und den Vizepräsidenten ermitteln zu können, beträchtlich beschnitten. Das GAO hat nicht nur die Befugnis verloren, im Namen des Kongresses eine Klage einzureichen, sondern auch den Einfluss einer Drohung, eine solche Klage einzureichen, falls ein Ministerium oder eine andere Stelle der Regierung sich ähnlich wie Cheney weigert, angeforderte Unterlagen herauszugeben. Das GAO muss sich jetzt vielmehr schlicht mit dem begnügen, was das Weiße Haus (samt den ihm unterstellten Institutionen wie dem Nationalen Sicherheitsrat, dem Nationalen Wirtschaftsrat, dem Innenpolitischen Rat, dem Büro des Vizepräsidenten, dem Büro der First Lady, dem Pressebüro usw.) freiwillig aus den Händen gibt. Das ist bisher noch nie vorgekommen. Selbst wenn das GAO weiß, dass ein entscheidendes Dokument fehlt oder dass die preisgegebene Information unvollständig bis zur Ungenauigkeit ist, kann es nichts dagegen unternehmen. Es wird nur das zu sehen bekommen, was Bush und Cheney zulassen, mehr nicht.

Es war nicht weiter verwunderlich, dass der Congressional Research Service befand, dass das Urteil »nicht nur massiv den hauptsächlichen ermittelnden Arm des Kongresses [behindere], sondern auch die Fähigkeit des Kongresses in Frage [stelle], seinen Vertretern Ermittlungsbefugnisse zu übertragen«.[52] Das war, so scheint es, der eigentliche Grund für die eingereichte Klage und das Vorgehen Cheneys.

Bei einer von Judicial Watch, einer konservativen Interessengruppe, angestrengten Klage hat Cheney eine nicht minder provozierende gesetzesverachtende Haltung eingenommen. Mit dieser im Juli 2001 eingereichten Klage sollte unter anderem festgestellt werden, ob Cheneys Energiepolitikgruppe gegen die Federal Advisory Committee Act verstoßen hatte. Als der Bundesbezirksrichter Emett Sullivan Cheney aufforderte, auf der Grundlage dieses Gesetzes Unterlagen und Informationen herauszugeben, weigerte sich dieser und wandte sich an den U.S. Court of Appeals, das (dreiköpfige) Berufungsgericht, das ihn ebenfalls zur strikten Befolgung des Gesetzes verurteilte. Cheney weigerte sich erneut und rief dasselbe Berufungsgericht in achtköpfiger Besetzung (U.S. Court of Appeals sitting en banc) an, doch auch dessen Richter wiesen ihn ab und entschieden, er müsse sich an das Urteil von Richter Sullivan halten. Inzwischen hat Cheney das Oberste Bundesgericht angerufen. Dort wird er von Generalstaatsanwalt Ted Olson vertreten und hofft anscheinend, dass die Leute, die Bush ins Weiße Haus gehievt hat, ihre Entscheidung überdenken, der zufolge Präsident Clinton sich noch während seiner Präsidentschaft vor einem Zivilgericht verantworten musste. Im Dezember 2003 hat das hohe Gericht den Fall angenommen (eine etwas ungewöhnliche Reaktion), das Urteil wird wohl im Sommer 2004 ergehen.[53]

Aber was verbirgt Cheney, und warum? Und was hat er sich dabei gedacht, als er sich entschloss, dem GAO allgemeine, unverfängliche Informationen vorzuenthalten und einen ziemlich gewöhnlichen Zivilprozess durchzufechten? Ähnlich wie viele Amerikaner vermutete ich zunächst, dass er seine Sitzungen mit Vertretern von Enron und anderen hochkarätigen Lobbyisten verheimlichen wollte, die jetzt Kasse machten. Doch je länger ich darüber nachdachte, desto weniger war ich überzeugt, dass dies der einzige Grund war. Nachdem der Bericht seiner energiepolitischen Arbeitsgruppe im Mai 2001 veröffentlicht worden war, stand fest, dass die nationale Politik so ausgerichtet wurde, dass die großen Geldgeber für den Wahlkampf von Bush und Cheney den Nutzen daraus ziehen konnten.

Desgleichen verfassten republikanische Abgeordnete, die gewöhnlich hinter verschlossenen Türen operieren, in dem Bestreben, Cheneys politischen Plänen den Weg zu ebnen, einen Gesetzentwurf, an dem die Energiegiganten Gefallen finden sollten. Da gibt es die üblichen Steuerschlupflöcher und Gesetzeslücken, die nicht schwer auszumachen sind; die Nutznießer sind klar, und man kann leicht erkennen, auf wen Bush, Cheney und die Legislative gehört haben. Dennoch lässt sich vermuten, dass Cheney mehr im Sinn gehabt haben muss als die nationale Energieindustrie. Wenn man eins und eins zusammenzählt, gewinnt seine Vision Konturen, und man erkennt in Cheneys Vorgehen das Ziel, den Kongress zu schwächen, und das ist wiederum einer der vielen Meilensteine auf dem Weg zurück zu einer imperialen Präsidentschaft à la Nixon.

## Bushs Berufung auf das »Executive Privilege«

Seit der Präsidentschaft Nixons ist viel geschrieben worden über die Art und Weise, wie das »Executive Privilege« von einzelnen Präsidenten in Anspruch genommen oder missbraucht wurde. Es ist eines der stärksten Geheimhaltungsinstrumente und ermöglicht es dem Präsidenten, den übrigen Regierungsstellen Informationen vorzuenthalten.* Mark Rozell, ein Politikwissenschaftler von der Catholic University in Washington, D. C., hat sich eingehend mit

* Beim »Executive Privilege« handelt es sich um ein Gewohnheitsrecht, das amerikanische Präsidenten für sich in Anspruch nehmen, um »bestimmte Gesuche des Kongresses und der Justiz, einschließlich Gesuche um Übermittlung von Information, zurückzuweisen«. Es wird abgeleitet vom Prinzip der Gewaltenteilung sowie der Notwendigkeit, die vertraulichen Kommunikationen innerhalb der Exekutive und im Beraterkreis des Präsidenten als nicht für die Öffentlichkeit bestimmt zu behandeln.

der Frage beschäftigt, welchen Gebrauch die einzelnen Präsidenten von diesem Recht gemacht haben. Er ist einer der wenigen, die Nixons Vorstellung von diesem Privileg richtig erkannt haben, indem er darauf hinwies, dass Nixon vor Watergate, solange es nicht um Fragen der nationalen Sicherheit ging, ein bemerkenswert offener Präsident gewesen sei. Rozell stellte fest, dass Nixon sich während des Präsidentschaftswahlkampfs 1968 zu einer »offenen Regierung« verpflichtet hatte, »innerhalb deren es einen freien Informationsfluss von der Exekutive zum Kongress, den Medien und der Öffentlichkeit« geben werde, und er hatte diese Zusage in der ersten Zeit seines Amtes in einem Brief an den Vorsitzenden des Untersuchungsausschusses zur Informationspolitik der Regierung (House Subcommittee on Government Information) in einer formellen Erklärung seiner Politik wiederholt.[54] Zunächst war Nixon als Präsident sogar wesentlich offener als Bush und Cheney, die von Anfang an entschlossen waren, das Weiße Haus nach außen hin abzuschirmen.

Rozell versteht das »Executive Privilege« als »ein komplexes Dilemma« für den Präsidenten, der ein gewisses Maß an Geheimhaltung benötigt, um zu regieren, während andere Regierungsstellen Informationen über die Aktivitäten der Exekutive benötigen, »um ihren demokratischen Pflichten nachzukommen«. Da ich sowohl die Exekutive als auch die Legislative vom jeweiligen Ende der Pennsylvania Avenue her kenne, sehe ich die Sache etwas anders. Für den Präsidenten bedeutet es überhaupt kein Dilemma, Dinge geheim zu halten und vom »Executive Privilege« Gebrauch zu machen oder damit zu drohen; es ist vielmehr ein politisches Problem. Einem Präsidenten, der seine Wiederwahl anstrebt, kann nicht daran gelegen sein, diktatorisch zu erscheinen, er kann jedoch seine Position dazu nutzen, ein Ersuchen des Kongresses als unbegründet oder unsinnig hinzustellen (häufig indem er dessen Sinn und Zweck entstellt wiedergibt). Die wenigsten Bürger kümmern sich um solche Regierungsinterna. Wenn ein Präsident dagegen keine Wiederwahl anstrebt, unterliegt sein Verhalten keiner politischen Einschränkung. Erst nach seiner Wiederwahl hat Nixon tatsächlich das »Executive Privilege« missbräuchlich für sich in Anspruch genommen, als er sich weigerte, dem Kongress und den Gerichten seine auf Tonband aufgezeichneten inkriminierenden Gespräche auszuhändigen. Erst das Oberste Bundesgericht zwang ihn durch seine Entscheidung in der Sache *US vs. Nixon* zur Herausgabe der Bänder, und selbst dann waren viele nicht sicher, ob er sich dem Spruch tatsächlich unterwerfen würde. Allerdings sah Nixon sich mit dem letzten Rechtsmittel konfrontiert, das dem Kongress im Fall seiner erneuten Weigerung zur Verfügung stand – einem Amtsenthebungsverfahren mit anschließender Entfernung aus dem Amt (Impeachment). Doch auch das ist ein politisches Mittel.

Bush hat mit seiner Berufung auf das »Executive Privilege« eine extreme und radikale Position eingenommen, aber aus politischen Gründen zunächst nur sein Terrain abgesteckt, während er seine Wiederwahl abwartet, um dann seinen Angriff mit voller Wucht zu führen. Ausreichend gewappnet war er bereits durch Dan Burton – einen Republikaner aus Indiana, Vorsitzenden des Ausschusses des Repräsentantenhauses zur Regierungsreform (House Government Reform Committee), der Anfang September 2001 Einsicht in mehr als zwölf Ordner mit internen Dokumenten des Justizministeriums nehmen wollte. Burton ging es um die Ermittlungen des Justizministeriums gegen Bill Clinton und Al Gore wegen missbräuchlicher Verwendung von Spenden während des Präsidentschaftswahlkampfs 1996 sowie um Unterlagen im Zusammenhang mit dem Einsatz und der Behandlung krimineller V-Leute durch die FBI-Außenstelle in Boston, weil es Hinweise gab, dass das FBI einen Informanten deckte, der einen Mord begangen hatte (während ein Unschuldiger im Gefängnis einsaß, obwohl aus den dem FBI vorliegenden Informationen hervorging, dass er die Tat nicht begangen hatte).[55]

Burtons Ersuchen war für Bush eine heikle Angelegenheit. Seinen Ministern und Behördenchefs hatte er zu verstehen gegeben, sie sollten solchen Anfragen nach Möglichkeit nicht stattgeben. Doch zu einem früheren Zeitpunkt, als Burton Clintons nächtliche Amnestien in den letzten Tagen seiner Amtszeit genauer untersuchen wollte, hatte Bush Parteipolitik betrieben und in einer bislang beispiellosen Weise Informationen über Clinton herausgegeben. Dass im Weißen Haus geführte Gespräche zwischen dem Präsidenten und ausländischen Staatsoberhäuptern auf Band aufgezeichnet werden, ist seit langem gängige Praxis. Nach der Amnestie des flüchtigen Finanzmanns Marc Rich hatte Clinton erklärt, nicht die frühere Frau Richs – von der die Demokraten eine Wahlkampfspende erhalten hatten – habe ihn mit ihrer Bitte um eine Amnestie ihres Exmannes zu einer Begnadigung bewogen, sondern der israelische Ministerpräsident Ehud Barak, der sich ebenfalls bei ihm für Rich eingesetzt hatte.[56] Burton hielt das für Mumpitz, und als er von den Tonbandaufnahmen erfuhr, ersuchte er um Kopien. Noch nie zuvor waren solche – die nationale Sicherheit betreffende – Bänder freigegeben worden. Doch Bush, dessen Weißes Haus alles tat, was es im Verborgenen tun konnte, um den Streit wegen der Amnestierung Richs zu schüren, verschaffte Burton ausgewählte Passagen aus den drei relevanten Gesprächen, und Burton brachte die Transkriptionen der Gespräche umgehend der Öffentlichkeit zur Kenntnis.[57] Begreiflicherweise reagierte Clinton extrem verärgert über diese auszugsweise Veröffentlichung. Als er jedoch beantragte, die relevanten Passagen in den Gesprächen mit Barak in voller Länge freizugeben, verweigerte dies das

Weiße Haus mit der Begründung, die Bänder unterlägen der Geheimhaltung.[58]

Burton stellte seine die Dokumente betreffenden Anfragen sehr geschickt zusammen. Um Clinton noch weiter an den Karren zu fahren, forderte er internes Material des Justizministeriums im Zusammenhang mit Entscheidungen der ehemaligen Justizministerin Janet Reno an, weder gegen Clinton noch gegen Gore Untersuchungen durch einen Sonderstaatsanwalt einzuleiten; zum anderen ersuchte er um Unterlagen über das tatsächlich gravierende Fehlverhalten des Bostoner FBI-Büros. Die Rechtsberater des Weißen Hauses erkannten jedoch, dass unabhängig von der Gelegenheit, Clinton noch weiter politisch zuzusetzen, die Zeit gekommen war, dem »Executive Privilege« eine Grenze zu setzen. Am 13. Dezember 2001 schickte Bush dem Justizminister ein Memorandum, in dem er ihn anwies, die verlangten Dokumente nicht herauszugeben. Er begründete dies damit, wenn der Kongress Dokumente erhalte, die im Zusammenhang mit »staatsanwaltschaftlichen Ermittlungen« stünden, verletze dies das »nationale Interesse«.

Bushs Position im Hinblick auf die FBI-Dokumente war absurd, und Burton war ebenso wie alle anderen Mitglieder seines Ausschusses – Demokraten und Republikaner gleichermaßen – empört. Auch die Presse äußerte sich entrüstet über Bushs missbräuchliche Berufung auf das »Executive Privilege« (allerdings nicht im Hinblick auf die endlose Verfolgung Clintons durch Burton, die zweifelhaft war, sondern auf die durchaus legitime Anfrage wegen des FBI). Noch frustrierender als die Weigerung der Regierung, über eine Kompromissvereinbarung im Hinblick auf die FBI-Unterlagen mit sich reden zu lassen, waren für den Ausschuss ihre Heuchelei und ihre falschen Darstellungen. Zuerst behauptete das Justizministerium bei einer Anhörung vor dem Ausschuss am 13. Dezember 2001 fälschlich, die Berufung der Regierung auf das »Executive Privilege« stehe in Einklang mit einer seit langem geübten Praxis. Dem folgte ein Brief vom 10. Januar 2002 vom Rechtsberater des Weißen Hauses, Alberto Gonzales, der eine ähnliche Schutzbehauptung vorbrachte.[59] Um dies zu widerlegen, wandte sich der Ausschuss an Professor Charles Tiefer von der School of Law der Universität Baltimore, der die absolute Unhaltbarkeit der Behauptungen des Justizministeriums und des Weißen Hauses nachwies. Vor dem Ausschuss erklärte Tiefer, seine Aussage könne »als eine Nachprüfung zusammengefasst werden, die ergeben hat, dass im Zeitraum von den zwanziger Jahren bis 1992 die mit Aufsichtsaufgaben betrauten Ausschüsse des Kongresses sehr wohl Zugang zu Beratungsdokumenten des Justizministeriums hatten – entgegen dem gegenwärtig vom Justizministerium vorgebrachten Anspruch auf ein ›Executive Privilege‹.« Bezüglich der Jahre der Clinton-Regierung (1993–2001) gelangte Tiefer übrigens zum selben Ergebnis.[60]

In aller Stille, ohne irgendwelche Presseverlautbarungen gab Bush klein bei und ließ dem Ausschuss die angeforderten Unterlagen über die Behandlung von FBI-Informanten zukommen. Selbst die meisten Experten auf dem Gebiet des »Executive Privilege« wussten nichts von der Sache, bis der Ausschuss zur Regierungsreform seine beunruhigenden Ermittlungsergebnisse unter dem Titel *Everything Secret Degenerates: The FBI 's Use Of Murderers As Informants* veröffentlichte. Die letzten sechs Seiten dieses ausführlichen Berichts über die Korruption innerhalb des FBI befassen sich mit der grundlosen und irreführenden Inanspruchnahme des »Executive Privilege« durch Bush. Obwohl dem Ersuchen des Ausschusses schließlich stattgegeben wurde, blieb bei seinen Mitgliedern offensichtlich eine tiefe Beunruhigung zurück. »Die Untersuchung … wurde monatelang verzögert, da Bush für einige Dokumente das ›Executive Privi lege‹ in Anspruch nahm«, heißt es in dem Bericht. »Auch wenn der Ausschuss am Ende Einsicht in die benötigten Dokumente nehmen konnte, war der Vorbehalt des Präsidenten bedauerlich und unnötig.«[61]

Eine derart schallende Ohrfeige kümmert jedoch weder Bush noch Cheney, da sie von den großen Nachrichtenmedien unbeachtet blieb, so dass beide keinerlei politisches Kapital eingebüßt haben. Es sei »schon rätselhaft«, schrieb Mark Rozell, »dass Präsident Bush sein Amtsprivileg zum ersten Mal offiziell bei Unterlagen in Anspruch genommen hat, die abgeschlossene Ermittlungen des Justizministeriums betrafen«, da es hierfür »kaum eine Rechtfertigung« gab – kein Zusammenhang mit nationalen Sicherheitsfragen, kein eindeutiges öffentliches Interesse und auch keinen notwendigen Schutz laufender strafrechtlicher Ermittlungen.[62] Aber das Verhalten ergibt durchaus einen Sinn, wenn das Ziel der Regierung die absolute Kontrolle ist. Bush wird also weiterhin in extremer Weise vom »Executive Privilege« Gebrauch machen, solange der politische Preis dafür nicht zu hoch ist. Wird Bush wieder gewählt, so wird er dieses Privileg so großzügig wie möglich auslegen, was zur Folge haben wird, dass die Exekutive niemandem mehr Rechenschaft schuldig ist.

## Akten unter Verschluss

Nixons Bemühungen, seine Akten und Tonbänder mitzunehmen, als er von seinem Amt zurücktrat, veranlassten den Kongress, sich mit einem Thema zu beschäftigen, das seit der Gründung der Vereinigten Staaten weitgehend unbeachtet geblieben war: Wessen Eigentum sind die schriftlichen Unterlagen des Präsidenten? Seit George Washington haben die amerikanischen Präsidenten die während ihrer Amtszeit angefallenen Schriftstücke und Akten, auch die des Vizepräsidenten und der Mitarbeiter im Weißen Haus, als ihr persönliches Eigentum betrachtet. Nixon hatte nur das getan, was alle seine Vorgänger auch getan hatten, doch weil seine Tonbänder und Akten potentielle Beweisstücke in den unmittelbar bevorstehenden oder künftigen strafrechtlichen Ermittlungen waren, beeilte sich der Sonderstaatsanwalt in der Watergate-Affäre, die Beweise zu sichern. Da es fraglich war, ob Nixon dem zustimmen würde, trat der Kongress in Aktion und verabschiedete ein Gesetz, dem zufolge alle Tonbänder und schriftlichen Unterlagen eines Präsidenten das Eigentum der Bürger der Vereinigten Staaten waren, die ja mit ihren Steuern dafür bezahlt hatten.[63] Nach jahrelangen Prozessen erhielt Nixon neun Millionen Dollar Entschädigung für dieses Material, das vollständig der Nationalen Bibliotheksverwaltung NARA (National Archives and Records Administration) übergeben wurde.

Nachdem der Kongress das Problem gelöst hatte, wie mit Nixons Papieren und Tonbändern zu verfahren sei, wandte er sich der umfassenderen Frage zu, wie man denn künftig mit derlei Material umgehen sollte. Als Ergebnis dieser Überlegungen wurde 1978 die so genannte Presidential Records Act verabschiedet, die die Unterlagen eines jeden Präsidenten als Eigentum des amerikanischen Volkes ausweist und darüber hinaus festsetzt, dass sie innerhalb einer vernünftigen Zeitspanne der Öffentlichkeit zugänglich zu machen sind.[64] Ehemaligen Präsidenten wurde ausreichend Gelegenheit eingeräumt, ihre Aufzeichnungen als Erste etwa für die Abfassung von Memoiren zu nutzen, doch spätestens nach zwölf Jahren mussten die Akten allgemein einsehbar sein. Der erste Präsident, auf den das neue Gesetz angewandt wurde, war Ronald Reagan (und sein Vizepräsident George H. W. Bush). Die Ronald Reagan Presidential Library in Kalifornien, deren Bestände schätzungsweise vierzig Millionen Seiten umfassten, hat freiwillig über vier Millionen Seiten vorzeitig freigegeben und war auch bereit, weitere Teilmengen der verbleibenden sechsunddreißig Millionen Seiten zugänglich zu machen, die noch von Archivaren erfasst werden mussten. Rund 68 000 Seiten (derentwegen bereits Anfragen eingegangen waren) sollten jedoch bis zum Ablauf der Frist von zwölf Jahren unter Verschluss gehalten werden – also bis zum 21. Januar 2001. Nach dem Gesetz von 1978 kann ein amtierender Präsident die Papiere vor einer Freigabe nochmals genau prüfen.

Als George W. Bush sein Amt antrat, war der Zeitpunkt für die Freigabe der 68 000 Seiten Reagans gekommen, doch die Anwälte im Weißen Haus unter Bush ersuchten gleich mehrmals hintereinander um eine Fristverlängerung, um Gelegenheit zu haben, die »vielen verfassungsrechtlichen und juristischen Fragen« im Hinblick auf diese Dokumente zu prüfen. Danach ersuchten sie wiederholt um eine weitere Fristverlängerung. Ein Großteil wurde schließlich freigegeben, ein Rest indes zurückbehalten. Am 1. November 2001 erließ Bush dann eine Anordnung, mit der er die Presidential Records Act von 1978 praktisch auf den Kopf stellte, ja ein vom Kongress erlassenes Gesetz de facto außer Kraft setzte: Mit der Präsidialen Verfügung (Executive Order) No. 13223 schuf er einen völlig neuen Katalog von Verfahrensweisen und erließ neue Vorschriften für den Zugang zu den Papieren früherer Präsidenten, die der Kongress zu keiner Zeit im Auge gehabt hatte.

Der Kongress, die Nachrichtenmedien, Wissenschaftler, Anwaltsvereinigungen, Bibliothekare und Archivare zeigten sich entrüstet über dieses Vorgehen. Es gab mehrere Anhörungen im Kongress, die Abgeordneten brachten eine Vorlage ein, um das Gesetz in seiner ursprünglichen Fassung wieder herzustellen und Bushs Verordnung zu widerrufen, und die American Historical Association, unterstützt von mehreren Historikern und anderen Organisationen, reichte im Februar 2001 Klage ein.* An den Konsequenzen der Verfügung Bushs hat das indes nichts geändert, und falls das Gericht nicht anders entscheidet, gilt künftig das Folgende als Gesetz:

- Frühere Präsidenten können bestimmen, dass ihre Papiere für immer unter Verschluss bleiben.[65]
- Seit 1969 kann allein der Präsident als Vertreter der Exekutive das »Executive Privilege« in Anspruch nehmen. Bush dehnt dieses Recht erstmals auch auf den Vizepräsidenten aus.[66]
- Derjenige, der Einsicht in die Papiere früherer Präsidenten nehmen will, ist verpflichtet, die Notwendigkeit seiner Absicht nachzuweisen, während ein ehemaliger Präsident, der seine Papiere unter Verschluss halten möchte, hierfür keine Notwendigkeit nachweisen muss.[67]
- Jedes Ersuchen um Einsichtnahme muss sowohl durch den ehemaligen als auch den amtierenden Präsidenten bewilligt werden, und falls der ehemalige Präsident die Zustimmung verweigert, muss der amtierende – selbst wenn er anderer Meinung ist – das Justizministerium anweisen, die Ansprüche des Amtsvorgängers vor Gericht zu vertreten. Kurzum, Steuergelder werden dazu be-

* Nach Einreichung dieser Klage versuchte das Justizministerium am 8. Februar 2002 deren Abweisung zu erreichen und argumentierte, der Streit sei rein akademisch, da von den 68 000 bislang zurückgehaltenen Seiten der Reagan-Papiere, derentwegen der Prozess angestrengt wurde, inzwischen 59 000 Seiten vom Weißen Haus freigegeben worden seien. Am selben Tag beantragten die Kläger ein schnelles Urteil. Am 7. März 2002 gab das Weiße Haus vor Gericht eine kurze Erklärung ab, Bush werde »so früh wie irgend machbar« bis auf 150 Seiten alle Papiere freigeben. Zur Zeit der Niederschrift dieser Zeilen war der Fall juristisch noch in der Schwebe. Bush hat effektvoll auf Zeit gespielt, so dass er die Unterlagen bis nach den Wahlen 2004 wird unter Verschluss halten können.

nutzt, jeden Versuch der Einsichtnahme in die Papiere früherer Präsidenten abzuwehren.[68]

– Nach dem Ableben eines ehemaligen Präsidenten ist es dessen »Vertretern« erlaubt, das »Executive Privilege« in Anspruch zu nehmen. Bushs Verfügung macht es (ohne jede verfassungsmäßige Grundlage) möglich, dieses Recht von Generation zu Generation, an Freunde, ja im Grunde an jeden Beliebigen weiterzugeben.

Die wissenschaftliche Beschäftigung mit dem Amt und der Tätigkeit des Präsidenten, wie sie bislang existiert, wird so nicht mehr möglich sein: Viele der bekanntesten Werke über die amerikanische Präsidentschaft wären, so der Verband Amerikanischer Bibliothekare, angesichts einer solchen Verfügung niemals erschienen, hätte es eine solche Verfügung früher bereits gegeben.[69]

Wie soll man dem begegnen? Tom Connors von der Gesellschaft Amerikanischer Archivare sagt: »Was die [Bush/Cheney-]Regierung der Außenwelt vermittelt, ist die Vorstellung, dass die Information der Öffentlichkeit eine gefährliche Sache ist.« Und der verstorbene Historiker Hugh Davis Graham, der sich der Klage gegen Bushs Verordnung angeschlossen hat, beobachtete zutreffend: »George W. Bush erhebt die Geheimniskrämerei zu einem Fetisch. Und solange diese Verordnung nicht aufgehoben wird, wird sie ein Sieg für die Geheimhaltung in der Regierung sein – ein so totaler Sieg, dass Nixon noch im Grab vor Neid erblassen würde.«[70] Ich denke, dies ist lediglich ein weiterer Vorstoß von Bush und Cheney auf dem Weg zu einer totalen Informationskontrolle.[71] Erst vor kurzem hat der *U. S. News & World Report* enthüllt, dass der Stabschef im Weißen Haus, Andy Card, bereits am ersten Tag dieser Präsidentschaft in aller Stille eine Anweisung erlassen hat, »Unterlagen und Informationen, die bislang öffentlich waren, nicht mehr zugänglich zu machen«.[72] Dabei ging es nicht einmal um die nationale Sicherheit. Bush und Cheney haben sich die absolute Kontrolle über die Regierungsinformationen zum Ziel gesetzt. Nur was sie sagen, ist die Wahrheit. Sie entscheiden darüber, was die Öffentlichkeit erfahren darf und was nicht.

*

Ich habe nicht alle Bemühungen Bushs und seines Vizepräsidenten hinsichtlich einer absoluten Informationskontrolle aufgezählt; es handelt sich vielmehr um einige ausgewählte Beispiele, die sich weitgehend auf innenpolitische Fragen beschränken, um das Zwanghafte dieser Geheimhaltung zu zeigen. Nach dem 11. September hat sich diese Obsession noch verstärkt. Dies ist keine starke, sondern eher eine isolierte und arrogante Präsidentschaft, die von der Weisheit ihrer Mission überzeugt ist. Und Dick Cheney, der starke Mann dieses Teams, betreibt seine eigenen geheimen Regierungsgeschäfte, was es ihm erleichtert hat, dieser Präsidentschaft seine finstere Weltsicht aufzuprägen und Amerika in die radikalste Außenpolitik seiner Geschichte zu führen. Dies wird im nächsten Kapitel näher zu betrachten sein.

# Geheimregierung

*Die Wähler werden das scheinheilige Argument nicht schlucken, die Bush-Regierung habe eine gewisse Pflicht, die Macht des Präsidentenamts zu schützen … Das amerikanische Volk darf und wird keine Regierung der Geheimhaltung dulden.*

Phyllis Schlafly
Konservative Kommentatorin

Vizepräsident Dick Cheney befand sich am Morgen des 11. September 2001 in seinem Büro im Westflügel des Weißen Hauses und sprach mit einem Redenschreiber, als seine Sekretärin ihn unterbrach und ihm sagte, ein unbekanntes Flugzeug sei in einen der beiden Zwillingstürme des World Trade Center geflogen. Cheney schaltete seinen Fernseher gerade noch rechtzeitig ein, um auf dem Bildschirm mit anzusehen, wie ein zweites Flugzeug in den anderen Turm flog. Sofort rief er seinen Stab zusammen, und während sie über mögliche Reaktionen diskutierten, trafen Agenten des Secret Service in seinem Büro ein und sagten ihm, das Weiße Haus sei offenbar das Ziel eines weiteren Angriffs eines entführten Flugzeugs. Sie packten ihn und schleiften ihn förmlich in den Bunker des Weißen Hauses unter dem Ostflügel. Condoleezza Rice traf ebenfalls dort ein. Nachdem Flug 77 der American Airlines unmittelbar nach dem Start vom Dulles International Airport bei Washington entführt worden war, flog die Maschine zunächst in westlicher Richtung, vollzog dann eine Kehrtwende nach Osten und nahm direkten Kurs auf das Weiße Haus (oder das Capitol, beide Gebäude lagen auf der Flugroute). Barbara Olson, die Frau des Generalstaatsanwalts im Justizministerium Ted Olson, die sich in dem Flugzeug befand, informierte per Handy ihren Mann, der die Information an ein Kommandozentrum der Regierung weitergab; schließlich, in letzter Minute, drehte das Flugzeug unerwartet nach Süden ab und stürzte auf das Pentagon.

Cheney wusste, was zu tun war und wie es getan werden musste. Das war der Grund, warum man ihn als Bushs Vize ausgewählt hatte. In den neun Monaten, seit er im Amt war, hatte Cheney nach und nach eine Rolle übernommen, die irgendwo in der Mitte zwischen einem Obersten Stabschef und einem Kopräsidenten lag, je nach den Anforderungen. Für ihn waren die Anschläge vom 11. September *kein* Ereignis, das alles veränderte, sondern eher die Bestätigung seines seit langem gehegten hobbesschen Bildes von der Welt als einem dauernden Kriegszustand. Personen, die Cheney nahe stehen, sagen, der 11. September sei »keine Offenbarung [gewesen], er war keine plötzliche Erleuchtung; er war eine Weiterentwicklung, vorbereitet durch das, was er am Ende des Kalten Kriegs getan und gesehen hatte«, als Verteidigungsminister in den Jahren 1991 und 1992.[1] Es war indes nicht nur eine Weiterentwicklung, sondern auch eine Gelegenheit, sich zu bewähren.

Natürlich konzentrierte sich die Aufmerksamkeit nach dem 11. September zunehmend auf Bush. »Es gehört zu den besonders lieb gewordenen Vorstellungen der amerikanischen Bevölkerung von der Präsidentschaft, dass dieses Amt seinen Inhaber gleichsam adelt und ihn befähigt, jede Krise zu meistern«, schrieb George Reedy vor vielen Jahren in *Twilight of the Presidency*, seinem Klassiker über das Weiße Haus aus der Perspektive eines Insiders.[2] Tatsächlich ist es nicht die Krise, die den Präsidenten macht, sie bietet lediglich eine Gelegenheit, sich ein Urteil darüber zu bilden, wie ein Präsident in einer solchen Lage reagiert. Die anfänglichen Reaktionen Bushs in der Öffentlichkeit, zunächst noch etwas unsicher, hatten eine zunehmend beruhigende Wirkung. Er schien maßvoll, und innerhalb weniger Tage konnte man erkennen, dass er seinen Teleprompter tatsächlich ganz ordentlich lesen konnte, wenn er sich Mühe gab. Dies waren fraglos die erhebendsten Tage seiner Präsidentschaft. Einen flüchtigen Augenblick lang dachte ich (und ich war nicht der Einzige), wir hätten einen zweiten Abraham Lincoln, dessen hervorragende Fähigkeiten erst im Bürgerkrieg wirklich zum Vorschein kamen.

Hatte Bush wegen des 11. Septembers an Statur gewonnen? Michael Genovese, der sich mit den amerikanischen Präsidenten und ihrem Führungsstil wissenschaftlich beschäftigt, ist der Ansicht, der 11. September habe so etwas wie eine Illusion erzeugt. »Die Öffentlichkeit musste davon überzeugt sein, dass [Bush] an Format gewonnen hatte«, deshalb »haben wir beschlossen, ihn größer, besser und anders zu sehen, als er war, eben weil wir das Bedürfnis haben, ihn so zu sehen.«[3] In Wirklichkeit war Bush geistig überfordert, und es zeigte sich sehr bald, dass, so Genovese, die Welt wesentlich »komplizierter und differenzierter« war, als Bush zu begreifen schien, und dass wahre Führerschaft »einen kultivierteren, komplexeren und facettenreicheren Blick auf die Dinge [erfordert], als er es wahrhaben wollte«.[4] Bush ist offensichtlich nicht in der Lage, die Konsequenzen seiner Handlungen zu begreifen und ins Auge zu fassen, ein Umstand, den seine intelligenten Anhänger sehr wohl erkannten und zu ihrem Vorteil zu nutzen wussten.[5]

Bushs anfängliche Reaktionen auf den Terrorismus wurden – aus verständlichen und angemessenen Gründen – hinter verschlossenen Türen entwickelt. In den Informationen, die der Journalist der *Washington Post* und Buchautor Bob Woodward von Bush selbst und anderen bezogen hat, wird Bush als ein entschlossener, an keinerlei inneren Zweifeln leidender Oberbefehlshaber dargestellt. Doch bei näherer Betrachtung wird deutlich, dass es eher Cheney (oder auch Rumsfeld) war, der das »Oberkommando« führte, als der Oberkommandierende selbst. Es waren Cheney und seine Leute, die anfingen, gewaltige Mengen an Informationen zu sammeln und zu verarbeiten, die sie für wichtig hielten, und die CIA wie auch andere Nachrichtendienste in die Mangel nahmen, von denen sie wissen wollten, was sie eigentlich taten und warum. Doch Cheneys Schlüsselrolle (und ungewöhnliche Machtfülle) wird stets nach innen wie nach außen als den Anordnungen Bushs untergeordnet dargestellt. Für den Fall von Nachfragen hat das Weiße Haus die Parole ausgegeben: »Der Vizepräsident hat weder persönlich noch politisch ein anderes Programm als die Beratung Präsident Bushs.«[6] Das mag im Großen und Ganzen sogar zutreffen, denn Cheney weiß natürlich, dass er als Berater Bushs seine Vision von Amerika und dessen Rolle in der Welt verwirklichen kann.

Für Cheney wie für seine gleich gesinnten Weggefährten passte der 11. September perfekt ins Konzept, ein von ihnen insofern gleichsam sogar vorweggenommenes Ereignis, als sie schon früher nach einer Art Katalysator Ausschau gehalten hatten, der für die Verwirklichung ihrer weit gesteckten Ziele erforderlich war. Cheneys Fähigkeit, hinter verschlossenen Türen einen nach dem anderen zu überzeugen, ist legendär. Mit einem Anfänger in Fragen der nationalen Sicherheit wie Bush ist Cheney zugleich ein Svengali und ein Rasputin. Auf der Bühne der nationalen Sicherheit ist Cheney *der* entscheidende Mitspieler im Ensemble. Um einen Vergleich heranzuziehen: Nixon und Kissinger waren in der nationalen Sicherheit Partner, doch Nixon war der Seniorpartner. Cheney dagegen ist gegenüber Bush nicht nur der Seniorpartner, er ist auch derjenige, der die Fäden in der Hand hält. Sein einhüllender Einfluss auf Bush und die nationale Sicherheitspolitik wird in Insiderkreisen durchaus bemerkt. So erklärte beispielsweise *The American Conservative* am 2. Februar 2004 Cheney zum amerikanischen Richelieu, »die Macht hinter dem Thron«.

Solange der Wahlkampf 2000 andauerte, hielt Cheney die Kriegshunde zurück; von der Kette ließ er sie erst nach dem 11. September. Doch die jetzt von ihm verfolgte Außenpolitik hat eine mehr als zehnjährige Vorgeschichte, und was wir gegenwärtig sehen, ist nur die Spitze des Eisbergs.

## Cheney und Wolfowitz: Eine Philosophie der Weltherrschaft

Als Verteidigungsminister von 1989 bis 1993 akzeptierte Cheney die Entscheidung, 1991 nicht auf Bagdad zu marschieren und Saddam zu stürzen. Doch bevor er die Regierung verließ, dachte er über die ganze Sache noch einmal gründlich nach. Der Irak wurde zum Bestandteil einer wesentlich umfassenderen Vision. Gegen Ende 1991 hatte Cheney erkannt, dass sich die Erfordernisse des US-Militärs mit dem Ende des Kalten Krieges geändert hatten, und rief im Verteidigungsministerium eine Gruppe ins Leben, die »vorausschauende« militärische Pläne für die Zukunft entwickeln sollte. Kein Verteidigungsminister hat jemals mehr für das Wohlergehen des militärisch-industriellen Komplexes gesorgt als Cheney, und seine vorausschauenden Pläne folgten diesem Muster. Paul Wolfowitz, Mathematiker und Politikwissenschaftler, der nach seiner Promotion 1972 unter Cheney Staatssekretär für Politikfragen im Verteidigungsministerium wurde (ein Amt, dem 700 hochkarätige Politikwissenschaftler unterstellt sind), übernahm die Leitung der Studie.* Cheney und Wolfowitz beschlossen, den Defensive Policy Guidance Report, eine

* Heute ist Paul Wolfowitz stellvertretender Verteidigungsminister.

absolut geheime interne Handreichung für die langfristige Budget- und sonstige Planung der vielen Abteilungen des Ministeriums, als Hebel für eine Neukonzeption der Außen- und Militärpolitik zu nutzen. Wolfowitz brachte seine klügsten Köpfe für ein Brainstorming zusammen. An Samstagen stieß Cheney immer wieder einmal zu der Gruppe, die sich über die angemessene Stellung Amerikas in der Welt nach dem Kalten Krieg Gedanken machte. In diesen Wochen und Monaten nahm das radikale strategische Denken Cheneys Gestalt an.

Als die neuen Richtlinien für die amerikanische Verteidigungspolitik im Frühjahr 1992 mit der Bitte um Stellungnahme in Cheneys Ministerium kursierten, gelangte ein Exemplar auf geheimen Wegen an die *New York Times* – von einem »Regierungsvertreter, der überzeugt [war], dass diese ... Strategiedebatte in der Öffentlichkeit geführt werden sollte«.[7] Die öffentliche Debatte durchkreuzte allerdings die Pläne Cheneys für ein Amerika, das »die Welt regiert«, wie ein Kommentator es ausdrückte.[8] Die Pläne, an denen »auffiel, dass jegliche Hinweise auf ein kollektives Vorgehen durch die Vereinten Nationen« oder andere multinationale Organisationen fehlten, gingen davon aus, dass »künftige Koalitionen Ad-hoc-Zusammenschlüsse sein werden, die in der Regel nicht länger Bestand haben werden als die Krisen, denen sie ihr Zustandekommen verdankten«. Doch selbst in solchen Fällen würden die Vereinigten Staaten »auf eigene Faust handeln, wenn kein gemeinsames Vorgehen erreicht werden kann« oder wenn es notwendig sein sollte, schnell zu reagieren. In den Plänen wurde auch die Notwendigkeit erörtert, »militärische Schritte zu unternehmen, um die Entwicklung von Massenvernichtungswaffen zu verhindern, indem wir einem [solchen] drohenden Angriff zuvorkommen«.[9]

Die demokratischen wie auch die republikanischen Gegner von Bush senior, die in den Vorwahlen 1992 eine

Nominierung als Präsidentschaftskandidat anstrebten, attackierten diese weit reichenden neuen Pläne. Der demokratische Kandidat Senator Paul Tsongas (von der Linken) sprach sich gegen den Plan aus, weil er den Charakter einer »Pax Americana« trage, und forderte eine Fortsetzung des Prinzips der kollektiven Sicherheit; der demokratische Gouverneur Bill Clinton (ein Vertreter der politischen Mitte) äußerte sich entsetzt über die Kosten des Plans; und der Republikaner Patrick Buchanan (von der Rechten) wandte sich nicht nur gegen die Kosten, sondern auch gegen die Vorstellung von einem Amerika als letztem Garanten der Weltsicherheit.[10] Infolgedessen »war Cheney gezwungen, das Dokument zu überarbeiten und seine Kanten deutlich abzuschleifen«.[11] Doch das änderte seine Denkweise keineswegs, noch hatte es zur Folge, dass die Pläne in der Schublade verschwanden. Im Gegenteil, diese Vorstellungen wurden zu den fundamentalen Grundsätzen der neokonservativen Außenpolitik. Der Abschied Cheneys aus der Regierung nach Bushs Wahlniederlage war nicht das Ende dieser radikalen Planung, sondern erst der Anfang.

Um die Debatte über die außenpolitischen Vorstellungen Cheneys und Wolfowitz' am Leben zu erhalten, schrieben William Kristol (ehemaliger Stabschef von Vizepräsident Dan Quayle und danach Gründer von *The Weekly Standard*, der Stimme der Neokonservativen) und Robert Kagan (ein Senior Associate der Carnegie-Stiftung für Internationalen Frieden, Kolumnist der *Washington Post* und Redakteur des *Weekly Standard*) in der Juli/August-Ausgabe von *Foreign Affairs* über diese politischen Pläne und erklärten sie zur günstigen Gelegenheit für die USA, eine »wohlmeinende Hegemonie« über die Welt auszuüben (eine hübsche Verbrämung für amerikanische Weltherrschaft) und auf diesem Wege anderen Ländern Demokratie und freie Marktwirtschaft nahe zu bringen. Bis zum Frühjahr 1997 hatten Kristol und Kagan das Project for the New American Century ins Leben gerufen, eine finanziell gut ausgestattete »gemeinnützige Bildungsorganisation« zur Förderung der Pläne von Cheney und Wolfowitz. Mit von der Partie waren Wolfowitz und eine ganze Reihe weiterer Persönlichkeiten von Rang und Namen aus einem wachsenden neokonservativen Establishment.[12] 1998 schrieben achtzehn prominente Mitglieder des New American Century an Präsident Clinton und forderten ihn auf, für die Absetzung Saddam Husseins zu sorgen. Cheney selbst unterschrieb den Brief nicht, dafür jedoch sein früherer Mentor Donald Rumsfeld sowie viele seiner engsten Gesinnungsfreunde.* (Möglicherweise wollte Cheney nicht mit unterschreiben, weil Halliburton gerade so gute Geschäfte mit Saddam machte.)

Im September 2000 veröffentlichte das Project for the New American Century einen Bericht, in dem die Ideen von Cheney und Wolfowitz verfeinert und erweitert wurden: *Rebuilding America's Defenses: Strategy, Forces and Resources for a New Century*. Die Autoren beklagten den Mangel an sichtbarer Anstrengung, »in den kommenden Jahrzehnten die militärische Vorherrschaft der Amerikaner zu erhalten«, und räumten ein, dass dies zunehmend schwieriger würde. Sie kritisierten Clinton, weil er die Gunst der Stunde nicht nutze, und monierten das Fehlen einer Transformationsstrategie. Ein solcher Umwandlungsprozess werde »wahrscheinlich langwierig sein, *sofern es nicht zu einem katastrophenartigen und katalysierenden Ereignis kommt – etwa einem neuen Pearl Harbor*«.[13]

* Die Unterzeichner waren Elliott Abrams, Richard L. Armitage, William J. Bennett, Jeffrey Bergner, John Bolton, Paula Dobriansky, Francis Fukuyama, Robert Kagan, Zalmay Khalilzad, William Kristol, Richard Perle, Peter W. Rodman, Donald Rumsfeld, William Schneider, Jr., Vin Weber, Paul Wolfowitz, R. James Woolsey und Robert B. Zoellick.

Bevor das Ereignis mit Katalysatoreffekt tatsächlich eintrat, bemühten sich Kagan und Kristol, immer noch auf ihrer Mission, ein solches herbeizureden. Dementsprechend gaben sie im Frühjahr 2001 eine Sammlung von Aufsätzen heraus, deren Einleitung aus ihrer Feder stammte – *Present Danger: Crisis and Opportunity in American Foreign and Defense Policy* –, ein Plädoyer für die jüngste Wiederauflage der Konzepte von Cheney und Wolfowitz.[14] Die »gegenwärtige Gefahr«* im provozierend gewählten Titel bestand für die Herausgeber darin, dass »die Vereinigten Staaten, die dominierende Macht der Welt, von der die Wahrung des internationalen Friedens und die Unterstützung liberaler und demokratischer Prinzipien abhängen, sich ihren Verpflichtungen entziehen und ... zulassen werden, dass die internationale Ordnung, die sie geschaffen haben und aufrechterhalten, zusammenbricht«.[15] In den von namhaften neokonservativen Denkern verfassten Essays war weder von einer wirklich »klaren« oder »gegenwärtigen« Gefahr die Rede, noch wurde vor konkreten Möglichkeiten einer solchen gewarnt. (Es ist bemerkenswert, dass *Present Danger* kaum auf die Drohung des Terrorismus einging und zu dem Schluss gelangte, der Irak sei »innerhalb von sechs Monaten in der Lage, zwecktaugliche Massenvernichtungswaffen und Flugkörper einsatzfähig zu machen«, allerdings nur, wenn die gegenwärtigen Sanktionen aufgehoben würden.) Doch mit dem 11. September hatten die Neokonservativen ihr Ereignis mit Katalysatoreffekt, und an der Spitze der Bush-Regierung waren sie in der Position, das Beste daraus zu machen.[16]

* Der Begriff wurde einem wegweisenden Urteil des Obersten Bundesgerichts entnommen *(Schenck vs. US)*, in dem erörtert wird, wie schwer und unmittelbar eine Gefahr sein muss, um die Außerkraftsetzung des First Amendment zu rechtfertigen. Eine solche Gefahr wurde vom hohen Gericht als »eine klare und gegenwärtige Gefahr« bezeichnet.

### Cheneys heimlicher Nationaler Sicherheitsrat

Seit seinem Amtsantritt hat Cheney ein besonderes Gewicht auf die nationale Sicherheit gelegt. Das zeigt sich etwa an der Wahl seines Stabschefs: I. Lewis »Scooter« Libby, ein Anwalt, der zwischen 1989 und 1993 im Pentagon tätig war, als Cheney an der Spitze des Verteidigungsministeriums stand. Libby ist nicht nur Cheneys Stabschef, sondern trägt auch noch die Amtstitel Nationaler Sicherheitsberater des Präsidenten (National Security Adviser to the President) und Präsidentenberater (Assistant to the President) – der höchste Titel der Mitarbeiter im Weißen Haus. Libbys bisherige Tätigkeit auf dem Gebiet der Außenpolitik ist (wie auch sein Titel) ein klarer Hinweis darauf, wie Cheney dessen Rolle oder Hauptaufgabe innerhalb der Bush-Administration versteht. Doch Libby war erst der Anfang. Zur Unterstützung seiner Aktivität zum Wohle der nationalen Sicherheit verließ Cheney sich nicht auf den Nationalen Sicherheitsrat (NSC) – eine konstitutionelle Institution, die zur Präsidialkanzlei (Executive Office of the President) gehört (und deren Personal von Condoleezza Rice als nationale Sicherheitsberaterin Bushs verkleinert wurde) –, sondern schuf ein Gremium, das faktisch ein zweiter Nationaler Sicherheitsrat ist. Es waren sogar Bushs Mitarbeiter im NSC, die als Erste die von Cheney geschaffene Truppe eine »Schattenregierung« nannten.[17] Das Gremium ist zwar informell integriert, hat jedoch sein eigenes Programm sowie die Befugnis, es über das Amt des Vizepräsidenten umzusetzen. Es ist eine Geheimregierung – ohne Kontrolle durch den Kongress oder sonst irgendjemanden.

Cheney hat nicht weniger als fünfzehn erfahrene nationale Sicherheitsexperten unter sich – Berater wie Eric Edelman, ein Beamter im diplomatischen Dienst und ehemaliger Botschafter in Finnland, der schon für ihn im Verteidigungsministerium tätig war und später als Botschafter nach Ankara ging, sowie John Hannah, der unter Bush senior im Außenministerium gearbeitet hatte und als Nahostexperte gilt. Als ranghöchster Mitarbeiter Hannahs wurde ein ehemaliger Berater von Newt Gingrich, dem Sprecher des Repräsentantenhauses, engagiert – William Luti (der später ins Verteidigungsministerium versetzt wurde, als Cheneys heimlicher Sicherheitsrat seine Tätigkeit zunehmend nach außen verlagerte).[18] * Cheneys akademische und wissenschaftliche Neigung (er hat an der Universität von Wyoming ein Magisterexamen in Politikwissenschaft abgelegt) erklärt, warum er sich auf Mitarbeiter mit einem höheren akademischen Grad verlässt. Diese sind nicht nur intelligent, sie kennen auch die Mechanismen innerhalb des Regierungsapparats. Und was diese Mitarbeiter untereinander verbindet, ist eine neokonservative politische Denkart. »Cheneys Büro galt schließlich als das Heiligtum der *neocons*«, wie die *New Republic* schrieb.[19]

Eine knappe Zusammenfassung der gemeinsamen Merkmale von Neokonservativen findet sich in einer Rede des Republikaners Ron Paul aus Texas (als Gegner des Determinismus sicherlich kein Freund des Neokonservatismus) vor den Abgeordneten im Repräsentantenhaus, die viel

* Der investigative Journalist Sy Hersh hat im *New Yorker* ausführlich über Cheneys Operationen zur Nachrichtenbeschaffung außerhalb der offiziellen Kanäle berichtet (z. B. »Who Lied to Whom«, 3. März 2002, und »The Stovepipe«, 27. Oktober 2003). Weitere Informationen über diese Operationen wurden von Robert Dreyfuss und Jason Vest zusammengestellt (»The Lie Factory«, *Mother Jones*, Februar 2004). Wie Dreyfuss und Vest berichteten, wurden diese dubiosen und nicht überprüften Nachrichten von einem so genannten Office of Special Plans beschafft, das im Pentagon eingerichtet wurde, eine »Schattenbehörde innerhalb einer Behörde«, in der überwiegend neokonservative Ideologen tätig sind und deren Zweck es ist, Nachrichten als Argumente für den Krieg gegen den Irak zu sammeln, während andere Geheimdienste der Regierung über keinerlei Informationen verfügten, die das von Bush und Cheney gewünschte Projekt gerechtfertigt hätten.

Beachtung gefunden hat.[20] »Die modernen Neokonservativen sind nicht zwangsläufig monolithisch in ihrem Denken«, sagte der Abgeordnete, »aber grob gesagt lassen sie sich folgendermaßen charakterisieren:

- Sie halten es mit Trotzkis Idee einer permanenten Revolution.
- Sie identifizieren sich stark mit den Schriften von Leo Strauss.
- Sie sind keine Gegner des Sozialstaats, sondern wollen ihn noch erweitern, um Stimmen und Macht zu gewinnen.
- Sie sind für eine starke Bundesregierung.
- Sie sind der Meinung, dass in der Politik der Zweck die Mittel heilige – dass ein hartes Vorgehen in der Politik eine moralische Notwendigkeit sei.
- In ihren Augen sind Lügen notwendig für das Überleben des Staates.
- Sie sind der Überzeugung, dass bestimmte Tatsachen nur der politischen Elite bekannt sein und der Öffentlichkeit vorenthalten werden sollten.
- Sie sind für Präemptivkriege und den Einsatz nackter militärischer Gewalt zur Verwirklichung erwünschter Ziele.
- Sie vertreten offen die Idee eines amerikanischen Imperiums und fordern deshalb ohne Skrupel eine imperialistische Politik.
- Sie sind bereit, zur Durchsetzung amerikanischer Ideale Gewalt anzuwenden.
- Sie spotten über den Glauben der Gründungsväter an eine Neutralität in der Außenpolitik.
- Ihrer Meinung nach war der 11. September die Folge eines Mangels und nicht eines Übermaßes an außenpolitischen Engagements.
- Sie sind bereit, die Grenzen im Nahen Osten unter An-

wendung von Gewalt neu zu ziehen, während sie bedingungslos Israel und die [rechts stehende] Likudpartei [Ariel Scharons] unterstützen.
- Sie betrachten bürgerliche Freiheiten mit Argwohn und sehen in ihnen unnötige Beschränkungen der Bundesregierung.
- Sie verachten die Anhänger eines Indeterminismus und akzeptieren keinerlei Argumente, die sich auf die Verfassung stützen.«[21]

Ebenso aufschlussreich ist es, wie die Neokonservativen sich selbst sehen. Irving Kristol, der angebliche Pate der »Überzeugung« (ihm zufolge handelt es sich nicht um eine »Bewegung«), erklärt ihre Denkweise in groben Zügen in einem Artikel im *Weekly Standard* mit dem Titel »The Neoconservative Persuasion: What It Was And What It Is«. Kristol zufolge versuchten »desillusionierte liberale Intellektuelle« der siebziger Jahre, die zu den ersten Neokonservativen wurden, die Republikanische Partei und amerikanische Konservative zu ihren Anschauungen zu bekehren. Das funktionierte jedoch nicht; der Neokonservatismus wurde nicht zur Hauptströmung des amerikanischen Konservatismus. »Er ist optimistisch, nicht niedergedrückt, zukunftsorientiert und nicht nostalgisch, und seine allgemeine Stimmungslage ist heiter und nicht verbittert oder verdrossen. Seine Helden des 20. Jahrhunderts sind T[eddy] R[oosevelt], F[ranklin] D[elano] R[oosevelt] und Ronald Reagan (nicht dagegen Calvin Coolidge, Herbert Hoover, Dwight Eisenhower oder Barry Goldwater).« Was die Außenpolitik angeht, so war Kristol überrascht über die jüngste Aufmerksamkeit, die sich auf die Neokonservativen richtete, »da es keine gemeinsamen Überzeugungen zur Außenpolitik gibt, lediglich bestimmte Einstellungen, die sich aus der historischen Erfahrung ableiten«. Der von ihnen bevorzugte »Text zu außenpolitischen Angelegenheiten ... ist die Schrift des Thukydides über den Peloponnesischen Krieg«.* Die Neokonservativen, so Kristol, teilen mit den traditionellen Konservativen die Besorgnis über den »ständigen Verfall unserer demokratischen Kultur, die auf ein neues Niveau der Verkommenheit herabsinkt«.[22] Anscheinend geht es dabei nicht um die Verkommenheit schäbiger Geschäftemacherei, einer Politik der Einschüchterung und einer extremen Verachtung solcher Verhaltensnormen, die die internationalen Gesetze im Hinblick auf die Unantastbarkeit menschlichen Lebens respektieren.

## Die neokonservative »Vulkanisierung« Bushs

Bush verschwendet nicht viel Zeit auf die Lektüre der Zeitschrift *Foreign Affairs.* Lesen liegt ihm ohnehin nicht besonders. »Ich brauche keinen, der mir sagt, was ich glauben soll«, sagte er, als er sich auf seine Präsidentschaftskandidatur vorbereitete. »Dafür brauche ich jemanden, der mir sagt, wo Kosovo liegt.« Für die nationalen Sicherheitsexperten, die als Tutoren für den Kandidaten tätig waren, war es eine seltene Gelegenheit, das Denken eines Mannes zu formen, der gute Aussichten hatte, Präsident zu werden, eines Mannes, dessen Kenntnisse auf diesem Gebiet sich auf ein Minimum beschränkten und der sich über die Welt außerhalb der Vereinigten Staaten kaum jemals Gedanken gemacht hatte. Er war praktisch ein unbeschriebenes Blatt, auf das man nach eigenem Gutdünken schreiben konnte.

Geleitet wurde die Tutorengruppe von Condoleezza Rice, und sie nannte ihr Team »die Vulkane«, eine Remi-

* Ironischerweise hat damals allerdings die demokratische Supermacht Athen mit der ständigen Ausdehnung ihres Macht- und Einflussbereichs einen Krieg mit den despotischen Spartanern provoziert, die schließlich die Athener im Peloponnesischen Krieg besiegten.

niszenz an ihre Heimatstadt Birmingham in Alabama, wo sich eine Statue des römischen Gottes Vulcanus befindet – ein Symbol der Stahlindustrie der Stadt. Vielleicht spielte auch das Bemühen um ein wenig Humor hinein: Tutoren nach dem Muster von Mr. Spock in *Raumschiff Enterprise*, die gern liebenswürdig sein wollen, aber ohne jede emotionale Regung sind und die Welt ohne Mitgefühl oder Einfühlungsvermögen mit kaltem Blick betrachten.

Condi Rice und Bush waren schon früher enge Freunde geworden, vor allem dank ihrer gemeinsamen Liebe zum Sport, und im Weißen Haus sollte sie seine engste Beraterin auf persönlicher wie politischer Ebene werden. Die »Vulkane« repräsentierten zwei von drei republikanischen Denkrichtungen auf dem Gebiet der nationalen Sicherheit: die der »Realisten« und die der »Hardliner«. Die Realisten sehen ihr Vorbild in der Außenpolitik von Bush senior – kein Einmarsch in Bagdad 1991, kein Durchstreifen des Planeten auf der Suche nach Möglichkeiten für einen Krieg. Die Hardliner dagegen sind bestrebt, die amerikanische Politik umzugestalten, sie wollen (wenn die Diplomatie nicht weiterhilft) eine aggressive, militärisch kraftvolle amerikanische Hegemonie weltweit (sprich Vorherrschaft). Die hier nicht vertretenen »Isolationisten« lehnen alle Verwicklungen mit dem Ausland ab. Die »Vulkane« waren überwiegend Neokonservative oder Hardliner.[23]

Während des Wahlkampfs 2000 war Außenpolitik noch kein Thema, doch für aufmerksame Beobachter lag der Krieg in der Luft. Nicolas Lemann, ein Washington-Korrespondent für den *New Yorker*, hatte Cheney damals interviewt und eine Kurzbiographie über ihn verfasst. In einem Vortrag am Massachusetts Institute of Technology riet Lemann (weniger als fünfzig Tage vor der Einführung der neuen Regierung) seinen Zuhörern, sich angesichts des rasanten Aufstiegs Cheneys zum Kopräsidenten »auf riskante Abenteuer, eine aggressive Außenpolitik und ein aktives, interventionistisches Militär gefasst [zu] machen«.[24] So kam es denn auch, aber das war längst noch nicht alles.

Ähnlich wie Nixon Jahrzehnte zuvor nach der Veröffentlichung der Pentagon-Papiere beschlossen hatte, sich auf Kissinger zu verlassen und in fast jeder Hinsicht eine harte Gangart einzuschlagen, hat Bush sich vertrauensvoll auf seinen Vizepräsidenten verlassen und eine harte Linie gewählt. Es ist unwahrscheinlich, dass Rice – die sich nicht den Hardlinern zurechnet –, Bush dazu bewogen hat, sich die neokonservativen Anschauungen zu Eigen zu machen. Aber man kann sich leicht vorstellen, welchen Reiz dieses beinharte Draufgängertum auf Bush ausübt, denn er schätzt mutiges Zupacken und hat keine Hemmungen, mit seiner Politik aufs Ganze zu gehen (und das Leben von Amerikanern aufs Spiel zu setzen). Nach Angaben des früheren Finanzministers Paul O'Neill stand der Irak bereits bei der ersten Sitzung des Nationalen Sicherheitsrats auf der Tagesordnung; die *New Republic* meldete, Cheney habe tatsächlich bereits Anfang Januar 2002 den Oberbefehlshaber so weit gehabt, auf Bagdad marschieren zu lassen.[25] Offensichtlich machte der Erfolg in Afghanistan dem Präsidenten Mut – wenn man es denn so nennen will, nachdem Bush anschließend den Versuch eines Wiederaufbaus fast ganz aufgegeben hat, die Taliban zurückgekehrt sind und al Qaida alles andere als ausgeschaltet ist. Doch es kann gut sein, dass Cheney selbst ohne den 11. September Bush von der Klugheit seiner Sicht der Dinge überzeugt hätte. Tatsächlich lässt das zögerliche Reagieren Cheneys und seines nationalen Sicherheitsteams auf den Terrorangriff darauf schließen, dass sie zu diesem Zeitpunkt noch genug mit der Konzeption von Plänen zu tun hatten (oder dass Cheney, der seine Überlegungen für sich behält, privat darüber gegrübelt hat), die aus der Schublade geholt werden sollten, falls es zu einem Ereignis wie dem 11. September käme. Cheney wusste, dass der Terrorismus der perfekte Vorwand und eine ideale Begründung für seine Philosophie einer Weltherrschaft war. Unter politischem Aspekt würde es wesentlich einfacher sein zurückzuschießen, als der Angreifer zu sein, zumal wenn man an das Kaliber der Waffe denkt, die Cheney führen wollte. Doch der Vizepräsident und sein Team taten etwas viel Schlimmeres als einfach nur auf ein Attentat zu warten, dem eine ausreichend große Anzahl Amerikaner zum Opfer fallen würde.

## Terrorismus als Vorwand

Die Bedrohung des Terrorismus, sogar durch terroristische Anschläge in den USA selbst, wurde von Bush und Cheney erkannt, lange bevor sie ins Weiße Haus einzogen. In einer Rede, die Bush 1999 vor den Kadetten in The Citadel hielt, hatte er vor solchen Terrorakten im eigenen Land gewarnt. Im Mai 2000 kam er in einer Rede über nationale Sicherheit sofort auf dieses Thema zu sprechen: »Die auftauchenden Sicherheitsbedrohungen für die Vereinigten Staaten, ihre Freunde und Verbündeten und selbst für Russland gehen heute von Schurkenstaaten, Terroristengruppen und anderen Gegnern aus, die Massenvernichtungswaffen anstreben und die Mittel, sie einzusetzen.«[26] Später, während des Wahlkampfs, nach dem Anschlag auf das Kriegsschiff *USS Cole* im Hafen von Aden, äußerte Bush sich unbestimmt, wie dem zu begegnen sei, und sagte nur: »Das wird Konsequenzen haben.«[27] Als er von Fox News gefragt wurde, ob der Anschlag auf die *Cole* mit einem Militärschlag beantwortet werden müsse, gab er zur Antwort, er wolle die Sache untersuchen, sei jedoch der Meinung, die USA sollten »den Terroristen überall auf der Welt ein rasches, sicheres und klares Signal geben, dass wir keinen Terrorismus dulden werden«.[28]

Während der Übergangszeit bis zum Amtsantritt lernten Bush und Cheney mehr über das Terrorismusproblem. Bill Clinton sagte Bush, als dieser am 19. Dezember 2000 das Weiße Haus als zukünftiger Präsident besuchte, sein »größtes [nationales] Sicherheitsproblem« würden »Osama bin Laden« und der Terrorismus sein.[29] Vor ihrem Amtsantritt wurden der Präsident und sein Vize von der CIA offiziell informiert, dass sie »Warnungen vor bin Laden und al Qaida« erhalten habe.[30] Clintons nationale Sicherheitsberaterin Sandy Berger setzte zehn Instruktionssitzungen für ihre Nachfolgerin Condoleezza Rice und deren ersten Stellvertreter Stephen Hadley an, und Berger nahm persönlich an der Sitzung zum Thema Terrorismus teil, die vom »Terrorismus-Zar« Richard Clarke gehalten wurde (der auch unter Bush im Nationalen Sicherheitsrat blieb). Berger war anwesend, um die Bedeutung des Themas zu unterstreichen, und sagte zu Rice: »Ich bin überzeugt, dass die Bush-Regierung mehr Zeit wegen des Terrorismus allgemein und wegen al Qaida im Besonderen aufwenden wird als wegen irgendeines anderen Problems.«[31] Bush und Cheney erfuhren auch, dass nach den Bombenanschlägen 1998 auf US-Botschaften in Afrika CIA-Direktor George Tenet – zumindest für die CIA – Osama bin Laden und al Qaida »den Krieg erklärt« hatte.[32]

Im Januar 2001, nach der Amtseinführung, erhielten Bush und Cheney den Bericht einer mehrjährigen Untersuchung über die nationalen Sicherheitsprobleme, mit denen die Vereinigten Staaten während des nächsten Vierteljahrhunderts wahrscheinlich konfrontiert sein würden. Clintons Verteidigungsminister William Cohen, ein Republikaner, war der Initiator dieser hervorragenden überparteilichen Studie von Experten, unterstützt von zwei altgedienten Politikern in Washington, die mit Militär- und Außenpolitik vertraut waren: den ehemaligen Senatoren Warren Rudman und Gary Hart. Die vierzehnköpfige Kommission und ihr wissenschaftlicher Stab mit einem Budget von zehn Millionen Dollar suchten nach Antworten und fanden sie.[33] Der am 31. Januar 2001 vorgelegte Abschlussbericht gab dem Präsidenten die dringende Empfehlung, seine ganze Aufmerksamkeit der Terrorismusgefahr zu widmen: »Ein direkter Anschlag auf amerikanische Bürger auf amerikanischem Boden ist in den kommenden fünfundzwanzig Jahren wahrscheinlich« und »selbst eine ausgezeichnete Geheimdienstarbeit wird Überraschungen nicht verhindern können«.[34]

Cheney beschloss jedoch, dem Terrorismus keinen Vorrang einzuräumen, und beendete die Tätigkeit der Hart-Rudman-Kommission.[35] Statt sich auf das überparteiliche Urteil dieser einzigartig qualifizierten Gruppe zu verlassen, sagte Cheney zu Bush, er solle die Sache ihm überlassen (da er sich ohnehin schon um alles andere kümmerte). Dementsprechend gab Bush am 8. Mai 2001 eine Erklärung ab: »Einige Terroristengruppen haben … Interesse am Erwerb von Massenvernichtungswaffen gezeigt … Es steht außer Frage, dass die Gefahr chemischer, biologischer oder Kernwaffen, die gegen die Vereinigten Staaten eingesetzt werden – *auch wenn sie nicht unmittelbar droht* – durchaus real ist.« (Hervorh. J. D.) Er habe Cheney gebeten, »die Entwicklung einer koordinierten nationalen Anstrengung zu beaufsichtigen, so dass wir alles in unseren Kräften Stehende tun können, um unsere Bevölkerung vor einem katastrophalen Schaden zu schützen«. Darüber hinaus werde er innerhalb der US-Notstandsbehörde, der Federal Emergency Management Agency, »ein Büro für Nationale Bereitschaft [Office of National Preparedness] ins Leben rufen«, um Cheneys Empfehlungen in die Tat umzusetzen.[36] Mit dieser Ankündigung war der Vorschlag der Hart-Rudman-Kommission vorerst vom Tisch, ein Ministerium für Heimatsicherheit (Homeland Security Department) zu schaffen – ein Projekt, das das Weiße Haus bald darauf als sein eigenes ausgeben sollte. Später am selben Morgen musste Außenminister Colin Powell einräumen, dass es für das Terrorismusproblem keine Lösung gab. Nachdem er erläutert hatte, was das Außenministerium getan hatte und noch tat, und das war nicht wenig, stellte Powell die rhetorische Frage: »Bedeutet das, dass wir jeden denkbaren terroristischen Akt bereits im Vorfeld zunichte machen oder uns erfolgreich dagegen verteidigen werden? Natürlich nicht.«[37]

Nur wenige Tage vor dem Anschlag des 11. September, am 4. September 2001, erhielt das Büro des Vizepräsidenten Pläne zur Bekämpfung von al Qaida. Warum hatte es so lange gedauert, sich mit einer – wie Cheney wissen musste – äußerst ernsten Bedrohung zu befassen? Die Verzögerung hatte ihren Grund hauptsächlich darin, dass Bush und Cheney jeden Vorschlag, der noch aus der Zeit Clintons stammte, von vornherein ablehnten, und sei er auch noch so gut. Richard Clarke, der in hohen Positionen bereits für drei republikanische Präsidenten und für Clinton gearbeitet hatte, sollte bald aus Enttäuschung darüber zurücktreten, dass Bush und Cheney keines der zahlreichen Programme zur Terroristenbekämpfung akzeptierten. Doch mit dem 11. September gerieten der neue Präsident und sein Vize in ein Dilemma. Angesichts ihrer Bemühungen, zu verhindern, dass andere ebenfalls etwas über die Bedrohung erfuhren, von der sie bereits wussten, und angesichts der wenigen Schritte, die sie trotz ihres Wissens dagegen unternahmen, liegt der Verdacht nicht fern, dass sie planten, den Terrorismus für ihre Zwecke zu nutzen, bevor der 11. September ihnen das Gewünschte quasi auf dem Silbertablett präsentierte – ein Umstand, den sie offensichtlich auch weiterhin verborgen halten möchten.

## Das Blockieren von Ermittlungen nach dem 11. September

Verständlicherweise wollen die Amerikaner (und vor allem die Angehörigen der Opfer der Anschläge) wissen, wie es möglich war, dass neunzehn im Ausland geborene Entführer mit Teppichmessern durch die Sicherheitsschleusen gelangen, vier aufgetankte Jumbojets in ihre Gewalt bringen und mit bemerkenswerter zeitlicher Abstimmung und Präzision drei von ihnen gesteuerte Linienmaschinen in ausgesuchte und höchst symbolische Ziele in New York und Washington fliegen konnten. Das vierte Flugzeug, das auf einen Acker in Pennsylvania stürzte, sollte, wie man annimmt, das Weiße Haus oder das Capitol treffen. Wäre dies das Manuskript zu einem Drehbuch oder Roman gewesen, so wäre es mit Sicherheit als absolut unglaubwürdig abgelehnt worden. Dennoch war es Wirklichkeit.

Angesichts des grandiosen Versagens der Regierung konnte es nicht ausbleiben, dass mehrere Kongressausschüsse im Senat wie im Repräsentantenhaus sogleich eine Untersuchung forderten und entsprechende Pläne vorlegten. Doch das war genau das, was Cheney vermeiden wollte. Da die Republikaner zwar im Abgeordnetenhaus in der Mehrheit waren, nicht aber im Senat, hatte das Weiße Haus nur eine partielle Kontrolle über den Kongress. Doch hinter den Kulissen gelang es Cheney, das zu tun, was das Weiße Haus immer tut, wenn es eine Untersuchung scheut – er stoppte den Prozess, indem er das Regierungsgetriebe blockierte.

Sowohl Bush als auch Cheney sprachen Ende Januar 2002 mit dem demokratischen Mehrheitsführer im Senat, Tom Daschle, über die Untersuchungen. Wie die *Washington Post* berichtete, »sagte der Präsident, die Ermittlungen sollten den Geheimdienstausschüssen im Senat und im Haus vorbehalten bleiben, deren Verhandlungen im Allgemeinen geheim bleiben«. Und Cheney hatte gegenüber Daschle erklärt, »eine Prüfung der Ereignisse vom 11. September würde Ressourcen und Personal zur Bekämpfung des Terrorismus abziehen«.[38] Das war kein tauglicher Vorwand zur Verhinderung einer Untersuchung. Als ihr Versuch fehlgeschlagen war, boten Bush und Cheney ihren ganzen politischen Einfluss auf, um sie unter ihre eigene Kontrolle zu bringen.

Cheney setzte eine bewährte Taktik ein – im Grunde eine Variante von dem, was wir damals während der Watergate-Affäre getan haben. Zum einen erklärten Daschle und dann auch die Führung der republikanischen Abgeordneten sich bereit (aus Besorgnis über die Gefährdung der »nationalen Sicherheit«), dass sich nur die Geheimdienstausschüsse mit den Ereignissen des 11. September befassen sollten. Um diese Untersuchungen noch weiter einzuschränken und getrennte Untersuchungen durch die Geheimdienstausschüsse des Senats und des Repräsentantenhauses zu vermeiden, wurde »ohne Präzedenzfall« aus den beiden ein gemeinsamer Ausschuss gebildet (nur weil die Demokraten im einen und die Republikaner im anderen der beiden Häuser die Mehrheit hatten). Angesichts der Zahl von siebenunddreißig Mitgliedern, aus denen sich dieser Ausschuss zusammensetzte, war absehbar, dass das Untersuchungsergebnis von vornherein verwässert sein würde – Cheney wusste genau, dass bei einem derart prestigeträchtigen Unterfangen alle Beteiligten eifersüchtig bestrebt sein würden, zu Wort zu kommen. Deshalb war eine Beschränkung der Zeit zur Befragung der Zeugen erforderlich, und die vielen Ausschussmitglieder konnten von den Beratern nicht so gut betreut werden wie im Fall eines kleineren Ausschusses. Überdies war es schwieriger, eine einheitliche Meinung herzustellen, ganz davon zu schweigen, dass nicht alle Beteiligten derselben Partei angehörten. Kurzum, solch große Ausschüsse sind überaus schwerfällig und taugen schlecht für Untersuchungen, und aus diesem Grund werden sie auch selten für diesen Zweck genutzt. Um zum Zweiten das Interesse von der Rolle des Weißen Hauses unter Bush und Cheney abzulenken, kam man überein, dass die Untersuchung sich auf die Wurzeln des Terrorismusproblems zu konzentrieren und deshalb in die Zeit der Regierung Clinton zurückgehen solle, der die Republikaner die Schuld am 11. September zu geben hofften. Da schließlich sämtliche Informationen von der Exekutive (also vom Weißen Haus) kontrolliert wurden und ein Großteil von ihnen der Geheimhaltung unterlag, konnten Bush und Cheney bestimmen, welche Informationen dem gemeinsamen Ausschuss zugänglich gemacht würden. Dieser bekam nur das zu sehen, was der Präsident und sein Vize ihn sehen lassen wollten.

Zwar gab es im Rahmen der Untersuchung etliche öffentliche Anhörungen fürs Fernsehen, doch die eigentliche Arbeit fand hinter verschlossenen Türen statt. Die Leitung war keine leichte Aufgabe, da die Bush-Regierung entschlossen war, dem Ausschuss einen Strich durch die Rechnung zu machen – und damit durchkam. Die Koordinatorin, die bei jeder derartigen Untersuchung eine entscheidende Rolle spielt, war eine fähige ehemalige Staatsanwältin aus Tampa, Eleanor Hill, die länger als ein Jahrzehnt für den Senat als Ermittlerin tätig war, bevor sie im Verteidigungsministerium den Posten einer Generalinspektorin bekleidete. Zu welcher politischen Richtung sie auch tendieren mochte, sie hat jahrelang mit Demokraten wie mit Republikanern gearbeitet und stets den Eindruck gemacht, dass sie mehr an der sachlichen als an der politischen Seite ihres Amts interessiert war.

Das Weiße Haus unternahm einen bislang beispiellosen Schritt, als es weder Donald Rumsfeld als Verteidigungsminister noch Colin Powell als Außenminister erlaubte, zu Fragen in Verbindung mit Maßnahmen zur Terrorbekämpfung vor dem 11. September auszusagen.[39] Senator Richard Shelby von den Republikanern, Mitglied des gemeinsamen Ausschusses, erklärte gegenüber der *New York Times*, das Weiße Haus habe zwar nach außen hin der Einberufung eines Untersuchungsausschusses zugestimmt, nach innen tue es jedoch alles, um dessen Arbeit zu erschweren. »Man hat uns gesagt, man werde mit uns zusammenarbeiten, doch ich bezweifle das«, sagte er. »Die meisten Informationen von wirklicher Bedeutung, die wir erhalten haben, mussten wir ihnen einzeln aus der Nase ziehen.«[40] Wie Eleanor Hill bei den ersten öffentlichen Anhörungen aussagte, hatte sie einen »langwierigen und mühevollen Prozess« hinter sich, um von den Geheimdiensten unter Verschluss gehaltene Informationen zu erhalten. Senator John McCain brachte es, so das Magazin *Time* am 3. Februar 2003, auf die kurze Formel, die Regierung habe die gemeinsame Untersuchung »verschleppt und behindert«.

Wenn Bush, Cheney und ihre Berater vor dem 11. September überlegt und verantwortungsbewusst gehandelt haben, wozu dann die endlosen Versuche, die Untersuchung zu behindern? Ihr merkwürdiges Verhalten (beispielsweise die Einstufung bestimmter vorher frei zugänglicher Dokumente als geheim, die Einleitung einer Ermittlung durch das FBI wegen Indiskretionen aus dem Untersuchungsausschuss an die Medien, in dem Bestreben, den Ausschuss unglaubwürdig erscheinen zu lassen) legt den Schluss nahe, dass Bush und Cheney etwas zu verbergen haben. Aufgrund des Mangels an Kooperation zwischen dem Weißen Haus und dem Untersuchungsausschuss begannen die Angehörigen der Opfer des 11. September den Kongress zu bedrängen, einen unabhängigen Ausschuss mit so genannter Subpoena-Befugnis einzusetzen (was bedeutet, dass Zeugen unter Strafandrohung vorgeladen werden können), um die Ereignisse des 11. September und ihre Vorgeschichte zu untersuchen, noch bevor der offizielle Ausschuss seine Arbeit beendet hatte. Bush und Cheney waren natürlich dagegen. Als sie behaupteten, eine solche Untersuchung behindere den Krieg gegen den Terror, sprach *USA Today* in einem Leitartikel vielen aus dem Herzen, als sie diesen Einwand als »Unsinn« bezeichnete und daran erinnerte, dass mehrere hochkarätige Ausschüsse den Angriff auf Pearl Harbor noch *während* des Zweiten Weltkriegs untersucht hatten. »Warum ist es somit nicht logisch, ethisch geboten und notwendig, der Frage auf den Grund zu gehen, wie die Anschläge vom 11. September geschehen konnten?«[41] Sowohl die Republikaner als auch die Demokraten forderten eine Untersuchung. Selbst Neokonservative wie Bill Kristol und Robert Kagan stimmten in einem Leitartikel des *Weekly Standard* vom 27. Mai 2002 in diesen Chor mit ein: Die Haltung des Weißen Hauses sei nicht nur arrogant, sondern dumm. Bush und Cheney konnte das nicht beeindrucken. Auf die Forderung nach einer effizienten Untersuchung reagiere »dieser Präsident ... ein weiteres Mal, ... indem er mehr Geheimhaltung in der Regierung und mehr Ruhe von seinen Kritikern fordert«, war am 10. Juni 2002 im Leitartikel der *Nation* zu lesen.

Doch der politische Druck nahm zu, und da Cheney diese zweite Untersuchung nicht verhindern konnte, versuchte er auch diesmal, sie in seinem Sinne zu steuern. Er und Bush zogen ihre Einwände zurück, »nachdem sie sich die Befugnis gesichert hatten, den Vorsitzenden zu ernennen, der zudem das Recht hat, Anträge auf Vorladungen unter Strafandrohung abzulehnen«.[42] Bei diesem Vorsitzenden dachte das Weiße Haus schon an jemand Bestimmten: Henry Kissinger, eine Wahl, die von der *Nation* am 23. Dezember 2002 mit den Worten kommentiert wurde: »Ein übler Witz – eine grausame Beleidigung des Gedächtnisses der Toten vom 11. September.« Wenn man bedenke, dass Kissinger »staatlich finanzierte Terroristen gepäppelt« hatte und als »ein überführter Lügner [dastand], … hat Bush dem unabhängigen Ausschuss einen Heuchler vor die Nase gesetzt«.

Kissinger hatte den Vorsitz nicht lange, denn er war nicht bereit, die Klienten seiner internationalen Beratertätigkeit preiszugeben – wirtschaftliche Interessen überwogen seinen Patriotismus. Als Nächsten ernannte das Weiße Haus den ehemaligen Gouverneur von New Jersey, Thomas Kean, einen eleganten Mann ohne jede Erfahrung auf dem Gebiet der nationalen Sicherheit, was ihn als Kandidaten besonders geeignet machte. Doch der eigentliche Grund, warum das Weiße Haus sich die Bestimmung des Vorsitzenden vorbehielt, lag darin, dass es über die Besetzung der Schlüsselpositionen bestimmen wollte. Der Vorsitzende Kean wählte als Geschäftsführer (Executive Director) für den Ausschuss nicht zufällig Phillip D. Zelikow, der ebenso gut direkt aus dem Weißen Haus hätte kommen können. Zelikow hatte gemeinsam mit Condoleezza Rice, mit der er auch ein Buch geschrieben hatte[43], unter Bush senior dem Nationalen Sicherheitsrat angehört. Darüber hinaus hatte er Cheney in den Wochen vor der Amtsübergabe beraten. Verständlicherweise sahen die Angehörigen der Opfer des Anschlags darin ein abgekartetes Spiel und verlangten seine Entfernung, doch Zelikow blieb.[44] Wer den ehrgeizigen Zelikow kannte, sagte, es wäre kein Wunder, wenn dieser einen heimlichen Draht zum Weißen Haus hätte, um Bush und Cheney über den Ausschuss auf dem Laufenden zu halten – und wäre dies nicht der Fall, dann nur deshalb, weil deren Sache bei ihm in guten Händen liege. Mit Zelikow auf einem so wichtigen Posten ist jedem Bericht dieser Untersuchungskommission mit großer Vorsicht zu begegnen. Ungeachtet der guten Absichten der Ausschussmitglieder haben die Leute in den Schlüsselpositionen maßgeblichen Einfluss darauf, welche Informationen sie erhalten, womit sie sich hauptsächlich beschäftigen und womit nicht. Dem Weißen Haus ist es somit gelungen, den Ausschuss zu manipulieren, um sich selbst zu schützen.

Selbst mit diesem Schutz war das Weiße Haus gegenüber dem Ausschuss alles andere als kooperativ, verzögerte, erhob Einwände gegen die Anforderung von Unterlagen und brachte die Mitglieder von wichtigen Fragestellungen ab. Kean, ein eher unabhängig denkender Geist, zögerte schließlich nicht, Druckmittel einzusetzen und dem Weißen Haus mit Strafen zu drohen.[45] Im privaten Kreis erzählte er, das Weiße Haus tue alles, um zu verhindern, dass der Bericht des Ausschusses wie geplant im Mai 2004 abgeschlossen werde. Sogar in der Öffentlichkeit hat Kean seine Enttäuschung zum Ausdruck gebracht. »Es ist sehr unbequem, wenn man die Unterlagen nicht mit in sein Büro nehmen kann, um sie dort durchzugehen, sondern quer durch die ganze Stadt zu einem kleinen Zimmer im Weißen Haus fahren muss, wo man dann die eigenen Notizen lesen kann, um sein Gedächtnis aufzufrischen«, sagte er der *New York Times*.[46] Der stellvertretende Vorsitzende Lee Hamilton, der ehemalige demokratische Abgeordnete, der für das Gesetz verantwortlich war, das alle John-F.-Kennedy-Akten zugänglich machte, um die Geheimhaltung der Warren-Kommission zu beenden, kennt die äußerst negative Auswirkung, die eine derartige Geheimniskrämerei auf das Vertrauen der Öffentlichkeit gegenüber einer Regierung haben kann. Doch die beiden Vorsitzenden und ihr Ausschuss wurden trotz ihrer ehrlichen Anstrengungen ausgetrickst.

Traurigerweise haben Bush und Cheney nicht nur den Hinterbliebenen der Opfer des 11. September einen Bärendienst erwiesen. Ihre verweigerte Mitarbeit kann historische Folgen haben. Abgesehen davon, dass sie so tun, als wären sie für nichts verantwortlich, ignoriert ihre Arroganz auch das langfristige Problem, das sie geschaffen haben. Nehmen wir nur die schmerzlichen Lehren aus der Warren-Kommission und ihren Fehlern bei der Untersuchung der Hintergründe des Attentats auf John F. Kennedy. Wenn wichtige Informationen zurückgehalten werden oder die Arbeit unvollständig bleibt, wird die Öffentlichkeit das Schlimmste annehmen. Bushs und Cheneys Geheimnistuerei hat bereits dafür gesorgt, dass unzählige Verschwörungstheorien über den 11. September ins Kraut geschossen sind. Diese Gerüchte und Spekulationen werden das Misstrauen gegenüber der Regierung nur noch verstärken. Zu den besonders absurden Auswüchsen dieser Manie gehört das Buch *11. September 2001 – Der inszenierte Terrorismus: Auftakt zum Weltenbrand?* des Franzosen Thierry Meyssan, in dem behauptet wird, es sei gar kein entführtes Flugzeug der American Airlines gewesen, das über dem Pentagon abgestürzt war, sondern eine vom US-Militär selbst abgefeuerte Rakete. CNN berichtete, bis zum Sommer 2002 seien über 200 000 Exemplare des Buchs verkauft worden, womit es zu einem absoluten Bestseller geworden war. Ähnlich absurd und ebenfalls ein grandioser Verkaufserfolg ist das Buch *Verschwörungen, Verschwörungstheorien und die Geheimnisse des 11. 9.* von Mathias Bröckers, von dem über 100 000 Exemplare verkauft wurden und in dem der Autor behauptet, dass die vielen unbeantworteten Fragen im Zusammenhang mit den Anschlägen auf eine massive Vertuschung durch die USA deuteten. In einem Bericht über die wachsende Zahl von Verschwörungstheorien brachte ABC News eine Variante, die ich noch nicht kannte: »Der Grund, warum die Tonbänder der Voicerecorder der vier entführten Flugzeuge nicht freigegeben wurden, liegt darin, dass die aufgezeichneten Stimmen nicht von Menschen, sondern von Außerirdischen stammen.« Eine große Zahl von Europäern und eine wachsende Zahl von Amerikanern fühlen sich zu diesen schlichten Antworten der Verschwörungstheoretiker hingezogen, weil keine legitime, unparteiische amtliche Instanz Antworten auf die vielen Fragen gegeben hat, die sich mit jenem unheilvollen Datum verbinden. Hier sollen nur einige wenige aufgeführt werden:

- Trifft es zu, dass die Regierungen vieler Länder (unter anderem Deutschland, Israel, Marokko, Russland, Jordanien, Ägypten und Frankreich) über frühzeitige Erkenntnisse verfügten und die Vereinigten Staaten vor dem bevorstehenden Anschlag gewarnt haben?
- Trifft es zu, dass Bush persönlich interveniert hat, um eine Untersuchung der Investitionen und Aktivitäten der Familie bin Ladens in den USA vor dem 11. September zu verhindern?
- Warum dauerte es, nachdem die US-Luftfahrtbehörde FAA von der ersten Entführung erfahren hatte, länger als eine Stunde und fünfzehn Minuten, bis Kampfjets losgeschickt wurden (während die FAA im Fall Payne Stewarts – ein strammer Republikaner und Freund Bushs – bereits zwanzig Minuten nachdem sie den Funkkontakt zu seinem Privatjet verloren hatte, Kampfjets starten ließ)?
- Wer kaufte – in der Erwartung, dass die Kurse abstürzen würden – Verkaufsoptionen für Unternehmen, die von den Anschlägen des 11. September besonders stark betroffen waren, wie United Airlines, American Airlines und Merrill Lynch & Morgan Stanley, Mieter im World Trade Center – und machte damit viel Geld?
- Warum wurden so viele dieser Verkaufsoptionen über eine Investmentfirma gehandelt, deren leitende Angestellte Verbindungen zur CIA haben? Warum trat der Vorstandsvorsitzende dieses Unternehmens nach dem 11. September plötzlich zurück?
- Was ist dran an den vielen Geschichten in der britischen

Presse bezüglich finanzieller Erträge aus dem 11. September, die der Carlyle-Gruppe zugute kommen (für die Bush junior früher einmal und sein Vater bis vor kurzem gearbeitet haben)?

- Wer hat verfügt, dass saudische Geschäftsleute (und ihre Angehörigen) unmittelbar nach den Anschlägen des 11. September von einem Privatflugzeug aufgesammelt wurden und anschließend nach Europa flogen, während alle übrigen privaten und kommerziellen Flugzeuge in den USA am Boden blieben? Wer befand sich an Bord dieses Flugzeugs? Und warum wollten diese Leute die Vereinigten Staaten so schnell wie möglich verlassen?
- Trifft es zu, dass zwei ranghohe Geheimdienst- und Terrorismusexperten des israelischen Mossad im August 2001 Washington einen Besuch abstatteten, um die CIA und das FBI zu warnen, dass eine Zelle von zweihundert Terroristen (darunter vier, die zu den Entführern des 11. September gehörten) eine größere Operation plane?

Das sind nur einige der unbeantworteten Fragen.[47] Bush und Cheney haben sich zu keiner davon geäußert. Infolgedessen kursieren weiterhin Verschwörungstheorien. Zu den hässlicheren gehören jene, die zu antisemitischen Zwecken erfunden wurden und so widerwärtig sind, dass die Anti-Defamation League einen vollständigen Bericht in Auftrag gab, der sich mit diesen Theorien befasste. So behaupten beispielsweise einige arabische, islamische und Neonazigruppen, der Mossad sei der eigentliche Schurke, da er angeblich »gerissen, erfinderisch und niederträchtig genug ist … um die Anschläge auszuführen und [seinen] Feinden die Schuld daran zu geben«. Eine andere Theorie behauptet, eine Gruppe israelischer Spione, die sich als Kunststudenten ausgegeben und in den USA studiert hätten, habe die Terroristen des 11. September verfolgt, ohne sie an ihrem Vorhaben zu hindern. Wieder andere Theorien machen israelische Unternehmen zu Komplizen an den Anschlägen oder verweisen auf die jüdischen Eigentümer der Zwillingstürme (da angeblich einzig sie aus der Zerstörung der Türme ihren Nutzen hätten ziehen können). Und in wenigstens einer dieser Theorien wird behauptet, dass etwa viertausend Juden, die im World Trade Center arbeiteten, alle gewarnt worden seien, am Unglückstag zu Hause zu bleiben.[48]

Alle diese Behauptungen und Fragen müssen mit Tatsachen widerlegt und beantwortet werden. Die unverantwortliche Geheimhaltung Bushs und Cheneys und ihre Bemühungen, zu verhindern, dass die Wahrheit über den 11. September ans Licht kommt, ermöglichen überhaupt erst, dass solche Theorien auf fruchtbaren Boden fallen, wenn sie nicht sogar deren Entstehung provozieren. Die Geschichte lehrt, dass es die Geheimniskrämer sind, die letztlich zum Gegenstand solcher haltlosen Theorien werden. Doch der Präsident und sein Vize nehmen offenbar an, dass die Geschichte so sein wird, wie sie sie haben wollen – daher ihre Beschränkungen der Presse, des Zugangs zu Regierungsdokumenten und Präsidentenpapieren und der Wahrheit über den 11. September.

Bush und Cheney haben so vieles im Zusammenhang mit dem 11. September und ihrem Krieg gegen den Terror politisiert und verheimlicht, dass selbst so fundamentale Angelegenheiten wie die Pläne für die Fortsetzung der Regierung im Fall einer Katastrophe in der Hauptstadt Washington fragwürdig sind. Nicht nur die Öffentlichkeit wird im Unklaren gelassen, sondern auch der Kongress. Doch dies sind Fragen, die die Öffentlichkeit etwas angehen. Sie hat ein Recht darauf, zu erfahren, was Bush und Cheney mit ihrer Regierung vorhaben, denn die Planung für Eventualfälle ist mit Problemen und potentiellem politischem Schaden befrachtet, nicht zu reden von Fehlern, die langfristige Auswirkungen haben können.

## Verheimlichung und politische Instrumentalisierung einer Notstandsregierung

Bush ist der erste Präsident, der wirklich eine Geheimregierung betreibt, und damit meine ich an dieser Stelle nicht Cheneys heimliche Machenschaften. Veteranen des Kalten Kriegs erinnerten sich am Morgen des 11. September an die als streng geheim eingestuften Ernstfallpläne, die zuerst unter der Regierung Eisenhower entwickelt wurden, etwa zur selben Zeit, als der erste Luftschutzbunker unter dem Weißen Haus gebaut wurde. Bekannt unter der Bezeichnung COG-Pläne (Continuity of Government Plans), blieben sie bis in die frühen neunziger Jahre in Kraft und verschwanden dann mit dem Ende des Kalten Krieges zum größten Teil in der Versenkung. Seit 1985, als Präsident Reagan eine Reihe von Verordnungen erließ, waren die Pläne weder aufgehoben noch aktualisiert worden.

Schon wenige Stunden nach den Anschlägen vom 11. September weckten Bush und Cheney diese Ernstfallpläne aus ihrem Dornröschenschlaf. Es war das erste Mal überhaupt, dass man von ihnen Gebrauch machte. Die Nachrichtensendungen im Fernsehen und die Tageszeitungen meldeten, die Regierung habe »Continuity of Government«-Pläne aus der Schublade gezogen, und obwohl ein paar Fachleute sie oberflächlich erläuterten, verstand niemand, worum es sich dabei eigentlich handelte. Die meisten nahmen wohl an, die ganze Operation bedeute, den Präsidenten und den Vizepräsidenten an unterschiedlichen Orten in Sicherheit zu bringen. Das gehörte zwar auch dazu, es war aber längst nicht alles.

Mit diesem geringen Wissen und ohne Vorankündigung erhielten Männer und Frauen im Regierungsapparat in Washington – in der Hauptsache Festangestellte sowie einige wenige von außen in die Regierung Berufene – kurz nach den Anschlägen die Anweisung, die Koffer für eine

Reise zu packen. Es wurde ihnen unter Strafandrohung verboten, Dritten darüber Auskunft zu geben, wohin man sie brachte und warum dies geschah. Mit Hubschraubern und Bussen des Military District of Washington (MDW) gelangten sie in eine der beiden unterirdischen Anlagen an der Ostküste.* (Der MDW ist eine einzigartige Kommandobehörde zum Schutz der Hauptstadt, die bei zahlreichen Veranstaltungen in zeremonieller Weise präsent ist.)[49] Diese Aktion war eine vorbeugende Maßnahme, denn das Weiße Haus hatte keine geheimdienstlichen Erkenntnisse, dass die Terroristen über Kernwaffen verfügten. Man wollte jedoch kein Risiko eingehen; der Präsident war dafür verantwortlich, zu gewährleisten, dass die Exekutive auch nach einem solchen Anschlag ihre Arbeit fortsetzen konnte. Doch was als eine Vorsichtsmaßnahme begonnen hatte, wurde bald zu einem Dauerzustand.

Sechs Monate lang war die Regierung »im Untergrund« tätig, bis findige Reporter der *Washington Post* dahinter kamen, was eigentlich im Gange war. Am 1. März 2002 brachte die Zeitung unter der Schlagzeile »Schattenregierung arbeitet im Geheimen – Nach Anschlägen kommandierte Bush 100 Mitarbeiter der Regierung in Bunker abseits der Hauptstadt« die COG-Pläne ans Licht.[50] Viele Leser in Washington erfuhren zu ihrer Verblüffung, dass buchstäblich Hunderte von Regierungsmitarbeitern betroffen waren. Niemand bezweifelte die Klugheit dieser Maßnahme, doch die Art und Weise, wie sie von Bush und Cheney durchgeführt wurde, wirkte zugleich beruhigend

* War das wirklich ein Versuch, die Regierungsarbeit fortzusetzen? Es gab auch Gerüchte, dass die für den Transport und den COG-Einsatz ausgewählten Personen nur Bush und Cheney genehme Leute waren. Eine Auswahl unter den 70 bis 150 hohen Funktionsträgern der Regierung zu dem genannten Zweck (für 90 Tage; danach werden sie gegen andere Regierungsmitarbeiter ausgetauscht) ist anfällig für einen politischen Missbrauch.

und besorgniserregend. Es ist zweifellos gut zu wissen, dass die Exekutive ihre Arbeit weitermacht, aber was für eine Exekutive ist das? Der Kongress war über den Umfang der COG-Operationen nicht informiert worden, obwohl gegenwärtig nach dem – wenngleich ziemlich veralteten – Presidential Succession Law, dem Gesetz zur Amtsnachfolge des Präsidenten, bei Unglücksfällen bislang noch der Sprecher des Repräsentantenhauses (der Abgeordnete Denny Hastert) sowie der Senatspräsident auf Zeit (Senator Robert Byrd) in der Reihenfolge vor den Mitgliedern des Kabinetts stehen.[51] Judikative und Legislative hatten seit langem ihre eigenen Katastrophenpläne, doch überließen sie es der Exekutive, ihnen Bescheid zu geben, wenn sie sich in Sicherheit bringen müssten. Hätten sie gewusst, dass Bush und Cheney nach dem COG-Plan vorgegangen waren und als Notstandsregierung handelten, so hätte dies den Kongress und das Oberste Bundesgericht veranlasst, über eigene Maßnahmen nachzudenken. Oder wollten Bush und Cheney, dass im Falle eines weiteren Anschlags nur die Exekutive samt Präsident und Vizepräsident überlebte? Oder wollten sie vielleicht die gesetzlich vorgeschriebene Reihenfolge übergehen, um bei Colin Powell zu landen, dem Nächsten in der Reihenfolge – oder nur Byrd umgehen, da Denny Hasterts Sohn für Cheney arbeitet und vielleicht über die COG-Maßnahmen informiert wurde? Das ist sicherlich gutes Material für TV-Komiker im Spätprogramm, aber wäre es wirklich zu einer Katastrophe gekommen, dann hätte es niemand mehr besonders komisch gefunden, wenn eine Clique von rechten Neokonservativen alles gewesen wäre, was von der US-Regierung übrig blieb.

Im Unterschied zu den Zeiten des Kalten Krieges, als es noch eine gewisse Vorwarnzeit bei anfliegenden Flugkörpern gab, fällt diese im Zeitalter des Terrorismus weg, wenn etwa eine aktentaschengroße Kernwaffe mit der

Sprengkraft der über Hiroshima gezündeten Atombombe auf der Pennsylvania Avenue mitten zwischen dem Capitol und dem Weißen Haus gezündet wird und im Umkreis von einer Meile alles Leben vernichtet. Ein solcher Anschlag würde natürlich das Weiße Haus und das Capitol ausradieren. Leider ist eine solche Befürchtung nach den bis heute vorliegenden – wenngleich widersprüchlichen – Informationen nicht weit hergeholt. Veröffentlichten Berichten zufolge ist seit 1997 bekannt, dass fast einhundert in Russland produzierte Kernwaffen im Aktentaschenformat offiziell nicht erfasst sind, und bald nach dem 11. September informierte der usbekische Staatspräsident Islam Karimow US-Verteidigungsminister Rumsfeld angeblich darüber, dass Osama bin Laden über das russische organisierte Verbrechen zwei, möglicherweise auch drei ehemals sowjetische nukleare Gefechtsköpfe erworben habe.[52] *United Press International* berichtete, der Abgeordnete Curt Weldon habe vom militärischen Geheimdienst DIA (Defense Intelligence Agency) des Pentagon erfahren, es gebe »Gründe für die Annahme«, dass »zwei in der Sowjetunion hergestellte Kernwaffen in Reisekoffergröße bin Laden in die Hände gefallen sind«. Die *Political Science Quarterly* meldete, dass es »nach Schätzungen des ehemaligen CIA-Direktors James Woolsay und des ehemaligen UN-Waffeninspekteurs Richard Butler sowie von russischen Quellen … mindestens ein Dutzend nicht nachgewiesene [atomare] Kofferbomben« gebe.[53] Wie immer die Wirklichkeit aussieht, dies mag erklären, warum Bush die COG-Pläne aus der Schublade geholt hat. Aber natürlich erfüllt das COG-Programm für Bush und Cheney einen anderen Zweck. Solange sie in geheimen Bunkern arbeiten, können sie ihre eigenen Leute nicht nur vor Terroranschlägen schützen, sondern auch vor einer neugierigen Öffentlichkeit und einer inquisitorischen Presse. Und ein eventueller Vorwurf, wieso sie nicht auch Personen in den

Bunker mitgenommen haben, die anderer Meinung sind als sie, wäre eine unbeantwortete Streitfrage – auf Jahrzehnte hinaus.

Die COG-Pläne wurden damals nicht hinter verschlossenen Türen entwickelt, sondern in offener Diskussion und Debatte. Eine Geheim- oder Notstandsregierung sollte nicht durch eine geheime Verordnung des Präsidenten gebildet werden. Der gegenwärtige Versuch, diese Pläne in einem Bunker verschwinden zu lassen, ist nicht nur undemokratisch, sondern verhindert auch, dass die gravierenden Probleme bezüglich der konstitutionellen Nachfolgeregelungen für den Präsidenten und die Regierung nicht mehr erkennbar sind. Statt diese Probleme zuzudecken, sollten Bush und Cheney offen und streitbar öffentlich darüber diskutieren. Dass sie es nicht tun, zeigt, dass ihre unnötige Geheimhaltung eine effektive Führung verhindert. Und da sie die Probleme ignorieren, müssen andere besorgte Bürger sich der Sache annehmen. Ohne auf Bush und Cheney zu warten, hat sich der überparteiliche Ausschuss zur Kontinuität der Regierung (Commission on Continuity of Government) gebildet, ein gemeinsames Unternehmen des Brookings Institute und des American Enterprise Institute, in dessen Leitungsgremium auch der ehemalige Rechtsberater im Weißen Haus unter Carter und Clinton, Lloyd Cutler, und der ehemalige republikanische Senator Alan Simpson sitzen. Die früheren Präsidenten Carter und Ford sind Ehrenmitglieder dieses Gremiums. Der Ausschuss hat seine erste Phase abgeschlossen: die Erarbeitung von Empfehlungen für die Kontinuität des Kongresses im Fall einer Notstandssituation. Als Nächstes wird er sich der Exekutive und dem Präsidenten zuwenden, dann der Judikative und dem Obersten Bundesgericht.[54] Doch die Voraussetzung für eine Verwirklichung der notwendigen Änderungen ist eine offene präsidiale Führung, keine Geheimhaltung. Es ist weder möglich noch notwendig, die gesamte Planung für den Krieg gegen den Terror nach außen abzuschotten, wie es die gegenwärtige Regierung getan hat, indem sie beispielsweise neue repressive Verfahren zur Verfolgung von Terroristen in den Vereinigten Staaten ausgeheckt hat, ohne sich um Menschen- oder Freiheitsrechte zu kümmern. Oder indem sie gefordert hat, dass der Kongress im Eiltempo ein Gesetz zur Terrorismusbekämpfung verabschieden solle, was dann so schnell passierte, dass keiner mehr wusste, was da eigentlich getan wurde – man nehme das Beispiel der P. A. T. R. I. O. T. Act (Provide Appropriate Tools Required to Intercept and Obstruct Terrorism), die auf eine mehr als bedenkliche Art und Weise zustande gekommen ist.

## Geheimer und repressiver Gesetzesvollzug

Justizminister John Ashcroft, der von Bush (oder Karl Rove, der bei früheren Wahlkämpfen Ashcrofts mitgewirkt hatte) aus der politischen Versenkung hervorgeholt wurde, nachdem er seinen Sitz im Senat verloren hatte, ist ein Politiker, der überzeugt ist, er habe das Zeug zum Präsidenten. Er ist ein Mann, der polarisiert und mit einer derart merkwürdig prüden Empfindsamkeit begabt ist, dass er achttausend Dollar für die Anschaffung von Vorhängen beantragte, um eine halbnackte Statue der Justitia im Vortragssaal seines Ministeriums zu verhüllen. Der Letzte in seinem Amt mit Ambitionen auf den Stuhl des Präsidenten war A. Mitchell Palmer, Woodrow Wilsons dritter und letzter Justizminister – vor allem bekannt geworden durch seine schändlichen Razzien, um Kommunisten aufzubringen, in deren Verlauf Tausende ohne jede verfassungsmäßige Grundlage verhaftet und deportiert wurden. Ashcrofts Pläne zur Terrorismusbekämpfung weisen eine verblüffende Ähnlichkeit mit dem Vorgehen Palmers auf. Zunächst nutzte er aggressiv die bestehenden Gesetze, um Jagd auf potentielle Terroristen zu machen, die möglicherweise zu »Schläfer«-Zellen gehörten, die sich bereits im Land befanden, dann beantragte er beim Kongress neue Befugnisse bei der Strafverfolgung. Um weitere Anschläge zu verhindern, so Ashcroft, müssten diese neuen Gesetze so schnell wie möglich verabschiedet werden. Sein religiöser Fundamentalismus, seine rücksichtslose Missachtung der Bürgerrechte und sein persönliches Verständnis eines Konservatismus ohne menschliches Mitgefühl waren und sind bis heute ein Anlass zur Besorgnis. Es war abzusehen, dass Ashcroft es zum Äußersten treiben würde, und diese Erwartungen hat er nicht enttäuscht.

Nach dem 11. September war in *Newsweek* zu lesen: »Amerikaner sind anscheinend bereitwilliger, bürgerliche Freiheiten auf dem Altar der Sicherheit zu opfern, als wir es zu allen Zeiten waren, seit Präsident Lincoln im Bürgerkrieg die Habeascorpusakte außer Kraft setzte [die besagt, dass niemand ohne richterlichen Haftbefehl festgenommen oder ohne gerichtliche Untersuchung in Haft gehalten werden darf] oder Präsident Roosevelt nach Pearl Harbor 110 000 Amerikaner japanischer Herkunft in Vorbeugehaft nehmen ließ. Die Vereinigten Staaten, gelobte Justizminister Ashcroft, würden ›jedes rechtliche Mittel nutzen, das uns zur Verfügung steht, um eine weitere terroristische Aktivität zu verhindern‹.«[55] Starke Führer hätten die Amerikaner daran erinnert, dass die Vereinigten Staaten im Ersten Weltkrieg nicht deshalb gewonnen hatten, weil sie die intoleranten Alien Enemies Acts und die Sedition Act (Gesetze gegen Ausländer und Volksverhetzung) von 1798 verabschiedet hatten (deren Letztere sie im Jahre 1917 weiter verschärften); dass der Zweite Weltkrieg nicht gewonnen wurde, weil unsere Regierung Amerikaner japanischer, deutscher und italienischer Abstammung in »Umsiedlungslager« (relocation camps) eingesperrt hatte; und dass der Sieg im Kalten Krieg nicht das Ergebnis der Demagogie von Joe McCarthy mit seinen Listen der Mitläufer und seinen Forderungen nach so genannten Loyalty Review Boards zur Überprüfung der Verfassungstreue von Regierungsangestellten war. Desgleichen wird ein Krieg gegen den Terrorismus nicht gewonnen, indem man einige oder gar alle diese repressiven Methoden und Tricks wieder belebt. Dennoch war es genau das, was dann geschah.[56]

Die wenigsten Amerikaner machen sich Sorgen um ihre Rechte und Freiheiten; sie halten sie vielmehr für eine Selbstverständlichkeit. Noch weniger kümmern sie die Rechte von anderen, vor allem von Ausländern, da sie törichterweise überzeugt sind, dazu bestehe kein Grund.* Doch wie David Cole, Rechtswissenschaftler an der Universität Georgetown, bemerkt hat, dulden Amerikaner, dass Menschen wie Verbrecher behandelt werden, deren Schuld einzig und allein darin besteht, dass sie keine Amerikaner sind. Jeder will, dass Terroristen abgeurteilt werden. Doch die Rasterfahndung hat bekanntlich ihre Tücken.

Etwa fünftausend Amerikaner arabischer Abstammung und moslemischen Glaubens sind im Rahmen der ver-

* Bush hat trotzdem versucht, seine Macht an ein paar Amerikanern zu erproben. Der U. S. Court of Appeals for the Second Circuit (Bundesberufungsgericht für den Zweiten Gerichtsbezirk, der die Staaten New York, Connecticut und Vermont umfasst) hat entschieden, dass der Präsident nicht das Recht hat, einen amerikanischen Staatsbürger, der auf amerikanischem Boden verhaftet wurde, ohne zeitliche Begrenzung, ohne Anklage und ohne Gewährung eines Rechtsbeistands als »feindlichen Kombattanten« einzusperren, wie Bush es mit Jose Padilla aus Brooklyn, New York versucht hat. Dass Padilla möglicherweise ein übler Bursche ist, beraubt ihn noch nicht seiner staatsbürgerlichen Rechte. Nach einer Meldung von Reuters (über das Urteil am 18. Dezember 2003) äußerte Mark Graber, ein Professor im Staatsdienst an der University of Maryland: »Die Anzeichen mehren sich, dass selbst Konservative auf der Richterbank über die Befugnisse beunruhigt sind, die der Präsident sich angemaßt hat.« Hoffen wir alle, dass Graber Recht hat.

schiedenen Antiterrormaßnahmen heimlich verhaftet worden, und nur gegen fünf Verhaftete dieser ersten Razzien wurde Anklage erhoben; einer wurde rechtskräftig wegen eines Vergehens verurteilt, mit der Entlassung der Übrigen ließ man sich quälend lange Zeit – auch wenn es nicht die Spur eines Beweises gab, dass sie Verbindungen zur Terrorszene hatten. Diese Festgenommenen werden nicht gut behandelt, wie wir aus einer Untersuchung des Generalinspektors des Justizministeriums wissen, der in einem (gesetzlich vorgeschriebenen) Bericht zahlreiche Fälle von Körperverletzung und Misshandlung aufgeführt hat. Etwa 650 Männer zwischen fünfzehn und fünfundsiebzig Jahren werden in Metallkäfigen in Guantánamo Bay auf Kuba festgehalten – ohne Urteile, ohne Anklagen und ohne jeden Rechtsbeistand.

Man muss sich das einmal vorstellen: Bei einer Gesamtzahl von mehr als fünftausend Verhafteten (von denen wir wissen) hat Ashcroft in den gut zwei Jahren seit dem 11. September Beweise dafür gefunden, die gerade einmal ausgereicht haben, um ein halbes Dutzend der Inhaftierten zu verurteilen. Das zeugt entweder von einer unglaublichen Inkompetenz auf Seiten der Bush-Regierung oder von einem schier unglaublichen Übermaß an Festnahmen Unschuldiger oder von beidem. Und ein Großteil dieser Maßnahmen ist offensichtlich verfassungswidrig, da die amerikanische Bill of Rights (die verfassungsmäßig garantierten Grundrechte) für alle »Personen« in den Vereinigten Staaten gilt, seien sie amerikanische Staatsbürger oder nicht. Ausländer in Lager zu sperren, sie gewaltsam abzuschieben oder unbefristet ohne Anklage und ohne Beweise für begangene Straftaten in Haft zu halten, stets in der Überzeugung, dies alles sorge für Sicherheit, ist eine Illusion und ein schändliches Gebaren obendrein. Die Geschichte hat gezeigt, dass unsere Regierung das, was sie heute anderen antut, morgen den Amerikanern selbst antun wird. Wenn unsere Regierung den Bürgern anderer Nationen grundlegende Menschenrechte abspricht, dann hat sie nicht das Recht zu verlangen, dass andere Nationen solche Grundrechte Amerikanern zugestehen. Einfach ausgedrückt, wenn wir andere Menschen so behandeln, wie wir selbst behandelt werden möchten, handeln wir nicht nur den Prinzipien der Humanität entsprechend und folgen unserer Verfassung, sondern langfristig schützen wir uns auch auf diese Weise. Sollte dieses – von David Cole formulierte – Argument einen Denkfehler enthalten, so ist er mir entgangen.

Der Kongress hat kaum Grund, stolz darauf zu sein, dass er repressive neue Gesetze in einer Vorlage verabschiedet hat, die von keinem Kongressausschuss überprüft wurde, darunter auch ein neues Gesetz, das für die einzelnen Abgeordneten und Senatoren viel zu umfangreich und zu kompliziert war, um es sorgfältig durchzulesen, und dennoch durch beide Kammern gepeitscht wurde: die bereits erwähnte Patriot Act. Und keine Bestimmung dieses Gesetzes war widerwärtiger als jene, die Ashcroft die Befugnis gab, FBI-Agenten in Bibliotheken und Buchhandlungen zu schicken, um herauszufinden, was die Besucher und Kunden lasen (Section 215).[57] Mit dieser Befugnis, die in einem geheimen Gerichtsverfahren gewährt wird (und zu der fast nichts erforderlich ist als ein Verdacht auf terroristische Aktivitäten oder eine Verbindung zu solchen Aktivitäten oder auch nur die Suche nach einer solchen Möglichkeit), können FBI-Beamte verlangen, dass Bibliotheken und Buchläden die Namen von Lesern von Büchern nennen, die für den Nachrichtendienst von Interesse sind. Darüber hinaus wird mit dem neuen Gesetz den Bibliotheksangestellten und Buchhändlern verboten, irgendjemanden darüber zu informieren, dass es eine solche Anfrage gegeben hat. Die University of Illinois hat bei einer Umfrage festgestellt, dass innerhalb von sechzig Tagen nach dem In-Kraft-Treten des neuen Gesetzes bereits fünfundachtzig Bibliotheken Besuch von FBI-Leuten erhalten hatten[58] – obwohl Ashcroft sich weigert, genaue Zahlen zu nennen und sich herabsetzend über die Bibliotheksangestellten und andere äußert, die dieses Gesetz beunruhigt. In seinem Bericht zur Lage der Union 2004 forderte Bush sogar eine Erweiterung der Patriot Act, obwohl inzwischen die Opposition dagegen zunimmt.

Dieses Vorgehen erregt so viel Widerspruch, dass eine landesweite Bürgerbewegung entstanden ist, die sich dem Bemühen von Bush, Cheney und Ashcroft, das Fundament unserer Verfassung ins Wanken zu bringen, widersetzt. Kleine und größere Städte, Countys, einzelstaatliche Parlamente und andere Repräsentativorganisationen haben spontan Petitionen unterschrieben, in denen sie dem Präsidenten und dem Justizminister mitteilen, dass sie mit den Verletzungen der bürgerlichen Rechte und Freiheiten durch die Patriot Act nichts zu tun haben wollen. Bislang sind mehr als 250 solche Petitionen eingegangen, die für fünfunddreißig Bundesstaaten und fast dreißig Millionen Bürger sprechen.[59] Opposition gegen diese außergewöhnliche Gesetzgebung (und Überreaktion von Bush und Konsorten) kam von allen Seiten des politischen Spektrums. Doch angesichts der konservativen Orientierung dieser Regierung sind die Reaktionen ihrer konservativen Gesinnungsgenossen besonders wichtig. Die American Civil Liberties Union hat solche Reaktionen gesammelt, und eine kleine, aber repräsentative Stichprobe macht den extremen Charakter dieser Politik deutlich, wenn sie etwa von folgenden Leuten abgelehnt wird:

NEWT GINGRICH, ehemaliger republikanischer Sprecher des Repräsentantenhauses und nicht eben ein Gemäßigter, hat gesagt: »Ich bin fest davon überzeugt, dass der Kongress jetzt handeln muss, um der Patriot Act Einhalt zu gebieten, ihre Anwendung auf nationale Sicherheitsfragen zu beschränken und zu verhindern, dass er sich zu einem *›mission creep‹* in Bereiche außerhalb der nationalen Sicherheit entwickelt.« [Mit »mission creep« wird das Ausufern eines ursprünglich begrenzten militärischen Auftrags bezeichnet.]

SENATOR LARRY CRAIG, ein Republikaner aus Nebraska, der sich für ein Gesetz zur Eindämmung der Patriot Act einsetzt, hat festgestellt: »Es ist an der Zeit, dieses Gesetz zu ändern, um zu gewährleisten, dass die bürgerlichen Freiheiten nicht mit Füßen getreten werden.«

GROVER NORQUIST, Präsident der Americans for Tax Reform, Mitglied im Vorstand der National Rifle Association und der American Conservative Union, hat erklärt: »Seit dem 11. September sind jetzt zwei Jahre vergangen, und dass die Regierung auf die Fragen der Öffentlichkeit, in welcher Weise von den Befugnissen Gebrauch gemacht wird, nur geantwortet hat: ›Ihr müsst uns einfach nur vertrauen‹, ist eine Beleidigung.«

RON YOUNG, ein republikanischer Abgeordneter aus Arkansas: »Ich bin sehr beunruhigt, dass wir in unserem Bedürfnis nach Sicherheit und unserer Begeisterung für die Verfolgung mutmaßlicher Terroristen irgendwann kurz davorstehen könnten, die Freiheiten aufzugeben, die wir zu schützen versuchen.«

BOB BARR, ein ehemaliger Staatsanwalt und ehemaliger republikanischer Kongressabgeordneter: »Es gibt eine Menge Leute, die von sich sagen können: ›Ich habe nichts zu verbergen.‹ Trotzdem kann es jedem von uns passieren, dass er kriminalisiert wird.«

DICK ARMEY, damals ein republikanischer Abgeordneter aus Texas, Mehrheitsführer im Abgeordnetenhaus und Vorsitzender des Sonderausschusses für Heimatsicherheit (House Select Committee on Homeland Security): »Ich habe dem Präsidenten gesagt, dass sein Justizministerium meiner Meinung nach außer Kontrolle geraten ist … Stehen wir im Begriff, uns vor dem internationalen Terrorismus zu schützen, um anderen die fundamentalen Freiheiten abzusprechen, die wir für uns selbst schützen? … Für mich ergibt das keinen Sinn.«[60]

Wenn konservative Republikaner die Dinge so sehen, kann man sich vorstellen, was Gemäßigte und Liberale davon halten. Wenn Bush und Cheney mit ihren heimlichen und repressiven Maßnahmen zur Verbrechensbekämpfung schon die zulässigen Grenzen überschritten haben, und daran bestehen für mich keinerlei Zweifel, dann sind sie mit ihren noch radikaleren, um nicht zu sagen illegaleren Maßnahmen für die nationale Sicherheit noch weitergegangen. Ihr Krieg hat viele Fronten, einige sind der Öffentlichkeit bekannt, andere dagegen nicht. Sie haben beispiellose verdeckte Aktivitäten überall auf der Welt initiiert, wo Grenzen, Staaten und die Souveränität anderer Nationen ihnen nichts bedeuten. Doch da es sich eben um verdeckte Operationen handelt, werden sie nie diskutiert, sondern nur angedeutet. Die eigentlichen und verborgenen Absichten dieser Regierung herauszufiltern ist indes nicht besonders schwierig, und Geheimdienste überall auf der Welt haben es zweifellos längst getan. Selbst diejenigen, die ihre Nachrichten von Comedy Central – ein Kabelsender in den USA, der Nachrichten in einer Show verpackt – beziehen (übrigens keine schlechte Quelle), wissen, dass Bush und Cheney den Plan, Saddam Hussein aus dem Verkehr zu ziehen, schon lange gefasst hatten, bevor sie ihn öffentlich zu ihrem politischen Ziel erklärten. Doch die Art und Weise, wie sie diesen Krieg den Amerikanern und dem Kongress verkauften, hätte selbst einen Draufgänger wie Nixon blass aussehen lassen, denn er hat zu keiner Zeit die Welt – oder seine Regierung – für Trottel gehalten.

# Verdecktes Programm

*Es gibt fast keine Hinweise darauf, dass Saddam etwas mit terroristischen Organisationen oder gar mit dem 11. September zu tun hat. Saddams Ziele haben überhaupt wenig gemeinsam mit denen der Terroristen, die uns bedrohen, und er hat auch wenig Grund dazu, mit ihnen gemeinsame Sache zu machen. Es ist unwahrscheinlich, dass er seine Investitionen in Massenvernichtungswaffen oder überhaupt sein Land aufs Spiel setzt, indem er solche Waffen an Terroristen weitergibt, die sie für ihre eigenen Zwecke einsetzen und dann mit dem Finger auf Bagdad zeigen.*

Brent Scowcroft, Vorsitzender des Beratergremiums des Präsidenten für die Auslandsaufklärung (Foreign Intelligence Advisory Board)

George W. Bush hat sich nicht dazu entschließen wollen, die amerikanische Bevölkerung über seine wahren Absichten aufzuklären, wohin er die Nation führen will und warum. Im Hinblick auf Krieg und Frieden ist sein heimliches Programm beunruhigend genug. Dasselbe gilt für die Art und Weise, in der er (auch hier ähnlich wie Nixon, nur schlimmer) seinen Freunden in die Hände gespielt hat, und das auf Kosten der Gesundheit und Sicherheit der amerikanischen Bevölkerung. Außerdem greift Bush – auch hierin übertrifft er Nixon noch – seine Gegner mit schmutzigen Tricks an, die in ihrer Dreistigkeit kaum noch zu überbieten sind (und von den Nachrichtenmedien nur zu oft ignoriert werden).

Die meisten Amerikaner wissen nichts über Bushs und Cheneys nationale Sicherheitspolitik, und nicht einmal Experten verstehen wirklich, was die Regierung eigentlich tut. Sind wir zu Nixons Methode zurückgekehrt, für die Russen den Verrückten zu spielen und sie glauben zu machen, man werde Atomwaffen einsetzen, wenn sie Nordvietnam unterstützten? Versuchen wir, die Terroristen mit Gegenterror zu bekämpfen? Haben die Amerikaner kein

Recht darauf, zu erfahren, ob sie eine Regierung haben, die sich auf einem Kriegskurs befindet? Ist das internationale Recht für die Vereinigten Staaten inzwischen belanglos? Wie lange vertreten Bush und Cheney die Meinung, Amerika müsse die Welt unter von ihnen festgesetzten, neuen Lehren regieren? Verbirgt sich hinter ihrer Geheimhaltung ein extremes Maß an Inkompetenz? Alle diese Fragen werden durch ihre Worte und Taten provoziert. Aber weder Bush noch Cheney geben uns eine Antwort.

## Präemptive und präventive Militärpolitik

Keine heimlich entwickelte Politik hat die Amerikaner und die übrige Welt so aufgeschreckt wie die Entscheidung von Bush und Cheney, auf den Terrorismus mit einer Kriegserklärung zu reagieren. Der Congressional Research Service (CRS), der überparteiliche Beraterstab in der Library of Congress, hat diese neue Politik etwas schmeichelhafter als die »Forderung nach einer militärischen Aktion … gegen eine andere Nation« bezeichnet, »um einen unterstellten Angriff oder einen Einsatz von Gewalt durch diese Nation gegen die Vereinigten Staaten zu verhindern«. Doch der CRS fand diese Politik beispiellos in der amerikanischen Geschichte. Die Vereinigten Staaten hätten [zum Zeitpunkt der CRS-Studie, die vor dem Irakkrieg erstellt wurde] »niemals« einen solchen präemptiven Angriff gegen einen anderen Staat geführt. Alle »Präzedenzfälle«, die von der Regierung herangezogen wurden, werden als willkürliche Umdeutungen widerlegt. Mit Ausnahme des Spanisch-Amerikanischen Kriegs 1898, der für den CRS nicht wirklich »präemptiv« war, hätten die USA vor dem Irakkrieg niemals »eine andere Nation militärisch angegriffen, bevor sie selbst angegriffen wurden«.[1]

In seiner Rede zur Lage der Union im Januar 2002 bezeichnete Bush den Irak, Iran und Nordkorea als Feinde Amerikas. Damals skizzierte er noch nicht seine Doktrin eines Präemptivkrieges, sondern deutete sie nur an: »Die Zeit ist nicht auf unserer Seite. Ich werde die Ereignisse nicht abwarten, während die Gefahr sich zusammenbraut. Ich werde nicht abseits stehen, während das Verderben näher und näher rückt. Die Vereinigten Staaten von Amerika werden nicht zulassen, dass uns die gefährlichsten Regime der Welt mit den zerstörerischsten Waffen bedrohen«.[2] Erst im Juni 2002, als er eine Ansprache vor der Abschlussklasse an der Militärakademie West Point hielt, legte er die Karten auf den Tisch. »Eine Eindämmung ist nicht mehr möglich, wenn wahnsinnige Diktatoren, die im Besitz von Massenvernichtungswaffen sind, Marschflugkörper damit bestücken oder sie heimlich terroristischen Verbündeten übergeben können«, sagte er den Kadetten und verwarf die Politik der Eindämmung und Abschreckung, die ein halbes Jahrhundert lang in der amerikanischen Außenpolitik maßgebend gewesen war. »Wenn wir abwarten, bis eine Bedrohung in ihrem ganzen Ausmaß sichtbar wird, haben wir zu lange gewartet«, erklärte er. Deshalb müssten die USA »den Feind zum Kampf stellen, seine Pläne durchkreuzen und den schlimmsten Bedrohungen frühzeitig entgegentreten«. Aufgrund der Weltlage »ist unser einziger Weg zur Sicherheit der Weg des Handelns, und diese Nation wird handeln ... Wir befinden uns in einem Kampf zwischen Gut und Böse, und Amerika wird das Böse bei seinem Namen nennen«, erklärte der Präsident, als er seine reichlich grobschlächtige Politik ankündigte.[3]

Bush vermeidet es bewusst, einen Unterschied zwischen einem »präemptiven« und einem »präventiven Krieg« zu machen. Es besteht jedoch ein Unterschied. Wer einen »Präventivkrieg« beginnt, ist ein Aggressor – selbst wenn er wie alle solche Aggressoren für sich in Anspruch nimmt, der Krieg diene nur seiner Selbstverteidigung. Wer dagegen einen »präemptiven« Krieg führt, handelt tatsächlich zur Selbstverteidigung, und sein Handeln lässt sich mit einer reflexartigen Reaktion auf eine offensichtliche Bedrohung vergleichen. Das Völkerrecht hat seit langem präemptive Handlungen akzeptiert, Präventivkriege hingegen geächtet.

Am 17. September 2002 gaben Bush und Cheney etwas mehr von ihren politischen Plänen preis. Ihnen blieb nichts anderes übrig. Die so genannte Goldwater-Nichols Department of Defense Reorganization Act von 1986 verpflichtet alle Präsidenten, regelmäßig dem Kongress und der amerikanischen Bevölkerung über ihre nationale Sicherheitsstrategie zu berichten. Bush und Cheney hätten diesen Bericht bereits fünfzehn Monate früher, zum 15. Juni 2001, vorlegen müssen.[4] Doch die Wahl des Zeitpunkts für diesen Bericht mit dem Titel *Die nationale Sicherheitsstrategie der Vereinigten Staaten von Amerika* war kein Zufall; mit seiner Veröffentlichung wurde vielmehr – kurz vor den Abgeordnetenwahlen zum Kongress in der Mitte der Amtszeit Bushs – eine nationale Kampagne eröffnet, in der der Präsident den Krieg und den Terrorismus zum Hauptthema machte, während er durchs Land reiste und die republikanischen Kandidaten unterstützte. Besondere Aufmerksamkeit fand Punkt fünf seiner erklärten Politik: »Wie wir unsere Feinde daran hindern, uns, unsere Verbündeten und unsere Freunde mit Massenvernichtungswaffen zu bedrohen.«[5] Die Aufforderung zum Handeln war bereits in Bushs Rede in West Point enthalten und wurde als Zitat diesem Abschnitt vorangestellt: »Die größte Gefahr für die Freiheit liegt in der Verbindung von Terrorismus und Technologie. Wenn es zu einer Verbreitung von chemischen, biologischen und Kernwaffen in Verbindung mit der Technologie ballistischer Raketen kommt, können selbst schwache Staaten und kleine Gruppen über eine zerstörerische Macht verfügen, große Nationen anzugreifen. Unsere Feinde haben genau diese Absicht erklärt ... und wir werden uns ihnen mit all unserer Macht entgegenstellen.«

Unter Berufung auf das Völkerrecht heißt es in dem Bericht: »Die Legitimität einer präemptiven Aktion [beruht] auf dem Bestehen einer unmittelbaren Bedrohung – in der Regel eine sichtbare Mobilisierung von Armeen, Flotten und Luftstreitkräften als Vorbereitung auf einen Angriff.« Doch gegenüber Terroristen, die möglicherweise im Besitz von Massenvernichtungswaffen seien, könne dieses Prinzip nicht funktionieren. »Wir müssen den Begriff einer unmittelbaren Bedrohung auf die Fähigkeiten und Ziele der Gegner von heute anwenden ... Je größer die Bedrohung, desto größer ist das Risiko einer Untätigkeit – und desto zwingender das Argument für ein vorgreifendes Handeln, um uns zu verteidigen, auch wenn wir nichts Genaueres über den Ort und den Zeitpunkt des feindlichen Angriffs wissen. Um solchen feindseligen Handlungen unserer Gegner *zuvorzukommen oder vorzugreifen*, werden die Vereinigten Staaten notfalls präemptiv handeln.« (Hervorh. J. D.)

Juristen, die an der Formulierung dieser Erklärung mitwirkten, haben sie terminologisch bewusst unklar gehalten und einerseits den Präemptivkrieg, andererseits aber auch den Präventivkrieg herangezogen. Erfahrene Politikanalysten bezweifeln, dass Letzterer ein gangbarer Weg ist. So sind beispielsweise James J. Wirtz, Professor im Department of National Security Affairs an der Naval Postgraduate School, und James A. Russell, Mitglied derselben Institution, der Meinung, dass diese formelle Darlegung eines politischen Programms mehr Rhetorik als reale Absicht sei, da es zu viele Hindernisse gebe, die ihrer dauerhaften Verwirklichung im Weg stünden, angefangen mit den logistischen Problemen bei einem Alleingang bis hin zu den »politischen Kosten einer Missachtung des internationalen Rechts«.[6] Doch die Geschichte dieser Präsidentschaft und die Entwicklung dieser Strategie lassen vermuten, dass Bush und Cheney durchaus die Absicht haben, diesen zutreffend beschriebenen kraftvollen Wilsonismus durchzusetzen. Das Völkerrecht ist nur dann ein Problem, wenn man es achtet und selbst nicht die alleinige Supermacht ist, deren Stärke es ihr erlaubt, straflos zu handeln, wie es ihr beliebt.

Ein Beleg für die heimlichen Absichten der Regierung Bush, der Welt ihren Willen aufzuzwingen, liegt in der enormen Anstrengung, die sie unternommen hat, um eine Rechtfertigung für den Krieg gegen den Irak zu fabrizieren. Ihre Handlungen sprechen eine deutliche Sprache. Statt einfach einen Krieg zu führen, weil Saddam die Bedingungen seiner Kapitulation nach dem Golfkrieg 1991 nicht erfüllt hat, oder auch nur eine Militäraktion durchzuführen, um einen bekannten Kriegsverbrecher und unmenschlichen Diktator festzusetzen, hat diese Regierung ihr Vorgehen gegen Saddam zu einem Teil ihres Kriegs gegen den Terrorismus gemacht, und dieser Krieg gegen den Terrorismus wiederum rechtfertigt ihre weiter reichenden Pläne. Sie verknüpft diesen Krieg mit dem Terrorismus aus militärischen wie aus politischen Gründen. Natürlich geht sie immer nur einen Schritt vorwärts, führt zunächst nur einen Krieg. Aber damit ihre Rechnung aufgeht, muss sie die amerikanische Bevölkerung belügen, den Kongress in die Irre führen und ihre Macht weiterhin wie bisher missbrauchen. Kurzum, diese Regierung folgt auch hier dem Grundsatz, dass der Zweck die Mittel heiligt, wie es schon Nixon getan hat. Nur mit dem Unterschied, dass Nixon damals einen Krieg beenden und nicht beginnen wollte.

## Die Irreführung der amerikanischen Bevölkerung

Verlogenheit, so scheint es, ist unter Bush und Cheney zu einem Mittel der Politik geworden. Diese Regierung lügt im Großen wie im Kleinen – um zu verheimlichen, irrezuführen und um sich politische Vorteile zu verschaffen. Ihre ständigen Lügen wurden und werden bemerkenswert gut dokumentiert.[7] Als eine besonders sorgfältige Kompilation ist hier das Buch des Washingtoner Journalisten David Corn zu nennen, der Bushs Heucheleien von seinem Wahlkampf im Jahr 2000 bis zum Spätsommer 2003 aufgezeichnet hat.[8] Corn ist beileibe nicht der einzige Journalist, der der Unehrlichkeit dieses Präsidenten nachgeht, denn dieses Treiben ist so umfassend und die Beweise sind in jedem neuen Fall so klar, dass die Vorwürfe nicht einfach als böswillige Verleumdungen abgetan werden können. Zwar kann man alle Lügen von Präsidenten als moralisch verwerflich ansehen, aber dennoch gibt es Unterschiede. Von James Pfiffner, einem Professor für Politikwissenschaft an der George Mason University in Fairfax, der besonders mit Veröffentlichungen über die modernen amerikanischen Regierungen auf sich aufmerksam gemacht hat, stammt ein Aufsatz für die *Presidential Studies Quarterly*, in dem er eine Hierarchie präsidialer Lügen aufgestellt hat. Er ist der Ansicht, dass manche gerechtfertigt sind – so würden etwa »Lügen gegenüber anderen Regierungen häufig als notwendiger Bestandteil der Diplomatie betrachtet«. Dagegen bedürften »Lügen eines Präsidenten gegenüber den Staatsbürgern in einer Demokratie einer ganz besonderen Rechtfertigung« – in der Regel in Verbindung mit Fragen der nationalen Sicherheit.[9] Als ich die buchstäblich Hunderte von Lügen, Irreführungen und Täuschungen der Bush-Regierung durchging, fand ich kein einziges Beispiel für eine Unwahrheit, die auch nur *potentiell* im Interesse der nationalen Sicherheit oder eines anderen höheren Guts zu rechtfertigen gewesen wäre. Wenn es um die nationale Sicherheit geht, mögen Lügen gelegentlich zu rechtfertigen sein (als beispielsweise Präsident Eisenhower seine Untergebenen anhielt, die U-2-Aufklärungsflüge über der Sowjetunion zu bestreiten), sie sind aber auch zugleich die dreistesten. Pfiffner hat sie als »Lügen zum Zweck einer Täuschung über die eigene Politik« bezeichnet, zu denen es komme, »wenn ein Präsident sagt, die Regierung tut dies oder das, während sie in Wirklichkeit etwas ganz anderes tut«. Solche Lügen sind unentschuldbar, da sie »die Öffentlichkeit über die Richtung der Regierungspolitik« irreführen und auf diese Weise den Wählern die Fähigkeit absprechen, »eine sachlich begründete Entscheidung zu treffen, [was] die Grundlagen des demokratischen Prozesses untergräbt«.

Pfiffner gibt drei Beispiele für derartige ungerechtfertigte Lügen eines Präsidenten: erstens »Lyndon Johnsons [Irreführung] der amerikanischen Öffentlichkeit und das Verheimlichen seiner Politik der Eskalation in Vietnam 1964 und 1965«, was er mit seinen »weit reichenden Täuschungen« bei der Organisation der Zustimmung des Kongresses zur Tongking-Resolution erreichte; zweitens Nixons geheime, vierzehn Monate währende Bombardierung Kambodschas, begleitet von Lügen und Irreführungen, wodurch »der amerikanischen Bevölkerung Informationen vorenthalten wurden, die sie für informierte politische Entscheidungen benötigt hätte«, und drittens Reagans Bestreiten der Tatsache, dass der Iran Waffenlieferungen und die nicaraguanischen Contra-Rebellen amerikanische Unterstützung erhalten hatten. Reagan, so Pfiffner, änderte »seine Version mindestens dreimal während der Untersuchung [durch den Tower-Ausschuss]«, und der Versuch seiner Bewunderer, dies mit dem fehlenden Interesse des Präsidenten an Details, seiner Selbsttäuschung oder seiner beginnenden Alzheimer-Krankheit zu erklären, käme einer Einladung gleich, ihn nicht ernst zu nehmen. Bush und Cheney haben die amerikanische Bevölkerung und den Kongress im Hinblick auf den Irakkrieg in derselben unentschuldbaren Weise belogen wie Johnson, Nixon und Reagan es getan haben.

Ohne hier eine erschöpfende Aufzählung aller Unwahrheiten und Lügen vornehmen zu wollen, die Bush und Cheney gegenüber der amerikanischen Bevölkerung, dem Kongress, den Vereinten Nationen und der Welt von sich gegeben haben, um das Land für einen Krieg gegen den Irak zu gewinnen, wird es genügen, auf einige ihrer zentralen Behauptungen einzugehen. Das Hauptargument für einen Krieg gegen Saddam stützte sich auf die Aussage, er sei im Besitz von Massenvernichtungswaffen (chemische, biologische und bald auch Kernwaffen), überdies unterhalte der Irak Verbindungen zu al Qaida und stehe damit direkt oder indirekt in Verbindung mit den Anschlägen vom 11. September. Zu den typischen falschen und irreführenden Erklärungen gegenüber der amerikanischen Öffentlichkeit gehören unter anderem die folgenden:

- Am 7. September 2002 sprach Bush von einem Bericht der Internationalen Atomenergie-Behörde, aus dem hervorgehe, dass Saddam in »nur sechs Monaten« so weit sei, »eine [Kern]waffe bauen« zu können. Einen solchen Bericht hat es nie gegeben.[10]
- Bush (und andere Regierungsvertreter) haben es mehrmals – ohne irgendwelche Vorbehalte oder Einschränkungen – als Tatsache hingestellt, dass Mohammed Atta, der Anführer der Anschläge vom 11. September, im April 2001 in Prag mit Vertretern des irakischen Geheimdienstes zusammengekommen sei. Dagegen hat der tschechische Präsident Václav Havel aufgrund von Informationen des tschechischen Geheimdienstes festgestellt, dass

es ein solches Treffen nicht gegeben habe, und der Direktor der CIA George Tenet sagte vor dem Kongress, die Vereinigten Staaten verfügten über keine entsprechenden Informationen.[11]

- Ende August 2002 hielt Cheney zwei Reden, in denen er »prophezeite, dass der irakische Staatspräsident *ziemlich bald* über eine Kernwaffe verfügen wird«.[12] (Hervorh. J. D.) Diese Behauptung wurde von vielen Militärexperten bestritten, und Cheney selbst führte keine Belege für seine Behauptung an.[13] Die Zeit hat gezeigt, dass die Fachleute Recht hatten.
- Am 7. Oktober 2002 hielt Bush in Cincinnati, Ohio, eine landesweit vom Fernsehen übertragene Rede, gespickt mit falschen und irreführenden Behauptungen, darunter die, dass der Irak »Mitglieder [von al Qaida] darin ausgebildet hat, Bomben zu bauen und Gift und tödliches Gas herzustellen«. Seine eigenen Geheimdienstleute bestritten diese Information.[14] Außerdem behauptete er, die Auswertung von Satellitenfotos habe ergeben, dass »der Irak Produktionsanlagen an Stellen wieder aufbaut, die in der Vergangenheit zu [Saddams] Kernenergieprogramm gehört haben«, doch als etwa 200 Reporter die Anlagen besichtigen wollten, fanden sie keinerlei Anzeichen für ein Kernwaffenprogramm.[15]

Mit den falschen Behauptungen, die der Präsident und sein Vize über Saddams angebliches Kernwaffenprogramm und seine Verbindungen zu al Qaida aufgestellt haben, könnte man ein Buch von beträchtlichem Umfang füllen. Die überparteiliche Carnegie Endowment for International Peace hat mit ihrer im Januar 2004 veröffentlichten Untersuchung *WMD* in Iraq: Evidence and Implications* genau das getan. Die Befunde dieser Studie sind nieder-

* WMD: Weapons of Mass Destruction

schmetternd. Alle wesentlichen Behauptungen von Bush und Cheney werden bis ins Einzelne untersucht und für fehlerhaft befunden, und es wird festgestellt: »Vertreter dieser Regierung haben die Bedrohung durch das Programm des Irak zur Produktion von Massenvernichtungswaffen und ballistischen Raketen systematisch falsch dargestellt.« Die Verschmelzung von atomaren, biologischen und chemischen Waffen zu einer einzigen »Bedrohung durch Massenvernichtungswaffen« sei eine Entstellung; die Regierungsvertreter hätten »ohne Beweise mehrfach behauptet, als wäre es eine unumstößliche Wahrheit, Saddam gebe seine Massenvernichtungswaffen an Terroristen weiter«; auch die Einschätzungen der Geheimdienste seien in öffentlichen Erklärungen entstellt wiedergegeben worden, indem »systematisch alle Einschränkungen in Form von Konditionalsätzen und Ausdrücken der Ungewissheit weggelassen wurden«; und schließlich seien die »Untersuchungsergebnisse der [UN-]Waffeninspekteure in einer Art und Weise wiedergegeben worden, dass geringfügige Bedrohungen zu furchtbaren gemacht wurden«.[16] Im Lauf der Zeit nahmen die Täuschungen noch zu, um den Kongress dazu zu bewegen, den Krieg gegen den Irak zu billigen.

Eine ehrliche Regierung hätte ihre Karten auf den Tisch gelegt und ihren Bürgern klar gesagt, welche ihrer Erkenntnisse gesichert waren und welche nicht. Warum Bush und Cheney das nicht getan haben, liegt auf der Hand. Sie wollten den Krieg um jeden Preis und waren überzeugt, dass sie das Ausmaß der Bedrohung aufbauschen mussten, um die Unterstützung des Kongresses und der Bevölkerung zu erhalten.

## Täuschung des Kongresses – ein Verfassungsbruch

Als es zum Krieg gegen den Irak kam, wurde die amerikanische Bevölkerung ebenso getäuscht wie der Kongress. Letzteres verdient eine genauere Betrachtung, denn hier zeigt sich, dass der Kongress der Regierung keine Blankovollmacht erteilt hat. Bush verletzte sogar bewusst die an die Ermächtigung geknüpften Bedingungen, um die er den Kongress ersucht hatte, was nicht nur ein Vertrauensbruch war, sondern auch ein Bruch der Verfassung.

Als Bush Anfang September 2002 mit den Führern der beiden Kammern zusammenkam, sagte er ihnen, er wolle sich um eine Resolution zur Ermächtigung einer militärischen Aktion im Irak bemühen und er brauche ihre Hilfe, um den Antrag möglichst schnell durchzubringen. Weshalb Eile geboten war, sagte er nicht. Nach der Besprechung mit Bush verbreiteten die führenden Kongressmitglieder, der Präsident habe angedeutet, dass bald neue Erkenntnisse über den Stand von Saddams Atomprogramm vorliegen würden.[17] Das war nicht der Fall. Als die Debatte im Kongress anstand, veröffentlichten die Briten einen Bericht, dem zufolge Saddam für sein atomares Projekt noch zwei bis fünf Jahre benötigen werde, was in den Worten der *New York Times* bedeutete, dass »ein Angriff gegen den Irak [nicht] unter die klassische Definition einer präemptiven Selbstverteidigung« fallen würde.[18]

Um die Legislative noch mehr auf Trab zu bringen, berief Bush am 3. Oktober 2002 eine weitere Sitzung mit den Kongressführern ein, in der er unter anderem erklärte, Saddams Regime verfüge über »die Wissenschaftler und die Produktionsanlagen für die Herstellung von Kernwaffen und bemüht sich darum, das hierfür benötigte Material zu beschaffen«.[19] Er ließ durchblicken, dass er in Bälde noch mehr darüber sagen könne. Senator Bill Nelson aus Florida berichtete, auf einer weiteren solchen Sitzung, die der Geheimhaltung unterlag, habe Bush vor etwa fünfundsiebzig Senatoren behauptet, Saddam verfüge nicht nur über biologische und chemische Waffen, er sei auch in der Lage, sie mit ferngesteuerten Drohnen gegen die Ostküste der USA einzusetzen[20] – eine zutiefst bedrohliche Vorstellung für jene Senatoren, deren Büros gerade mit einer Messerspitze Anthraxsporen in einem Briefumschlag lahm gelegt worden waren. Doch sie beruhte auf völlig falschen Informationen.

Mit seiner Rede vom 7. Oktober in Cincinnati, kurz vor der ersten wichtigen Abstimmung über eine Resolution zum Irakkrieg, richtete Bush seine Ausführungen an den Kongress und an die breite Öffentlichkeit und gab sich die größte Mühe, die Notwendigkeit des geplanten Kriegs gegen Saddam zu begründen. Ein früher Entwurf dieser Rede enthielt eine bemerkenswerte neue Erkenntnis der Geheimdienste, dass nämlich Saddam versuche, von dem afrikanischen Staat Niger Uran zu erwerben – ein sicherer Hinweis auf sein Bemühen, selbst Kernwaffen herzustellen. Es war vermutlich die Information, auf die er die Senatoren vorbereitet hatte. Doch als CIA-Direktor George Tenet den Redeentwurf durchsah, empfahl er, die Information über das Uran aus Niger zu streichen, da seine Behörde diesem Hinweis gerade erst nachgehe. Indem dieser Empfehlung entsprochen wurde, hatte Bush im Hinblick auf Saddams Kernwaffenprojekt nichts Neues anzubieten. Hinsichtlich der Verbindungen des Irak zu al Qaida vor dem 11. September sagte er: »Wir wissen, dass der Irak und das Terroristennetz [von al Qaida] einen gemeinsamen Feind haben – die Vereinigten Staaten von Amerika. Wir wissen, dass der Irak und [al Qaida] Kontakte auf hoher Ebene unterhielten, die auf eine Zeit vor einem Jahrzehnt zurückgehen. Einige Führer [von al Qaida], die aus Afghanistan geflohen sind, gingen in den Irak. Zu ihnen gehört ein sehr ranghoher Führer, der in diesem Jahr in Bagdad ärztlich behandelt wurde und der an der Planung chemischer und biologischer Anschläge beteiligt war. Wir haben erfahren, dass der Irak [al Qaida-]Mitglieder in der Herstellung von Bomben, Giften und tödlichen Kampfgasen ausgebildet hat.« Sodann stellte er eine Verbindung zum 11. September her: »Wir wissen auch, dass Saddam Husseins Regime nach dem 11. September die Terroranschläge auf Amerika jubelnd gefeiert hat.«[21]

Das waren alles andere als überzeugende Beweise für eine Verbindung zu al Qaida, doch als Propaganda hatte das Ganze die gewünschte Wirkung. Nachdem Bush durchs Land gereist war und überall entsprechende Andeutungen gemacht hatte, gelang es ihm – ohne es direkt auszusprechen –, die Amerikaner davon zu überzeugen, dass Saddam der Verantwortliche für den 11. September sei; so ergaben Meinungsumfragen noch im Herbst 2003, dass nicht weniger als 69 Prozent der Amerikaner an die Richtigkeit dieser Behauptung glaubten, ohne dass es dafür den geringsten greifbaren Beweis gegeben hätte.[22] Am 10. Oktober 2002 verabschiedete der Kongress mit überwältigender Mehrheit eine Resolution, mit der der Krieg gegen den Irak gebilligt wurde.[23] Die Ermächtigung des Präsidenten enthielt jedoch eine besondere Klausel: Der Kongress machte seine Zustimmung von einem formellen Beschluss des amerikanischen Präsidenten abhängig, dass eine Bedrohung fortbestehe, der mit diplomatischen Mitteln nicht zu begegnen sei, und dass seine Maßnahmen in Einklang mit dem Krieg gegen die Beteiligten an den Anschlägen des 11. September stehen würden – ein Detail, das von den Medien nicht erwähnt wurde. Erst aufgrund dieser Klausel hatte die Führung der Demokraten der Resolution zugestimmt. Dennoch war die Zustimmung durch den Kongress nicht vorbehaltlos, auch in der Bevölkerung regten sich ernsthafte Zweifel, und der größte Teil der übrigen Welt war ohnehin strikt gegen den Krieg.

Bush und seine Berater beschlossen, ihre besten Argumente in einem Doppelschlag vorzubringen: zuerst im Bericht zur Lage der Union am 28. Januar 2003 und anschließend durch Außenminister Colin Powell, der die schmuddeligen Details am 5. Februar vor den Vereinten Nationen darlegen sollte. Der Bericht zur Lage der Union ist eine feierliche konstitutionelle Veranstaltung, mit der der Präsident einer verfassungsmäßigen Pflicht nachkommt, überdies ein stark beachtetes Medienereignis, bei dem er die Aufmerksamkeit breiter Bevölkerungsteile auf sich zieht.

Im Zentrum von Bushs zweiter Rede zur Lage der Union stand sein Plädoyer für einen Krieg gegen Saddam Hussein – ein Täuschungsmanöver, um den Kongress und das amerikanische Volk in die Irre zu führen. Auch hier präsentierte Bush – immerhin der oberste Dienstherr eines Apparats zur nationalen Sicherheit mit einem Gesamthaushalt von über 400 Milliarden Dollar – Erkenntnisse, die keinesfalls als gesichert gelten konnten, als Tatsachen. Doch Bushs Behauptungen waren so ungeheuerlich, dass sie nur den Schluss zuließen, sie seien ein kalkulierter und gezielter Versuch gewesen, den Kongress in die Irre zu führen. Anhang I des vorliegenden Bandes gibt einen Überblick über diese falschen Behauptungen.

Nur eine Woche später lieferte Colin Powell eine ebenso glänzende wie bestürzende Vorstellung. Bestürzend, weil Powell, wissentlich oder nicht, den Vereinten Nationen eine falsche Tatsache nach der anderen auftischte, darunter die Satellitenfotos von »Dekontaminationsfahrzeugen«, bei denen es sich de facto um schlichte Wassertankfahrzeuge handelte; darunter auch sein erdrückender Beweis in Form von belastenden Tonbandmitschnitten dreier Gespräche, von denen zwei nicht überprüfbar und das dritte falsch übersetzt war; seine »geheimen« Dokumente, die in der Wohnung eines Atomwissenschaftlers gefunden wurden – alte Papiere von Anfang der achtziger Jahre; die angeblichen Raketenabschussrampen mit biologischen Gefechtsköpfen, in Palmenhainen versteckt – sie waren nie dort und wurden nie gefunden; zudem seine Behauptung, es seien keine U-2-Aufklärungsflüge möglich, wie auch die Aussage, die irakischen Wissenschaftler hätten Angst, mit den UN-Inspekteuren zu sprechen – zwei Wochen später flogen U-2-Flugzeuge, und bis Anfang März hatten zwölf Wissenschaftler unbefangen mit den Inspekteuren gesprochen; seine geschätzte Menge von 25 000 Litern Anthrax – sie wurde nie gefunden, und drei Wochen vor der Invasion erhielten die UN-Inspekteure Bodenproben, denen sich entnehmen ließ, dass die Iraker ihre Vorräte vernichtet hatten, überdies erhielten sie eine Liste von Zeugen, die dies bestätigen konnten; Powells Videoband, das ein irakisches Mirage-Kampfflugzeug beim Versprühen von »simuliertem Anthrax« zeigte, sowie die Behauptung, vier solcher Tanks fehlten – nach Aussagen von UN-Inspekteuren stammte das Videoband aus der Zeit noch vor dem Golfkrieg von 1991, und das Flugzeug war ebenso wie die vier Tanks zerstört worden; ferner die These, der Irak habe vier Tonnen des extrem tödlichen Nervengases VX produziert – ohne hinzuzufügen, dass der größte Teil davon unter der Aufsicht der Vereinten Nationen vernichtet worden war, die zudem den Versuch unternommen hatten, die gesamte Menge zu finden (doch da von britischer Seite erklärt wurde, das Gas habe spätestens 2002 seine Wirkung verloren, hätte es ohnehin keine Bedrohung mehr dargestellt). Weiterhin behauptete Powell, Produktionsstätten für verbotene Waffen befänden sich inmitten von zivilen Produktionsanlagen – nirgends hat man solche gefunden; ohne eine Quelle für diese Information zu nennen, sagte er aus, der Irak verfüge über 500 Tonnen chemischer Kampfstoffe – und dies, obwohl es nach Angaben des militärischen Geheimdienstes der USA

(DIA) »keine zuverlässige Information« über solche Vorräte gibt und man bisher nichts dergleichen gefunden hat. Frappierend war auch die Angabe, man habe kurz vor seiner Rede vor den Vereinten Nationen einen 122-Millimeter-Gefechtskopf für chemische Kampfstoffe gefunden, der möglicherweise nur die Spitze des Eisbergs sei – er vergaß hinzuzufügen, dass der Gefechtskopf leer war (und bis heute hat man keine weiteren gefunden); Saddam, so Powell weiter, verfüge über chemische Waffen, und die USA hätten von (nicht näher bezeichneten) »Quellen« erfahren, dass Saddam die Erlaubnis erteilt habe, diese auch einzusetzen – tatsächlich war dies nie der Fall, und solche Waffen wurden auf keinem einzigen irakischen Militärstützpunkt gefunden; des Weiteren seien keine Beweise vorhanden, dass Saddam jemals sein Atomprogramm aufgegeben habe – die UN-Inspekteure indes fanden keinerlei Hinweis auf ein Atomprogramm, und selbst Länder, die vor dem Krieg mit dem Irak in Geschäftsbeziehungen standen, gaben zu Protokoll, ein solches Programm habe es niemals gegeben (Beweise dafür sind bis heute nicht aufgetaucht); »die meisten US-Experten«, so der Außenminister, seien überzeugt, dass die Aluminiumröhren, die der Irak kaufen wollte, zur Anreicherung von Uran benötigt wurden – doch hatten sowohl das amerikanische Energieministerium als auch Powells eigenes Ministerium diese Behauptung bereits zurückgewiesen; darüber hinaus hätten mehrere Geheimdienstquellen angegeben, der Irak wolle »Magneten« zur Verarbeitung von Uran kaufen – wie die UN-Inspekteure feststellten, dienten diese Magneten zivilen Zwecken, und ihr Gewicht wäre für eine Uranzentrifuge ohnedies nicht ausreichend gewesen; und schließlich erklärte Powell, der Irak verfüge über Scud-Raketen mit einer Reichweite von 600 Meilen (etwa 1000 Kilometer) – keine einzige dieser Raketen ist gefunden worden.[24]

Die Wahrheit brauchte eine Weile, bis sie in die Stiefel kam, doch dann marschierte sie. Eine Brigade wurde angeführt vom ehemaligen US-Botschafter Joseph Wilson, der als Chef der US-Botschaft in Bagdad Saddam die Stirn geboten und dafür gesorgt hatte, dass alle Amerikaner in Sicherheit waren, als 1991 der Golfkrieg ausbrach. Wilson war während der unmittelbaren Vorbereitungen für den Irakkrieg regelmäßig als Kommentator im Fernsehen aufgetreten, und er war über die Invasionspläne zweifellos beunruhigt. Bis er am 6. Juli 2003 in der *New York Times* darüber schrieb, wusste niemand, dass er (der aus seiner Zeit als Botschafter in Afrika einschlägige Beziehungen hatte) auf Ersuchen der CIA in geheimer Mission nach Niger gereist war, um herauszufinden, ob Saddam tatsächlich dort Uran erworben hatte. Ohne frühere Warnungen zu beachten, es handle sich um eine unbestätigte Information, hatte Bush in seiner Rede zur Lage der Union indirekt behauptet, Saddam habe aus Afrika Uran bezogen; Powell wiederholte diese Behauptung, als wäre sie eine Tatsache. Wilson strafte sie beide Lügen. Das Weiße Haus räumte zunächst ein, dass diese Erklärung besser nicht in Bushs Rede zur Lage der Union gestanden hätte, machte später jedoch einen Rückzieher und erklärte, ihr habe eine unspezifische Information des britischen Geheimdienstes zugrunde gelegen. Die übrigen Entstellungen in Bushs Rede vom 28. Januar 2003 wurden einfach übergangen, und Powell hat sich später zu keiner einzigen seiner falschen Behauptungen mehr geäußert.

Nach dem Leitartikel von Botschafter Wilson in der *New York Times* kursierten in Washington auf einmal die wildesten Geschichten über Bushs falsche Behauptungen. Zum ersten Mal lagen die Nachrichtenmedien mit dem Internet gleichauf und warfen einen genaueren Blick auf das, was Bush und Cheney den Leuten erzählten oder erzählt hatten. Nachdem meine eigene Neugierde geweckt war, beschloss ich, Bushs Argumente für einen Krieg gegen den Irak genauer unter die Lupe zu nehmen. Nach nur wenigen Stunden Recherche im Internet, wo ich auf Quellentexte stieß, die von der Internationalen Atomenergie-Behörde, dem US-Außenministerium, der CIA und den Vereinten Nationen ins Netz gestellt worden waren, war ich verblüfft darüber, in welch irreführender Weise Bush das Material dem Kongress präsentiert hatte. Hatte er geglaubt, niemand würde es überprüfen? Die Fälschung sprang nicht nur sofort ins Auge, sie war in ihrer Stümperhaftigkeit bestürzend. Der Präsident hatte den Kongress und die Öffentlichkeit in der Tat zum Narren gehalten. Im August 2003 hatte Charles J. Handley von der Associated Press aus einer zeitlichen Distanz von sechs Monaten eine ausführliche Analyse der Rede Colin Powells vor den Vereinten Nationen erstellt – und kein gutes Haar an ihr gelassen. Handley wies nach, dass keine einzige der wichtigen Behauptungen Powells eine Grundlage hatte, doch wegen der hohen Position Powells und des Ansehens, das er genoss, brachten nur ganz wenige Zeitungen den Bericht der Associated Press größer heraus – sofern sie ihn überhaupt brachten. Auch äußerte kaum jemand wirkliche Besorgnis darüber, dass die von der Regierung vorgebrachten Gründe für den Krieg ein einziger Schwindel waren.

Nach dem Beginn des Krieges im März 2003 mit den dazugehörenden Berichten von Bomben auf Bagdad sowie dem »Shock and Awe«-Theater* vom 4. Juli, dem amerikanischen Nationalfeiertag, brachte man der eigentlichen

* »Shock and awe« – »Angst und Entsetzen« oder »Schock und Ehrfurcht« oder »Schock und Lähmung« – so wurde die damalige militärische Strategie der Amerikaner bezeichnet. Gemeint war damit, dass der Gegner und die Zivilbevölkerung durch eine massive Bombardierung von Anfang an in Angst und Schrecken versetzt und zermürbt werden sollten. (A. d. Ü.)

Ermächtigung Bushs zur Kriegführung, die der Kongress ihm im Oktober 2002 erteilt hatte, noch weniger Interesse entgegen.[25] Diese gemeinsame Resolution (Public Law 107-243 – »Ermächtigungsresolution zur Anwendung militärischer Gewalt gegen den Irak 2002«) beginnt mit dreiundzwanzig nicht nummerierten einleitenden Klauseln, die an sich nicht ungewöhnlich sind, im vorliegenden Fall aufgrund ihrer großen Zahl jedoch schon. Es sind allerdings lediglich juristische Formeln, die nicht zu den verbindlichen Bestimmungen gehören. Einige, wie die im Folgenden zitierte, an achter Stelle stehende würde niemand in Frage stellen: »Das gegenwärtige irakische Regime hat seine Fähigkeit und Bereitschaft demonstriert, Massenvernichtungswaffen gegen andere Länder und sein eigenes Volk einzusetzen.«[26] Andere sind dagegen höchst zweifelhaft, etwa die dreizehnte Klausel, mit der die Existenz von Massenvernichtungswaffen als Tatsache hingestellt und behauptet wird: »Das Risiko, dass das gegenwärtige irakische Regime diese Waffen entweder bei einem Überraschungsangriff auf die Vereinigten Staaten oder gegen ihre Streitkräfte einsetzt oder sie internationalen Terroristen zur Verfügung stellt, die dies tun könnten, und das enorme Ausmaß an Schaden, der den Vereinigten Staaten und ihren Bürgern durch einen solchen Anschlag entstehen würde – all diese Gründe zusammengenommen rechtfertigen ein Vorgehen der Vereinigten Staaten zur Selbstverteidigung.« Allerdings bestand damals im Kongress alles andere als Einigkeit darüber, dass der Irak über Massenvernichtungswaffen verfügte oder dass Saddam diese Waffen, falls er sie besaß, an andere weitergeben würde, denn Bush hatte hierfür keine Beweise vorgelegt; offenbar hatte er keine. Doch diese Erklärungen, die scheinbar Tatsachen feststellen, haben keine wirkliche Bedeutung, und deshalb wird über sie auch im Kongress nicht debattiert. Sie sind Bestandteil dieser gemeinsamen Resolution, die nach ihrer Verabschiedung durch die beiden Kammern vom Präsidenten unterzeichnet und damit zu einem Gesetz wurde. Doch damit werden diese Klauseln weder zu Tatsachen noch zu Tatsachenfeststellungen durch den Kongress. Juristen bezeichnen sie als »empfehlend« (»precatory«) – sie können einen Wunsch, eine dringende Bitte oder eine Hoffnung zum Ausdruck bringen, ohne eine weitergehende Funktion zu haben.[27] Ein Verständnis der juristischen Bedeutung dieser Klauseln ist notwendig, um das absurde Spiel nachvollziehen zu können, das Bush mit dem Kongress gespielt hat.

Um sich nicht ein weiteres Mal an den Kongress wenden und einer Debatte über den Irak stellen zu müssen, hatte Bush um die Ermächtigung ersucht (und sie auch erhalten), einen Krieg zu beginnen, ohne diesen dem Kongress anzukündigen. Noch nie zuvor hatte ein US-Kongress einen Präsidenten mit einer derartigen Vollmacht ausgestattet.[28]

Doch an diese Befugnis hatte der Kongress bestimmte Voraussetzungen geknüpft und überdies vom Präsidenten verlangt, in einer so genannten Presidential Determination (einer Art formellem »Beschluss«) zu erklären, dass diese Voraussetzungen tatsächlich gegeben seien. Insbesondere wollte der Kongress, dass der Präsident entweder vor der Anwendung militärischer Gewalt oder spätestens innerhalb von achtundvierzig Stunden danach eine formelle Erklärung des Inhalts abgebe, dass erstens weitere diplomatische Mittel allein die »anhaltende Bedrohung« (durch Massenvernichtungswaffen) nicht aufheben würden *und* zweitens die Militäraktion Teil der allgemeinen Reaktion auf den Terrorismus war, *einschließlich* der Bekämpfung der Personen, die »an den terroristischen Anschlägen vom 11. September 2001« beteiligt waren.[29] Kurzum, der Kongress bestand darauf, dass in zwei Punkten, die den Kern von Bushs Plädoyers für einen Krieg gegen den Irak bildeten, Beweise vorliegen müssten.

Am 18. März 2003 übermittelte Bush dem Kongress seinen Beschluss – in einem Brief an den Sprecher der Abgeordnetenkammer und den Senatspräsidenten, der lediglich den Wortlaut der an die Ermächtigung geknüpften Bedingung wiederholte.[30] Beigelegt war der *Report in Connection with Presidential Determination under Public Law 107-243*[31], ein außergewöhnliches Dokument, das man – wären die damit verbundenen Konsequenzen nicht so schwer wiegend – salopp als eine Luftnummer bezeichnen könnte. Für eine derart gravierende Entscheidung des Oberbefehlshabers, der, indem er sich zum Krieg entschließt, Menschenleben und erhebliche materielle Werte aufs Spiel setzt, reicht dieses Beweismaterial jedenfalls nicht aus; und mit der Erfüllung des verfassungsmäßigen Auftrags an den Präsidenten, sich getreu an den Buchstaben des Gesetzes zu halten, hat es wenig zu tun.

In diesem Bericht wird erklärt, dass der Präsident seinen formellen Beschluss auf Tatsachenbehauptungen des Kongresses gestützt habe, die es indes nie gab. Hätte der Kongress derlei Behauptungen aufgestellt, dann hätte er einen solchen Beschluss bei Bush nicht einfordern müssen.[32] Wie ein Hund, der erfolgreich nach seinem Schwanz geschnappt hat, stützte sich Bush auf Informationen, die das Weiße Haus dem Kongress für dessen Resolutionsentwurf überhaupt erst übermittelt hatte; anschließend drehte er sich um und behauptete, er habe just diese Informationen vom Kongress erhalten.

Sein Bericht spricht Bände. Gleich auf der ersten Seite behauptet er, der »Kongress [habe] festgestellt«, dass der Irak auch weiterhin internationalen Terrororganisationen Hilfe und Unterschlupf gewährt habe, unter anderem Organisationen, die das Leben und die Sicherheit amerikanischer Bürger bedrohen. Diese Wiedergabe einer angeblichen Feststellung des Kongresses ist ein wörtliches Zitat der elften einleitenden Klausel der Ermächtigungsresolution. Es wirkt wie der Versuch, dem Leser einzureden, dass diese – von Bush niemals erwähnten – Klauseln Tatsachenbehauptungen des Kongresses seien. Einige Seiten später übernimmt er weitere dieser Klauseln als Grundlage für seine Entscheidung. Auf Seite sechs stellt er fest, der Irak verfüge über Massenvernichtungswaffen, und bezieht sich dabei auf die sechste einleitende Klausel (in der unter anderem behauptet wird, der Irak besitze und entwickle auch weiterhin chemische und biologische Waffen und bemühe sich aktiv um Atomwaffen). Das ist natürlich bestenfalls nur eine der beiden Voraussetzungen, deren Erfüllung der Kongress für seine Zustimmung zu einem Militäreinsatz im Irak gefordert hat.

In einem eigenen Abschnitt seines Berichts – dem vierten Teil (»Use of Force Against Iraq Is Consistent with the War on Terror« – »Anwendung von Gewalt gegen den Irak steht in Einklang mit dem Krieg gegen den Terror«) – erläutert Bush seinen »Beschluss« bezüglich der irakischen Verbindungen zum 11. September und greift damit die zweite durch den Kongress in seiner Resolution gestellte Bedingung auf, indem er erneut Zuflucht zu einer umständlichen Logik und weitschweifigen Erklärungen nimmt und so die Bedingung zum Teil seiner Beweisführung macht. Bush führt aus, im Public Law 107-243 habe der Kongress im Hinblick auf die Unterstützung des internationalen Terrorismus durch den Irak unter anderem festgestellt:

- Mitglieder von [al Qaida], einer Organisation, die für Anschläge auf die Vereinigten Staaten, ihre Bürger und ihre Interessen verantwortlich ist, darunter auch die Anschläge vom 11. September 2001, halten sich bekanntermaßen im Irak auf. [Das ist die zehnte der einleitenden Klauseln.]
- Der Irak unterstützt auch weiterhin andere internatio-

nale terroristische Organisationen und gewährt ihnen Unterschlupf, darunter Organisationen, die das Leben und die Sicherheit der Vereinigten Staaten bedrohen. [Zum zweiten Mal eine Berufung auf die elfte einleitende Klausel.]

– Es liegt im nationalen Sicherheitsinteresse der Vereinigten Staaten und fördert den Krieg gegen den Terrorismus, dass alle relevanten Resolutionen des UN-Sicherheitsrates in die Tat umgesetzt werden, notfalls auch unter Einsatz militärischer Gewalt. [Das ist der letzte Teil der 19. einleitenden Klausel.]

Tatsächlich entspricht Bushs Bericht keinesfalls den Erfordernissen der Irakresolution. Genau genommen lieferte er dem Kongress nur eine einzige – vermeintlich – gesicherte Tatsache. Er zitierte die Information, die Außenminister Colin Powell den Vereinten Nationen vorgetragen hatte. Bush erinnerte den Kongress bloß daran, was Powells Bericht enthüllt habe: dass es »ein terroristisches Ausbildungsgebiet im Nordostirak mit Verbindungen zum irakischen Geheimdienst und Aktivitäten von [al Qaida-] Außenstellen in Bagdad« gebe. »Öffentliche Berichte«, so Bush weiter, »lassen darauf schließen, dass sich im Irak gegenwärtig ranghohe Mitglieder eines Terrornetzes unter der Führung von Abu Musab al-Sarqawi aufhalten, der [al Qaida] sehr nahe steht«, außerdem habe der Irak in der Vergangenheit »[al Qaida-]Mitglieder im Fälschen von Dokumenten und Herstellen von Sprengstoff ausgebildet«.[33] Von einer offiziellen Bestätigung dieser »öffentlichen Berichte« war bei ihm nicht die Rede.

In den Vereinigten Staaten sind zahlreiche Bundesgesetze an eine »Entscheidung des Präsidenten« gebunden. Der Kongress stützt sich auf derartige Beschlüsse und gibt häufig entsprechende Berichte in Auftrag, da der Präsident als oberster Vertreter der Exekutive in einer einzigartigen

Position ist, solche Entscheidungen zu treffen. Bushs Masche, Amerika in eine blutige Auseinandersetzung zu ziehen, bestand also darin, als Grundlage für seine Entscheidung zwei »Tatsachen« anzubieten. Die eine bestand in einer Information, die er angeblich vom Kongress erhalten hatte, während es in Wirklichkeit genau umgekehrt war, und die zweite in unbestätigten »öffentlichen Berichten«, in denen es überhaupt nicht um die vom Kongress festgelegten Bedingungen für einen Krieg geht.

Auch in seiner Berufung auf Powells Erklärung vor den Vereinten Nationen stützt Bush sich nicht auf Tatsachen oder Tatsachenfeststellungen. Jeder, der sich mit der Materie näher befasst hat, weiß, dass Sarqawis Rolle und seine Verbindung zu al Qaida höchst umstritten sind. Dieser Mann, der in Afghanistan ein Bein verloren hat und als Giftexperte gilt, gehört angeblich zu einer eigenen Terroristengruppe, die zu al Qaida bestenfalls lose Beziehungen unterhält. Nach einer umstrittenen Geheimdienstinformation, die dem *Weekly Standard* zugespielt wurde, unterhielt Sarqawi Beziehungen zu irakischen Geheimdienstleuten und stand im Begriff, in Bagdad eine Schläferzelle aufzubauen für den Fall, dass die Amerikaner die Stadt besetzten.[34] Anderen Berichten zufolge wissen Mitarbeiter der US-Geheimdienste, dass Sarqawi bei seinen Operationen keiner Kontrolle durch al Qaida unterstand.[35] Aus wieder anderen Geheimdienstberichten geht hervor, dass al-Sarqawi sich in Bagdad lediglich aufhielt, um sein Bein behandeln zu lassen.[36] Und laut einem *Newsweek*-Bericht steht Sarqawi dem Iran näher als dem Irak.[37] Trotz dieser widersprüchlichen Informationen begründete Bush seine Entscheidung für den Krieg auch damit, dass Sarqawi Kämpfer von al Qaida ausgebildet habe.

Seit Lyndon Johnson den Kongress durch Täuschung dazu gebracht hatte, die Tongking-Resolution zu verabschieden, die ihn ermächtigte, amerikanische Soldaten nach

Vietnam zu schicken, hat kein Präsident den Kongress in einer Angelegenheit von derart schwer wiegender nationaler Bedeutung so sehr hinters Licht geführt. Nach Abschluss der Invasion im Irak und während der Besatzungszeit räumte Bush ein, dass Saddam mit dem 11. September nichts zu tun gehabt habe, obwohl er selbst die Öffentlichkeit im gegenteiligen Glauben bestärkt hatte.[38] Cheney und Bush suchen im Irak noch immer nach Massenvernichtungswaffen, und auch die Verbindung zu al Qaida hat sich bis heute nicht bestätigt. Ob eines Tages Massenvernichtungswaffen gefunden werden oder nicht und ob sich zeigen wird, dass tatsächlich eine Verbindung zwischen dem Irak und al Qaida bestanden hat oder nicht, eines steht jedenfalls heute schon fest: Dieser Präsident und sein Vize haben die Nation auf der Grundlage *ihrer* ganz privaten Vermutungen, *ihrer* ungeprüften Überzeugungen und *ihrer* nicht bestätigten Geheimdienstinformationen in den Krieg geführt – und sie haben den Kongress die ganze Zeit über getäuscht.

Noch immer laufen Ermittlungen der Geheimdienstausschüsse beider Kammern wegen der falschen Geheimdienstinformationen über irakische Massenvernichtungswaffen. Desgleichen haben diese Ausschüsse sich mit dem Fehlen überprüfbarer Informationen über eine Verbindung zwischen al Qaida und dem Irak befasst. Cheney und Bush haben sich auch hier nach Kräften bemüht, die Ermittlungen zu behindern, und da die Republikaner im Repräsentantenhaus wie im Senat über eine Mehrheit verfügen, bestand für sie wenig Veranlassung, der Sache genauer nachzugehen. Auch wenn Bush wieder gewählt wird, sollte ein unabhängiger Ausschuss aus Mitgliedern beider Parteien gebildet werden, der all den genannten Ungereimtheiten und ungeklärten Fragen nachgeht.

Bushs Verteidigung gegen den Vorwurf, er habe seine Belege für die Unvermeidlichkeit des Kriegs im Irak übertrieben (oder den Kongress in die Irre geführt), ist ebenso aufschlussreich wie seine Begründung für den Krieg. In einem Interview mit Diane Sawyer von *ABC News*, acht Monate nachdem er die Mission für erfüllt erklärt hatte, sagte Bush: »Die Erkenntnisse, auf deren Grundlage ich gehandelt habe, waren gute, solide Informationen, dieselben Erkenntnisse, nach denen auch mein Vorgänger gehandelt hat.«[39] Sein Amtsvorgänger hat allerdings nie behauptet, dass Saddam kurz davor stehe, Atomwaffen zu bauen, oder dass Verbindungen zwischen dem Irak und al Qaida bestünden. »Saddam war eine Gefahr, und die Welt steht besser da, weil wir ihn ausgeschaltet haben«, sagte Bush in dem Interview. Als Sawyer nachsetzte und daran erinnerte, dass seine Regierung stets betont hatte, es gebe handfeste Beweise für »Massenvernichtungswaffen im Unterschied zu der bloßen Möglichkeit, dass [Saddam] solche Waffen beschaffen könnte«, schnitt Bush ihr das Wort ab. »Wo liegt der Unterschied?«, fragte er; er habe Saddam gestürzt. Er hält es anscheinend nicht nur inzwischen für irrelevant, aus welchen Gründen er diesen Krieg begonnen hat, er ist offenbar auch nicht bereit oder in der Lage, seine eigene Heuchelei zuzugeben. Auch hier wieder dieselbe Maxime, die bereits Nixons Leitlinie war: Der Zweck heiligt die Mittel. Der Ausspruch Max Webers ist heute so aktuell wie ehedem: »Keine Ethik der Welt kann ergeben: wann und in welchem Umfang der ethisch gute Zweck die ethisch gefährlichen Mittel und Nebenerfolge ›heiligt‹.«[40]

Während der Debatten um eine mögliche Amtsenthebung Nixons erkannte ein bemerkenswert unparteiischer Rechtsausschuss des Repräsentantenhauses (House Judiciary Committee) die Konsequenzen seiner Arbeit für zukünftige Präsidenten. Zu einem bestimmten Zeitpunkt, als der Ausschuss seine Arbeit weitgehend abgeschlossen hatte, stellte sich die Frage, ob Nixon wegen der geheimen Bombardierung Kambodschas unter Amtsanklage gestellt werden sollte. Es war keine nachträgliche Überlegung; der Ausschuss hatte so viel zu bearbeiten, dass dieses Thema zunächst zurückgestellt worden war. Als die Debatte schließlich in Gang kam, wurde offenbar, dass Nixon diese Operation dem Kongress nicht etwa verschwiegen hatte. Im Gegenteil, die Vorsitzenden und hochrangigen Mitglieder der wichtigsten Ausschüsse beider Häuser sowie die führenden Politiker im Kongress waren darüber informiert gewesen. Doch im Hinblick auf spätere Präsidenten stellte die Debatte einen wichtigen Präzedenzfall dar. Sie würde ihnen, so der Republikaner Henry Smith, dereinst »als Richtschnur dienen«.[41] Auch die demokratische Abgeordnete Elizabeth Holtzman äußerte sich damals ganz im Sinne ihrer Kollegen in beiden politischen Lagern, indem sie sagte: »Wir müssen diesen Präsidenten und seine Nachfolger darauf aufmerksam machen, dass Täuschung und Irreführung bei so schwer wiegenden Fragen wie der Vorbereitung und Führung eines Krieges in einer konstitutionellen Demokratie nicht hingenommen werden können.«[42] Und der demokratische Abgeordnete Robert W. Kastenmeier war über Nixons Handeln so beunruhigt, dass er bei den Gründungsvätern Rat suchte. Er berichtete:

> »Die Frage ist wahrhaftig von verfassungsrechtlicher Bedeutung. Wenn der Präsident tatsächlich falsche und irreführende Erklärungen abgegeben und zu Mitteln der Täuschung und Verheimlichung gegriffen hat, in einer Angelegenheit von so großer Bedeutung für das Land wie der Führung eines Krieges, in dem Tausende und Abertausende Amerikaner getötet wurden, wie immer die Amerikaner diesen Krieg auch heute sehen mögen, dann hat er sich tatsächlich eines Vergehens schuldig gemacht, für das er Rechenschaft ablegen muss. Wenn man zu den Anfängen zurückgeht, dann stößt man auf einen James Iredell, einen der Väter der Verfassung, der

gesagt hat, dass der Präsident, ich gebe das mit meinen eigenen Worten wieder, auf jeden Fall strafwürdig handelt, wenn er den Senat falsch informiert. Er muss den Verkehr mit ausländischen Mächten lenken, und es ist seine Pflicht, dem Senat alle wichtigen Informationen weiterzugeben, von denen er Kenntnis erlangt. Wenn sich herausstellen sollte, dass er ihn nicht umfassend informiert, sondern wichtige Nachrichten verheimlicht hat, die er hätte weitergeben müssen, und auf diese Weise [die Senatoren] veranlasst hat, Maßnahmen zu ergreifen, die für ihr Land nachteilig sind und denen sie nicht zugestimmt hätten, wenn ihnen der wahre Sachverhalt eröffnet worden wäre, in diesem Fall stelle ich die Frage, ob nicht eine Klage wegen eines Amtsvergehens angebracht wäre.«[43*]

Es ist wenig wahrscheinlich, dass Bush und Cheney führende Kongressmitglieder heimlich darüber informiert haben, dass sie beabsichtigten, bezüglich des Irak nicht die Wahrheit zu sagen. Und die Beweise sind überwältigend, dass Bush und Cheney den Senat und das Abgeordnetenhaus im Hinblick auf die Tatsachen im Irak getäuscht haben. Das ist ein klagewürdiges Vergehen – und zugleich ein Beleg für die Mentalität, die diese Präsidentschaft kennzeichnet und auch zu anderen Machtmissbräuchen der gegenwärtigen Amtsinhaber geführt hat.

* Zu dieser eindeutigen Stellungnahme von James Iredell (vgl. J. Elliot, *Debates in the Several State Conventions on Adoption of the Constitution, As Recommended by the General Convention at Philadelphia in 1787*, Washington 1836, Bd. 4, S. 127) kam es während der Verfassungsdebatten in North Carolina, wo er wörtlich sagte: »Der Präsident muss auf jeden Fall strafrechtlich zur Verantwortung gezogen werden können, wenn er den Senat falsch informiert.« Iredell wurde später von George Washington in den U. S. Supreme Court berufen.

Nixons schändliche Liste seiner Feinde sowie seine Ausnutzung von Amtsbefugnissen, um Personen zu schaden, die gegen ihn waren, und denen zu helfen, die seine Freunde waren, ist eines der charakteristischen Merkmale von Watergate und dem damit verbundenen Missbrauch der präsidialen Macht. Unter Nixons Berater Fred Malek setzte das Weiße Haus eine Operation in Gang, die euphemistisch das »Aufgeschlossenheitsprogramm« (Responsiveness Program) genannt wurde, sich der Freunde und Feinde Nixons annehmen und seine Wiederwahl unterstützen sollte. Der Watergate-Ausschuss des Senats, der diese Aktivitäten untersuchte, schilderte sie sehr ausführlich: wie politische Erwägungen maßgebend waren bei der »Vergabe staatlicher Subventionen, Aufträge und Kredite; der strafrechtlichen Verfolgung legaler Handlungen; den Personalentscheidungen im Regierungsapparat; der Festlegung von Schwerpunkten und Programmen durch die Regierung [und] der Vermittlung von Regierungsmaßnahmen gegenüber den Wählern«.[44] Die Einlassung mehrerer Zeugen, frühere Präsidenten hätten es auch nicht anders gemacht, so dass Nixon nichts Unrechtes getan habe, wurde vom Senat nicht akzeptiert, der darauf aufmerksam machte, dass das Verhalten der Regierung in mehreren Fällen einer kriminellen Verschwörung gleichkam, um die gewissenhafte Erfüllung ihrer eigenen Gesetze zu verhindern.

Nach Watergate war kein amerikanischer Präsident mehr so dreist, offen ein ähnliches Programm wie das oben beschriebene in Angriff zu nehmen, bei dem alle schikaniert wurden, mit denen er oder seine Berater nicht zurechtkamen, und Freunde vor aller Augen zu bevorzugen – jedenfalls nicht vor Bush II. Dieses von Nixon bekannte Verhalten zeigte sich überdeutlich, als Bush und Cheney die Frau von Botschafter Joe Wilson aufs Korn nahmen und sie als Geheimagentin der CIA enttarnten, um sich an ihm zu rächen – eine in jeder Hinsicht ebenso törichte Handlung wie der Watergate-Einbruch, der bekanntlich den Anfang vom Ende einer Präsidentschaft bedeutete, nur letztlich weitaus perfider, weil damit ein Leben unmittelbar bedroht und die nationale Sicherheit beeinträchtigt wurde. Doch bevor ich auf den Fall Wilson eingehe, möchte ich ein paar Worte zu Bushs und Cheneys »Aufgeschlossenheitsprogramm« sagen.

Cheneys energiepolitische Gruppe und ihre Empfehlungen waren etwa so »aufgeschlossen«, wie ein Weißes Haus es gegenüber großen Wahlkampfspendern nur sein kann, ohne direkt von Gegenleistung zu sprechen – so dass wir es mit einem Fall von Bestechung zu tun hätten. Vielleicht könnte man dieses hässliche Wort sogar direkt aussprechen, doch die Arbeit dieser Task Force wurde vom Vizepräsidenten bekanntlich so geheim gehalten, dass kein Mensch wirklich weiß, ob es ein Fehlverhalten oder eine inakzeptable Einflussnahme von Wahlkampfspendern auf die staatliche Energiepolitik gab. Und die Arbeitsgruppe ist auch kein untypisches Beispiel für diese verborgene »Aufgeschlossenheit«. Vom ersten Tag dieser Präsidentschaft an hat es weitere Beispiele gegeben, bei denen Regierungsprogramme so getrimmt wurden, dass die politischen Freunde und Wahlkampfspender der Regierung Bush/Cheney den Vorteil davon hatten. Im Dezember 2003 schloss der *U. S. News & World Report* eine fünf Monate währende Untersuchung von zwei Reportern ab, die über hundert Personen zur Geheimhaltung durch Bush und Cheney interviewten. Es war das erste Mainstream-Nachrichtenmedium – abgesehen von Bill Moyers vom PBS (Public Broadcasting Service) und Dana Milbank von der *Washington Post* –, die in das Schattenreich von Bush und Cheney vordrang.[45] Hier einige Ausschnitte aus dem *U. S. News*-Sonderbericht:

- Das Vorgehen von Bush und Cheney sei »eine Umkehrung eines jahrzehntelangen Trends der Offenheit in der Regierung«, und diese Administration »macht in wachsendem Maße Informationen für Steuerzahler unzugänglich, die für deren Erhebung bezahlt haben«.
- Die Bemühungen der Regierung Bush/Cheney, »die Maßnahmen der Exekutive und die von ihr erhaltenen Informationen nach außen hin abzuschirmen, sind wesentlich umfangreicher, als bislang belegt wurde«, und ihre Handlungen hätten »große Mengen an Information dem Zugriff gewöhnlicher Bürger entzogen«.
- Unter die von Bush und Cheney betriebene Geheimhaltung fielen »wichtige Unternehmens- und Verbraucherinformationen [sowie] wesentliche Gesundheits- und Sicherheitsinformationen, die für Millionen Amerikaner potentiell von Bedeutung sind«.*
- »Neue Verfahrensweisen innerhalb der Administration haben die Möglichkeiten des Kongresses eingeschränkt, seine von der Verfassung garantierte Befugnis zur Kontrolle der Exekutive wahrzunehmen, und in einigen Fällen sogar verhindert, dass er Zugang zu fundamentalen Informationen über ihre Maßnahmen erhielt.«

* Eines der schlimmsten Beispiele auf diesem Gebiet waren die Bemühungen von United Press International und anderen Nachrichtenorganisationen, Informationen über die Bedrohungen durch den »Rinderwahnsinn« in den Vereinigten Staaten zu erhalten: UPI-Reporter, die sechs Monate lang unter Berufung auf die Freedom of Information Act um nähere Angaben baten, wurden vom Landwirtschaftsministerium immer wieder hingehalten, ohne etwas Genaueres zu erfahren. Am 24. Dezember 2003 wurde die Krankheit schließlich auch in den USA entdeckt, und alle weiteren Bemühungen der Regierung Bush/Cheney, die Rindfleischindustrie zu schützen, wurden zunichte gemacht, aber noch immer hält die Regierung ihre Informationen zurück.

*U. S. News* berichtete ferner, dass Personen, denen diese Aktivitäten bekannt waren, keinen Kommentar dazu abgeben wollten – der Einzige, der es doch tat, hielt sich an die Sprachregelung des Weißen Hauses und bestritt, dass die Bush-Regierung irgendeine Form von Geheimhaltung betreibe. Hätte Dan Bartlett, der Leiter der Presse- und Öffentlichkeitsarbeit des Weißen Hauses, gegenüber *U. S. News* erklärt, dass Schweine fliegen können, es wäre glaubhafter gewesen als diese seine Behauptung: »Die Administration ist offen, und die Verfahrensweise, wie diese Regierung ihre Geschäfte führt, ist so transparent wie nur möglich.«

Nicht nur, dass diese Geheimhaltung alles in den Schatten stellt, was unter Nixon üblich war, es geht dabei auch zu einem großen Teil um ähnliche Aktivitäten wie in Nixons Aufgeschlossenheitsprogram. Mit anderen Worten, die Geheimhaltung erfolgt im Interesse großer Unternehmen, die für den Wahlkampf gespendet haben. Allerdings mit einem *tödlichen* Unterschied. Bush und Cheney haben von Anfang an die Folgen ihrer Politik für die Menschen im eigenen Land wie im Ausland in extremer Weise missachtet. Die einseitige Begünstigung großer Unternehmen gefährdet jetzt die Gesundheit von Tausenden schuldlosen Amerikanern (darunter sicherlich auch Anhänger dieser Regierung), weil im Interesse der Großspender wichtige Wirtschafts-, Verbraucherschutz-, Gesundheits- und Sicherheitsinformationen zurückgehalten werden. Hierfür gibt es unzählige Beispiele, aus denen ich lediglich einige besonders gravierende ausgewählt habe.

Einige Zeit bevor Bush II Präsident wurde, gab es einen heftigen Skandal um Firestone-Reifen an Geländewagen (SUVs) von Ford, die Mängel aufwiesen. Um zu verhindern, dass solche Probleme irgendwann wieder auftreten, rief der Kongress aus diesem Anlass ein Frühwarnsystem ins Leben, das den Herstellern vorschrieb, ihre internen

Sicherheitsinformationen zu veröffentlichen. Bevor Andy Card als Stabschef ins Weiße Haus ging, war er der Spitzenlobbyist von General Motors und Chef einer Handelsgruppe für US-Automobile. Folglich weiß er ganz genau, dass die Autoindustrie über diese gesetzliche Verpflichtung zur Meldung von potentiellen Sicherheitsmängeln an ihren Produkten nicht besonders glücklich war, weil sie den Absatz beeinträchtigen konnte. Seit die neue Regierung im Amt ist, müssen diese Meldungen – entgegen den damaligen Absichten des Kongresses – nicht mehr öffentlich erfolgen. Nach einem Bericht von *U. S. News* beschlossen die »Transportbeauftragten« Bushs, »wichtige Informationen wie Reklamationen innerhalb der Garantiefrist, Erfahrungsberichte von Händlern und Beschwerden von Käufern – allesamt potentiell wertvolle Quellen von Sicherheitsinformationen – der Geheimhaltung zu unterwerfen«. Verbraucherschutzgruppen haben seither vergeblich versucht zu erreichen, dass solche Informationen erneut öffentlich bekannt gemacht werden.[46] Dies war ein exaktes Beispiel dafür, was Nixon als »Aufgeschlossenheit« bezeichnet hätte. Man könnte es auch anders nennen. Doch was Bush und Cheney der Umwelt antun, um den Wahlkampfspendern gefällig zu sein, ist weitaus schlimmer als das, was mit Nixons Programm angerichtet wurde. Diese Regierung begeht Verbrechen an der Natur, ganz zu schweigen davon, dass sie sich weigert, die Gesetze der Vereinigten Staaten gewissenhaft einzuhalten.

## Ein Vergleich mit Nixon zu dessen Vorteil

Kein Aspekt des verdeckten Programms von Bush und Cheney ist so beunruhigend wie die insgeheim betriebene Schädigung der Umwelt. Robert F. Kennedy Jr., ein auf Umweltschutz spezialisierter Anwalt, der mehrere Umweltschutzgruppen vertritt, hat die Verfolgung von Umweltverschmutzern zu seinem Beruf gemacht und bemerkte vor kurzem: »Die Bush-Regierung hat sich vorgenommen, mehr als zweihundert Umweltgesetze in Amerika zum größten Teil rückgängig zu machen, und dadurch den Schutz der Luft, des Wassers, von öffentlichem Grundbesitz und der Natur insgesamt geschwächt.« Kennedy zufolge hat diese Regierung »die Öffentlichkeit getäuscht« über ihre Pläne, »die wichtigsten Umweltschutzgesetze des Staates außer Kraft zu setzen ... Das Weiße Haus unter Bush hat sein Programm zur Ausschaltung des Umweltschutzes konsequent mit einer irreführenden Rhetorik, telegenen Sprechern, Geheimniskrämerei und der Einschüchterung von Wissenschaftlern und Bürokraten kaschiert.«[47] Zum besseren Verständnis der Art und Weise, in der Bush die Ergebnisse von drei Jahrzehnten Umweltschutz und -politik zunichte macht, werden im Folgenden einige Hintergrundinformationen geliefert.

Der Kongress hat aus eigenem Antrieb oder auf Ersuchen früherer Präsidenten eine nationale Umweltpolitik geschaffen. Ironischerweise waren die beiden Präsidenten, die den größten Teil der Schwerarbeit verrichtet haben, Richard Nixon und George H. W. Bush. Nixon unterzeichnete die »Magna Carta« (wie die *New York Times* sie genannt hat) der Umweltschutzgesetze – die National Environmental Protection Act – sowie einige Folgegesetze,[48] die 1990 von Bush senior erweitert und aktualisiert wurden. Praktisch die gesamte Durchführung dieser Gesetze liegt bei der Umweltschutzbehörde EPA (Environmental Protection Agency), die zu ihrer praktischen Umsetzung im Rahmen bestimmter, in jeder Hinsicht öffentlicher Verfahren weitere Vorschriften und Bestimmungen erlässt. Dies wiederum wird im Vorfeld jeweils bekannt gegeben, und die Öffentlichkeit hat das Recht, dazu gehört zu werden. Wenn jemand mit den geplanten Vorschriften oder

der Art und Weise ihres Zustandekommens nicht einverstanden ist, kann er vor einem Bundesgericht dagegen Einspruch erheben.

Bush hat beim Zurückstutzen der Umweltschutzgesetze öffentliche Verfahren weitgehend gemieden und ein Vorgehen hinter verschlossenen Türen vorgezogen. So weist das Weiße Haus zum einen die EPA einfach an, dieses zu tun oder jenes zu unterlassen, und zwar per Telefon, E-Mail, eine schriftliche Benachrichtigung oder mündlich bei einer Besprechung – und von alledem erfährt man nur mittels einer so genannten FOIA-Anfrage aufgrund des allgemeinen Gesetzes zur Informationsfreiheit (Freedom of Information Act), die von der EPA oder dem Weißen Haus beantwortet werden kann oder auch nicht; zum Zweiten erlässt es Weisungen an die EPA, in welcher Weise ein bestimmtes Gesetz durchzuführen ist (oder nicht) – auch wenn ein einseitiges Vorgehen dieser Art schließlich im amerikanischen Bundesanzeiger, dem *Federal Register*, veröffentlicht wird; zum Dritten ändert es die Umsetzung aufgrund einer neuen Rechtsmeinung (eines Rechtsberaters der Bush-Administration), so dass das bisherige Gesetz aufgehoben wird – und diese neuen Verordnungen werden nur selten veröffentlicht und sind ebenfalls, wenn überhaupt, nur durch eine FOIA-Anfrage in Erfahrung zu bringen; und zum Vierten weigert sich das Weiße Haus ganz einfach, die geltenden Gesetze und Vorschriften umzusetzen – und beantragt auch gar nicht erst beim Kongress die dafür benötigten Mittel. Einige möglicherweise verhängnisvolle Beispiele, in denen Bush sich entschieden hat, Sonderinteressen auf Kosten der Öffentlichkeit zu bedienen, zeigen, in welcher Weise diese verschiedenen Taktiken eingesetzt werden, um Bushs Programm umzusetzen.

Anfang September 2001 reiste die EPA-Beamtin Christie Todd Whitman zur Kleinstadt Libby in Montana. Dort wurde seit 1924 Vermiculit abgebaut, ein Mineral, das zur Bodenverbesserung und zur Wärmeisolierung verwendet wurde. 1990 wurde der Abbau eingestellt, weil das im Vermiculit enthaltene Mineral Tremolit einen gefährlich hohen Anteil an Asbestfasern enthält, die bei Tausenden von Bergarbeitern und ihren Angehörigen zu schweren körperlichen Schäden bis hin zum Tod geführt haben. Christie Whitman war jedoch nicht nur wegen der Einwohner von Libby in Sorge. Aus den Unterlagen der EPA geht hervor, dass fast sechzehn *Milliarden* Tonnen dieses tödlichen Minerals an rund 750 Hersteller von mineralischem Dünger sowie von Isoliermaterial überall in den USA geliefert worden waren, und die EPA schätzt, dass zwischen fünfzehn und fünfunddreißig Millionen Häuser mit diesem gesundheitsschädlichen Material isoliert wurden. Noch nie zuvor sah sich die EPA mit einer derart bedrohlichen Situation konfrontiert, die es erforderte, öffentlich Alarm zu schlagen.

Die Reaktion des Weißen Hauses ist kaum zu glauben und von empörender politischer Arroganz: Man versuchte den von der EPA geplanten (und dringend notwendigen) Alarm zu verhindern. Glücklicherweise drang etwas von der Geschichte nach außen, und die *St. Louis Post-Dispatch* brachte sie Ende 2002, nachdem er Unterlagen erhalten hatte, die bestätigten, dass das Weiße Haus nur wenige Tage vor der geplanten Bekanntmachung sein Veto eingelegt hatte. Der frühere EPA-Beamte William Ruckelshaus (der für Nixon und Reagan gearbeitet hatte) sagte gegenüber der *Post-Dispatch*, das Verhalten des Weißen Hauses sei »falsch [und] skrupellos«.[49] Was innerhalb des Weißen Hauses passierte, bleibt verborgen. Dick Cheney hat den

Kongress bearbeitet, einen Gesetzentwurf vorzulegen, nach dem Unternehmen, die Asbest verarbeitet hatten, nicht auf Schadenersatz verklagt werden könnten (darunter auch Halliburton und sicherlich alle Firmen, die das Mineral aus Libby verarbeitet hatten). Nachdem die Geschichte durch die *Post-Dispatch* bekannt geworden war, blieb Bush nichts anderes übrig, als der EPA grünes Licht für einen Alarm zu geben. Es ist bemerkenswert, dass der Kongress sich zu diesem Mangel an Verantwortungsbewusstsein im Weißen Haus offiziell nicht geäußert hat. Der von den Republikanern beherrschte Kongress zog es auch vor, sich nicht über das kaum weniger beunruhigende Versagen der EPA zu äußern, die auf Weisung des Weißen Hauses gehandelt hatte, als es um die schadstoffhaltige Luft über Ground Zero ging. Es war die Senatorin Hillary Clinton, die schließlich eine Offenlegung der wahren Verhältnisse erzwang.

Wer könnte die Bilder der in sich zusammenstürzenden Twin Towers vergessen, als dichte Wolken aus Staub und Schmutz die Menschen auf den Straßen New Yorks förmlich vor sich her trieben? Wer würde sich keine Gedanken machen über die Qualität der Luft, nachdem der Staub sich überall in der näheren Umgebung des Unglücksorts niedergelassen hatte? Gerade Familien mit Kindern wollten wissen, ob es unbedenklich sei, zurückzukehren. Ebenso wie andere verließ sich Senatorin Clinton auf die Empfehlung der EPA und gab sie an die Bewohner der Umgebung weiter: Die EPA erklärte, es gebe keine Bedenken.

Das war allerdings keine zuverlässige Empfehlung – voreilig, unbestätigt, wenn nicht sogar falsch. Der oberste interne Aufpasser in der Umweltschutzbehörde, Generalinspekteur Nikki Tinsley, gab zwei Jahre nach der Tragödie des 11. September einen Bericht heraus, in dem es hieß, die beruhigenden Erklärungen seiner Behörde seien abgegeben worden, ohne dass Tatsachen sie belegt hätten –

und die EPA habe dabei auf Anweisung des Weißen Hauses gehandelt. So warnte etwa der ursprüngliche Entwurf der EPA-Nachrichtenausgabe nach dem 11. September, dass die Luft in der Umgebung von Ground Zero Asbest in einer Konzentration enthalte, die oberhalb des unbedenklichen Bereichs liege. Nachdem das Weiße Haus diesen Presseentwurf überarbeitet hatte, war alles in Butter. Das Weiße Haus wollte, dass die Wall Street ihren gewohnten Betrieb wieder aufnahm, und beschloss ganz einfach, dass die Asbestwerte in Lower Manhattan im grünen Bereich lägen und somit »kein Anlass zu öffentlicher Besorgnis« bestehe. Diese Information gab das Weiße Haus ex cathedra aus, ohne dass Messwerte sie gestützt hätten, einzig aus Erwägungen der politischen Opportunität. Es dauerte zwei Jahre – und niemand weiß, wie viele Lungen in dieser Zeit geschädigt wurden –, bis die Wahrheit ans Licht kam.

Senatorin Clinton wurde fuchsteufelswild, als sie vom Bericht des Generalinspekteurs erfuhr. »Ich weiß einiges darüber, wie es im Weißen Haus zugeht«, sagte sie. »Jemand hat sich das Telefon geschnappt, jemand hat sich vor den Computer gesetzt, jemand hat eine E-Mail abgeschickt, jemand hat einen Termin vereinbart, und jemand im Weißen Haus hat wahrscheinlich auf Anweisung von einem noch höheren Tier zur EPA gesagt: ›Macht jetzt bloß die New Yorker nicht verrückt.‹ Und ich will wissen, wer das war!« Angeblich erhielt der Senat auf Druck von Hillary Clinton schließlich die gewünschte Information und gab anschließend einen Bericht heraus, in dem das Weiße Haus entlastet wurde. Für Hillary Clinton war das wenig befriedigend, doch ihr ist sehr wohl bewusst, dass sie angesichts der herrschenden Mehrheitsverhältnisse im Senat keine weiteren Informationen erhalten wird, höchstens Entschuldigungen und Dementis vom Weißen Haus.[50] Trotzdem hat sie ihren Standpunkt klargemacht. Diesem

Weißen Haus kann und darf man in einer Notstandssituation nicht vertrauen; es verfolgt seine eigenen Pläne.

### *Weisungen des Präsidenten*

Da Bush das Gesetz zur Bekämpfung von Luftverschmutzung (Clean Air Act) von 1970 nicht einfach aufheben kann, hat er versucht, es durch Zusätze zu verwässern – was sich kaum geheim halten lässt. Aber er kann versuchen, seine Absicht mit Hilfe irreführender Informationen zu verwirklichen, und mit dieser Methode hat er es geschafft, dass ganze fünfzig Ermittlungsverfahren eingestellt wurden, die von der Regierung Clinton gegen die Betreiber von Kohlekraftwerken wegen Verstoßes gegen das genannte Gesetz eingeleitet worden waren. Um sein Programm an den Mann zu bringen (und seinen Wahlkampfspendern einen Wink zu geben), ließ sich Bush zum »schmutzigsten Kraftwerk in Michigan« fliegen (weder stammte diese Einschätzung von ihm, noch war es eine Tatsache, die von der Industrie übersehen worden wäre). Auf dem Gelände dieses alten, mit Kohle beschickten, Rauch und Ruß ausstoßenden Kolosses, der von Detroit Edison betrieben wurde, eine Anlage, die im Verdacht stand, bei Kindern Asthma und andere Atemwegserkrankungen auszulösen und Herzkrankheiten zu verursachen oder zu verschlimmern, verkündete Bush mit der ganzen Überzeugungskraft eines gewieften Handlungsreisenden seine ebenso euphemistische wie zynische Initiative »Sauberer Himmel« (»Clean Skies«).

Diese sieht vor, dass jene Unternehmen, die bereit sind, in eine Technik zu investieren, mit der eine Senkung der Emissionen erreicht wird, ihre »Rechte« auf eine Luftverschmutzung an andere Unternehmen verkaufen können. Damit erhielten nicht weniger als 17 700 ältere Kohlekraftwerke überall in den USA (allein in Texas fast 2000, in

Kalifornien über 1200 und im Bundesstaat New York über 500) die Möglichkeit, die Luft sogar noch stärker zu verschmutzen als bisher. Denn durch den Erwerb dieser Rechte könnten sie ihre Kraftwerke mit veralteter Technik ausbauen, die weniger kostenaufwendig ist als eine moderne Technik, mit der die giftigen Schadstoffe zurückgehalten werden könnten.[51] Dem Vorschlag liegt eine schlichte Überlegung zugrunde: Er nutzt den Großunternehmen, die für Bushs Wahlkampf gespendet haben. Als die von Bush vorgenommenen Änderungen der Vorschriften zur Reinhaltung der Luft im *Federal Register* als vollendete Tatsache bekannt gegeben wurden, reagierten die Justizminister mehrerer Bundesstaaten darauf mit der Ankündigung, wenn Bush von den Bundesgesetzen keinen Gebrauch mache, würden sie jeweils ihre eigenen einzelstaatlichen Gesetze anwenden. Doch Bush will auch das verhindern. Als beispielsweise der South Coast Air Quality Management District Kaliforniens versuchte, seine eigenen Verordnungen zur Schadstoffbegrenzung durchzusetzen, legte Bushs Justizministerium beim Obersten Bundesgericht Einspruch ein mit der Begründung, dass im Konfliktfall zwischen einzelstaatlichem Recht und Bundesrecht Letzteres maßgeblich sei (auch wenn es nicht angewandt werde).[52] Viele Republikaner sind empört über ein derart »durchsichtiges Werbegeschenk«, wie es in einem Leitartikel der *New York Times* hieß, von Bush an seine Freunde, die Großunternehmen in der Energiewirtschaft.[53]

### *Neue Rechtsmeinungen der EPA*

Kohlendioxid gilt fast allgemein als die Hauptursache der Erwärmung der Erdatmosphäre (»zusätzlicher Treibhauseffekt«). Die Vereinigten Staaten sind der größte Produzent von Kohlendioxid, das die Erdwärme festhält und so zu schädlichen Umwelt- und Klimaveränderungen führt. In den meisten Industrieländern werden deshalb die Kohlendioxidemissionen durch Vorschriften begrenzt, doch Bushs Juristen in der EPA haben das Problem anders gelöst: Ihrer neuen Rechtsauffassung zufolge ist Kohlendioxid »kein Schadstoff, den die EPA als Grund dafür anführen kann, die Emissionen aus Automobilen und Kraftwerken durch Verordnungen zu begrenzen«.[54] Bedauerlicherweise findet sich immer ein Jurist, der zu allem eine gegenteilige Rechtsmeinung darlegen kann, von der Uhrzeit bis zum Inhalt eines Gesetzes. Mit derselben Methode wurden beispielsweise auch Vorschriften über den Umgang mit so genanntem Ballastwasser in Schiffen nach dem Gesetz zur Reinhaltung der Gewässer (Clean Water Act) ausgehebelt. Wenn Schiffe unter ausländischer Flagge in amerikanische Häfen einlaufen und dort ihre Ballastwassertanks entleeren, in denen sich fremde Meerestiere und -pflanzen befinden, die nach Meinung von Meeresbiologen das marine Leben in US-Gewässern bedrohen können, dann ist das für Bush kein Problem, weil die Interessen der Reedereien Vorrang haben.[55]

### *Nichts tun*

Bush hat sich entschieden, eine der größten Bedrohungen dieses Planeten zu ignorieren – die globale Erwärmung der Erdatmosphäre. Unter den meisten Wissenschaftlern herrscht Einigkeit, dass diese Erwärmung kein Naturphänomen, sondern von Menschen erzeugt ist. Da die Bewältigung dieses Problems jedoch teuer ist (und die erforderlichen Maßnahmen in erster Linie von den großen Energieunternehmen getroffen werden müssten), hält Bush es für besser, das Phänomen in den nächsten zehn Jahren erst noch weiter wissenschaftlich untersuchen zu lassen.

Die übrige Welt hat das Problem inzwischen erkannt und sich darauf geeinigt, die Kohlendioxidemissionen zu senken. 1997 hat US-Präsident Clinton im japanischen Kyoto gemeinsam mit den Vertretern von 175 weiteren Staaten ein UN-Abkommen unterzeichnet, das alle Beteiligten verpflichtet, die Kohlenoxidemissionen in ihren Ländern zu senken. Amerikanische Umweltverschmutzer rauften sich die Haare über Clintons Aktion und schickten ihre besten Lobbyisten in den Kongress, um sicherzustellen, dass der Vertrag im Senat gar nicht erst zur Debatte gestellt würde. Doch statt es auf eine Abstimmungsniederlage ankommen zu lassen, hielt Clinton den Vertrag zurück in der Hoffnung, dass Al Gore im Falle seines Wahlsiegs den Senat umstimmen könnte. Bush hat jedoch das Kyoto-Abkommen zum Bedauern der ganzen Welt offen abgelehnt und erklärt, die Vereinigten Staaten würden ihre Treibhausgase freiwillig reduzieren. Doch angesichts der von ihm betriebenen Politik sind das nichts als leere Worte. Michael Oppenheimer, ein Klimaforscher, Geowissenschaftler und Professor für internationale Politik an der Universität Princeton, hat dazu bemerkt, angesichts dieser Haltung von Bush »haben wir eine Situation, in der die Vereinigten Staaten für das größte Umweltproblem des Jahrhunderts praktisch keine Lösungsvorschläge haben ... Dies wirkt sich in der Weise aus, dass die weltweiten Bemühungen zur Lösung des Problems gebremst werden, und das wiederum bedeutet eine weitere Erderwärmung.«[56]

Dennoch kann es sein, dass die Vereinigten Staaten sich dieses Problems annehmen, trotz der unaufgeklärten Haltung des Präsidenten. Es kann sogar sein, dass er sich zum Handeln genötigt sehen wird. Bislang bemühen sich sechs republikanische Gouverneure und insgesamt zehn Ostküstenstaaten gemeinsam auf einer regionalen Basis um eine Lösung. Als Bush sich weigerte, die Sache in die Hand zu nehmen, rief der Gouverneur des Bundesstaats New York, der Republikaner George Pataki, seine Amtskollegen an. »Die Klimaveränderung wirkt sich inzwischen auf unsere natürlichen Ressourcen aus«, sagte der Gouverneur von Massachusetts Mitt Romney (auch er ein Republikaner), als er sich der Initiative anschloss, »es ist an der Zeit, etwas zum Schutz des Klimas zu unternehmen.«[57] Sir David King, Tony Blairs oberster Wissenschaftler, ist der Meinung, Bushs Weigerung, etwas gegen den globalen Treibhauseffekt zu unternehmen, sei »schlimmer als der Terrorismus«. Als Wissenschaftler, nicht als Politiker wandte King sich in der Zeitschrift *Science* gegen Bushs Vorwände für seine Untätigkeit und verwies darauf, dass jede weitere Verzögerung, auch nur für wenige Jahre, »keine seriöse Option« sei. Zu den künftigen Konsequenzen der von Bush unterlassenen Maßnahmen rechnete King auch »die Gefahr von Hungersnöten, Dürren, Überschwemmungen und schwächenden Krankheiten«.[58]

Außer den Anweisungen an die Umweltschutzbehörde EPA, die der Öffentlichkeit nicht zur Kenntnis gebracht werden, der Einholung von Gefälligkeitsgutachten bei Juristen und der Weigerung, einem internationalen Umweltschutzabkommen beizutreten, bedient sich Bush – um keine öffentliche Empörung über seine »Umweltpolitik« aufkommen zu lassen – zweier weiterer Methoden, die hier schon etwas allgemeiner erörtert wurden: Pressekontrolle und Einschüchterung von Bundesangestellten. Um sein heimliches* Umweltprogramm zu verwirklichen, gibt seine Verwaltung Umweltinformationen heraus, die offenbar darauf angelegt sind, das öffentliche Interesse an Umwelt-

* Wahrscheinlich passt das Adjektiv »unausgesprochen« besser als »heimlich«, da Bushs Programm nach drei Jahren für alle, die sein Tun interessiert verfolgt haben, inzwischen offenbar geworden ist. Heimlich ist es insofern, als seine Reden und die Folgen seiner Politik in einem eklatanten Widerspruch zueinander stehen.

fragen möglichst gering zu halten. »Die Regierung legt ihre wichtigen Verlautbarungen zur Umweltpolitik regelmäßig zeitlich so, dass es den Nachrichtenmedien so schwer wie möglich gemacht wird, darüber zu berichten: Sie gibt ihre Informationen gewöhnlich freitags spätnachmittags heraus. Besonders wichtige Ankündigungen spart man sich für hohe Feiertage auf, wenn die meisten Reporter unabkömmlich sind. So wurden beispielsweise die … Änderungen der Vorschriften zur Reinhaltung der Luft durch die EPA am Nachmittag vor Thanksgiving und an Silvester bekannt gegeben.«[59] Die wenigsten Regierungsangestellten wollen eine Haftstrafe riskieren, indem sie ihre Meinung über die Umweltpolitik äußern. Im Folgenden sei ein groteskes Beispiel für die in ihren Reihen herrschende Furcht angeführt. Diese aufschlussreiche Episode spielte sich vor kurzem im Nationalen Presseclub in Washington, D.C., ab. »Zwei langjährige Mitarbeiter im National Park Service, die Gesichter hinter dunklen Brillengläsern, Hüten und Halstüchern versteckt, fuhren in einer Limousine mit getönten Scheiben vor«, berichtete Elizabeth Shogren, eine Korrespondentin der *Los Angeles Times*. »Dann schimpften sie mit Stimmen, die durch einen Stimmenverzerrer aus einem Zubehörgeschäft für Spionageabwehr verändert waren, auf die Bush-Regierung, weil diese ›politische Programme und Gesetze verordnet, die das großartige Erbe unserer Nationalparks zerstört‹, wie der eine es ausdrückte.« Mehr wollte Shogren nicht schreiben, um ihre Gewährsleute zu schützen.[60] Hätte eine weniger gescheite Reporterin als Elizabeth Shogren diese Geschichte erzählt, dann hätte ich gesagt, man habe sie zum Narren gehalten. Doch bei ihrem Ruf und nach allem, was ich über die Mentalität dieser Regierung weiß, bin ich überzeugt, dass sie genau darüber berichtet hat, wohin es mit denen gekommen ist, die ein anderes Politikverständnis haben als Bush und Cheney und doch einmal den Mund aufmachen möchten. Diese Furcht wird vielleicht verständlicher, wenn man weiß, mit welchen Methoden Bush sich an Menschen rächt, die seine politischen Gegner sind. Die Methode – das Lancieren höchst brisanter Informationen – ist nicht neu, beispiellos aber ist die Art und Weise, in der dem Weißen Haus nahe stehende Presseorgane zu diesen – kriminellen – Zwecken eingespannt werden (und sich willig einspannen lassen). Wie bereits angedeutet, ist das beste Beispiel hierfür der Fall von Valerie Plame Wilson.

## Eine besonders schmutzige Geschichte

Am 14. Juli 2003 berichtete der Journalist Robert Novak von der konservativen *Chicago Sun-Times* in seiner in mehreren Zeitungen veröffentlichten Kolumne, dass Valerie Plame Wilson, die Frau des früheren Botschafters Joseph C. Wilson IV, eine Geheimagentin der CIA sei. (Im Freundeskreis galt sie als »Energie-Analystin in einem Privatunternehmen«). Wie Norman schrieb, hatte er diese streng geheime Information von »zwei ranghohen Regierungsvertretern« (Senior Administration Officials) erhalten. Gewöhnlich meint der Begriff »Senior Official« den Vizepräsidenten, ein Kabinettsmitglied oder einen Spitzenberater im Weißen Haus. Am 17. Juli brachte *Time* den gleichen Bericht und nannte »Regierungsbeamte« (Government Officials) als Quelle, und in einem späteren Bericht bestätigte die *Washington Post*, dass zwei »Beamte« (Officials) angerufen und versucht hätten, die lancierte Geschichte durch weitere Details interessanter erscheinen zu lassen. Angeblich waren sechs verschiedene Reporter von der Geheimtätigkeit Valerie Wilsons informiert worden, doch nur Novak und *Time* machten sie publik. Am 22. Juli bestätigte das Washingtoner Büro von *Newsday*, dass »Valerie Plame ... bei [der CIA] als Undercover-Agentin auf dem Gebiet Massenvernichtungswaffen tätig ist«. Genauer gesagt, sie arbeite nach Angaben eines »ranghohen Geheimdienstmitarbeiters« bei der operativen Abteilung als »Undercover-Beamtin«. Mit anderen Worten, Valerie Plame war/ist eine Spionin, die heimlich mit dem Sammeln von Geheimdienstnachrichten aus dem Ausland, verdeckten Operationen und Spionage zu tun hat oder hatte, womit sie zu den wenigen Leuten gehört, die bereit sind, im Interesse ihres Landes hohe persönliche Risiken auf sich zu nehmen. Die Aufdeckung ihrer Identität schadete der nationalen Sicherheit ebenso wie ihrer beruflichen Laufbahn und riskierte den Verlust von wertvollem Kapital, das in die für eine solche Position erforderliche Spezialausbildung investiert wurde.

Die Lancierung dieser Geschichte an die Presse ist einer der schmutzigsten Tricks, die ich in der Politik erlebt habe. Die Einschätzung des *American Prospect*, dass »wir … hier tief in nixonsches Territorium vorgedrungen« seien, war noch untertrieben – aus mindestens zwei Gründen. Nixon hat nie die Frauen seiner Feinde zum Ziel seiner Rachsucht gemacht, und er ging nie so weit, das Leben anderer in Gefahr zu bringen. Jedem im Weißen Haus, der von der wirklichen Tätigkeit Valerie Wilsons wusste, musste klar gewesen sein, dass mit der Enttarnung einer Geheimagentin nicht nur deren eigenes Leben in Gefahr geriet, sondern auch das der Personen im Ausland, mit denen sie in Verbindung gestanden hatte. Die Namen von Geheimagenten werden selbst an den Präsidenten nur ganz selten weitergegeben und schon gar nicht an seine Mitarbeiter. Seit der Veröffentlichung von Novaks Artikel war klar, dass diese Indiskretion ein Akt der Rache an Wilson war, weil dieser der falschen Behauptung der Bush-Regierung widersprochen hatte, Niger habe Uran an den Irak verkauft. Novaks Geschichte erschien nur wenige Tage nachdem Wilson die Dinge richtig gestellt hatte. Gleichzeitig war diese lancierte Nachricht ein Signal an die Geheimdienste: Wenn ihr dem Weißen Haus Ärger macht, dann machen wir euch Ärger.

Am 24. Juli 2003 beantragte Senator Charles Schumer, Demokrat, eine Intersuchung der lancierten Information durch das FBI. In seinem Antrag heißt es: »Wenn die öffentlich bekannt gemachten Tatsachen zutreffen, dann steht fest, dass hier ein Verbrechen begangen wurde. Dann bleibt nur noch die Frage: Wer hat es begangen und aus welchen Motiven?« Das Verbrechen, auf das Senator Schumer sich bezog, war der Verstoß gegen ein Verbot, die Identität eines Undercover-Agenten der CIA aufzudecken, eine Tat, die nach Meinung von Bush senior, früher selbst CIA-Direktor, vor seinen früheren Mitarbeitern in Langley, Virginia, so schwer wog wie das Werk der »hinterhältigsten Verräter«. Die Preisgabe der Identität Valerie Wilsons war ein klarer Verstoß gegen die nationale Sicherheit und ein offensichtlicher Missbrauch einer Regierungsinformation und somit gleich in mehrfacher Hinsicht eine strafbare Handlung, vor allem vor dem Hintergrund der aggressiven Auslegung der geltenden Gesetze gegen derartige Indiskretionen durch Justizminister Ashcroft.

Angesichts der prinzipienfesten und wohl begründeten Meinung seines Vaters über die gezielte Weitergabe von solchen geheimen Informationen hätte man meinen können, dass Bush II wild entschlossen nach dieser undichten Stelle suchen lassen würde, angefangen bei seinem eigenen Weißen Haus, von dem fast allgemein angenommen wird, von dort sei die Information gekommen. Von einem Präsidenten, der so empfindlich auf politische Indiskretionen reagiert wie Bush, hätte man erwarten können, dass er seinen Justizminister anweist, scharf durchzugreifen. Bush hätte bei seinen eigenen Mitarbeitern anfangen und von ihnen verlangen können, unter Eid auszusagen – eines der wirksameren Instrumente, um den Schuldigen herauszufinden. Außerdem wäre es ein Zeichen gewesen, dass der Präsident es ernst meinte. Doch Bush hat im Gegenteil alles getan, um deutlich erkennen zu lassen, dass das Weiße Haus die Angelegenheit unter den Teppich kehren wollte, so dass kein Hahn mehr danach krähte. Bush hat sogar vor Reportern gesagt, er glaube nicht, dass die undichte Stelle gefunden werde, wenn das Justizministerium seine Ermittlungen aufnehme, womit er zu verstehen gab, das Ganze sei nur Zeitverschwendung, besser, man fange damit gar nicht erst an.

Die Sache wurde von der CIA an das Justizministerium übergeben, was bedeutete, dass auf der Grundlage einer vorläufigen Prüfung der Rechtslage und der Tatsachen durch die Juristen der CIA offenbar ein Verstoß gegen das Bundesgesetz vorlag. Die Ermittlungen des Ministeriums dauern noch an, und man lässt sich Zeit damit. Nach monatelangem Herumtrödeln erklärte Ashcroft sich für befangen* und wies seinen Stellvertreter Jim Comey an, den Chicagoer Oberstaatsanwalt Patrick Fitzgerald mit der Untersuchung zu betrauen. Fitzgerald ist ein alter Freund Comeys und der Pate eines seiner Kinder. Comey sagte, er habe seine Ermittlungsbefugnis (die nach Ashcrofts Befangenheitserklärung an ihn überging) an Fitzgerald übertragen, doch das Justizministerium ist nicht bereit, die formelle Übertragung bekannt zu geben.

Anders als die Watergate-Affäre, die von der *Washington Post* durch immer neue Informationshäppchen im Be-

* Anfangs kursierte das Gerücht, die undichte Stelle sei Karl Rove, der während mindestens einer der Wahlkampagnen Ashcrofts für ihn als Berater tätig war und nach Überzeugung vieler Beobachter Ashcroft zu seinem Amt als Justizminister verholfen hat. Deshalb wurden bald nach Aufnahme der Ermittlungen Forderungen laut, Ashcroft solle einen Sonderermittler ernennen oder sich für befangen erklären. Er zog die Geschichte so lange wie möglich hin, bis er schließlich nachgab, womit er zu erkennen gab, wie sehr ihm daran lag, dass diese Untersuchung nicht außer Kontrolle geriet.

wusstsein der Öffentlichkeit wach gehalten wurde, ist diese anfänglich groß aufgemachte Geschichte sehr bald weitgehend aus den Spalten der Zeitungen verschwunden. Das liegt zu einem Teil daran, dass Nachrichten heute schneller an Aktualität verlieren als vor dreißig Jahren. Doch die Troika Bush/Cheney/Ashcroft hat auch das Ihre dazu beigetragen, dass die Geschichte nicht länger in den Köpfen der Washingtoner Journalisten wach gehalten wird, indem sie dafür sorgte, dass es nichts Neues zu erörtern gab. Auf den ersten Blick ließ die Ernennung Fitzgeralds im Dezember 2003 vermuten, dass bis zum November 2004, also bis zu den Wahlen, nichts geschehen würde. Doch die plötzliche Befangenheitserklärung Ashcrofts und die Ernennung Fitzgeralds, der auf seinem Posten in Chicago bleiben wird, lässt den Schluss zu, dass über Weihnachten ein kooperationswilliger Zeuge aufgetaucht ist (eine Zeit, zu der ein Mitarbeiter im Weißen Haus in aller Stille einen Anwalt engagieren konnte, der sogleich versuchen würde, mit dem Justizministerium einen Handel zu schließen). Zum Zeitpunkt der Niederschrift dieser Zeilen ist es noch zu früh, etwas über den Ausgang zu sagen – mit einer Ausnahme. Jede Ermittlung im Weißen Haus in einer Welt nach Watergate wird unvollständig und suspekt sein, wenn der Präsident keine eidesstattliche Erklärung darüber abgibt, was er wusste und wann er es erfuhr. In diesem Fall gilt das auch für den Vizepräsidenten.

Valerie Wilson hat mehrere potentielle Rechtsgründe für eine Zivilklage. Wenn sie eine solche anhängig macht und die ersten eidlichen Aussagen zu Protokoll genommen werden, wird sich auch die Dynamik der Aufklärung der Sache verändern – bei mehr als einem halben Dutzend eingeweihten Zeitungsleuten wäre das kein Wunder. In Washington, D. C., ist das Gesetz, das Journalisten ein eingeschränktes Privileg zuerkennt, ihre Informanten geheim zu halten, kein Schutz mehr, wenn es um strafbare Delikte geht. Auch in Zivilprozessen verlangen die Gerichte, wenn eine solche Information anders nicht zu erlangen ist, von den Reportern die Preisgabe ihrer Quellen.*

Es steht außer Frage, dass Fitzgerald, wenn er eine Anklagejury (Grand Jury) zusammenstellt, Mitglieder der Nachrichtenmedien zwingen kann, über ein strafwürdiges Verhalten auszusagen. Es bestünde sogar die Möglichkeiten, sie einer kriminellen Verschwörung anzuklagen. Unerbittliche Staatsanwälte haben keine Probleme damit, Journalisten vor eine Anklagejury zu ziehen und zu zwingen, ihre für eine strafrechtliche Ermittlung relevanten Quellen preiszugeben, und nach einer Entscheidung des Obersten Bundesgerichts steht ihnen diese Möglichkeit offen. Wir werden also nicht allzu lange warten müssen, um zu sehen, wie ernsthaft Mr. Fitzgerald seine Ermittlungen betreibt, denn er braucht nur einigen Journalisten auf diese Weise zu Leibe zu rücken, um herauszufinden, von wem im Weißen Haus die Indiskretion begangen wurde.

Ich bin davon überzeugt, dass diese Quelle zwangsläufig eines Tages offenbart werden wird. Und die Regierung wird in Schwierigkeiten geraten, wenn sie den Fall nicht weiter

* Die *New York Times* berichtete am 18. Dezember 2003, dass ein Gericht zwei ihrer Reporter aufgefordert hatte, in einem Zivilprozess, den der ehemals in Los Alamos tätige Wissenschaftler Wen Ho Lee gegen die Regierung angestrengt hatte, weil seine Personalakte der *Times* zugespielt worden war, ihre Quelle zu nennen. Zuvor hatten beide schriftlich erklärt, sie seien eher bereit, eine Gefängnisstrafe anzutreten, als ihre Informanten zu nennen. Bei der Aufforderung an die beiden Reporter auszusagen, sagte Richter Thomas Penfield Jackson: »Das Gericht hat gewisse Zweifel, dass ein schützenswertes Interesse an der Wahrung der Meinungsfreiheit darin liegt, die Identität von Regierungsmitarbeitern zu schützen, die an die Presse Informationen weitergeben, die nach der Privacy Act gar nicht hätten enthüllt werden dürfen.« Man ergänze die Privacy Act durch die nationale Sicherheit, wie im Fall von Valerie Plame Wilson, und die Begründung für den Schutz einer solchen Quelle ist sogar noch fragwürdiger.

untersuchen lässt. Es kommt zwar vor, dass eine undichte Stelle nie entdeckt wird – wie der Fall Bob Woodwards und seines Freundes Deep Throat gezeigt hat –, doch das ist allein dann der Fall, wenn die Information nur zwei Beteiligten bekannt ist (ich habe von Anfang an bezweifelt, dass Woodward sein Wissen mit dem zweiten Reporter oder seinem Verleger geteilt hat) und die Quelle nicht in kriminelle Machenschaften verwickelt ist (ein Punkt, in dem Woodward sich etwas ausführlicher über Deep Throat geäußert hat). Im vorliegenden Fall, bei dem es nicht weniger als sechs Journalisten und zwei ranghohe Mitarbeiter des Weißen Hauses gibt, die angeblich etwas darüber wissen, wer Novak die Geschichte zugespielt hat, wird es schwierig sein, die Identität dieser Quelle auf die Dauer geheim zu halten. Es gibt mehrere Möglichkeiten, wie die Wahrheit schließlich ans Licht kommt. Erstens: Das FBI/Justizministerium hat Glück und findet den/die Schuldigen, doch niemand sollte den Atem anhalten, bevor Journalisten vor einer Anklagejury auftreten. Zweitens: Einer der eingeweihten Journalisten gibt einem Berufskollegen einen Tipp für einen Knüller im Wahljahr. Drittens: Mindestens ein Journalist, der die undichte Stelle kennt, bekommt Gewissensbisse und lehnt es ab, weiterhin an einem Komplott, das vom Weißen Haus ausgeht, mitzuwirken, oder viertens: Mindestens einer der Mitwisser gibt die Information weiter, um einem oder mehreren seiner Kollegen aus der Patsche zu helfen, die sich weigern, vor der Anklagejury die Quelle preiszugeben, und lieber eine Haftstrafe in Kauf nehmen. Fünftens: Valerie Wilson reicht Klage ein und die Hauptbeteiligten werden unter Strafandrohung vorgeladen, um eine Aussage zu machen, und schließlich sechstens: Der Kongress beschließt, eine Untersuchung einzuleiten.

Die bekannten Tatsachen – dass an der Indiskretion mindestens zwei ranghohe Mitarbeiter des Weißen Hauses beteiligt waren – lassen den Schluss zu, dass hier ein Fall von krimineller Verschwörung vorliegt, die noch immer andauert und jetzt das Ziel verfolgt, das ursprüngliche Vergehen zu vertuschen. (Kommt jemandem das bekannt vor?) Das Bundesgesetz gegen Verschwörung gehört in Verbindung mit den Bundesgesetzen, die sich mit Justizbehinderung auseinander setzen, zu den weitreichendsten Normen im Bundesstrafrecht. Ob die Beteiligten sich nun darüber im Klaren sind oder nicht: Das Weiße Haus unter Bush II geht angesichts solch fortgesetzter krimineller Umtriebe schweren Zeiten entgegen, wenn es diesen Fall nicht selbst zu einem Ende bringt. Je länger sich die Sache hinzieht, desto schlimmer wird die Lage. Und wenn Patrick Fitzgerald es unterlassen sollte, diesen Aspekt zu untersuchen, dann darf man getrost an seiner Kompetenz und Integrität als Staatsanwalt zweifeln.

Ein genauerer Blick auf nur einige wenige wichtige Aktivitäten von Bush und Cheney kann einen Aufschluss darüber geben, warum sie ihr eigentliches Programm verbergen. Da es keine hieb- und stichfesten Beweise für eine unmittelbare Bedrohung gab, die einen Präemptivschlag gerechtfertigt hätten, nahmen sie ihre Zuflucht zu Lügen. Nixon und Kissinger haben vor der geheimen Bombardierung Kambodschas wenigstens einigen Kongressmitgliedern die Wahrheit zugeflüstert. Selbst als Nixon sich während der Watergate-Affäre verteidigte, schickte er dem Kongress kein derart fragwürdiges Dokument wie Bushs Beschluss, gegen den Irak Krieg zu führen. Zwar hielt Nixon engagierte Umweltschützer für »Clowns« und ihr Programm für »Scheiße«, doch gemessen an der Haltung des jetzigen Präsidenten zu Umweltschutzfragen hätte sich Nixon für die Grünen zur Wiederwahl aufstellen lassen können, wenn man seine vielfältigen Initiativen zum Umweltschutz bedenkt, die Bush und Cheney nun wieder rückgängig machen wollen. Es ist noch zu früh, um etwas darüber zu sagen, in welcher Weise die beiden 2004 ihre Wiederwahl betreiben werden, doch wenn ich an ihren Regierungsstil denke, empfinde ich schon jetzt beträchtliche Sympathie für die demokratischen Kandidaten, die gegen sie antreten werden. Wir werden sehen, ob sie erneut von sich behaupten werden, auf dem richtigen Weg zu sein und alle ihre Kräfte in den Dienst des Landes zu stellen – wie Nixon sich einst präsentierte –, während Rove seine Leute ausschickt und seine Schläferzellen aus Loyalisten weckt, die über Bushs und Cheneys politische Gegner herfallen werden. Es gilt weiterhin ein Auge zu haben auf jenes unheilige Gebräu aus zwanghafter Geheimhaltung, verdeckten politischen Plänen und einer abgebrühten präsidialen Politik, wie es mit der Wahlkampagne 2004 angerührt wird, in der Hoffnung, dass sich ein 11. September in den USA nicht wiederholen möge, zumal Bush und Cheney sich unnötig verwundbar gemacht haben. Doch dies ist das Thema des folgenden und letzten Kapitels.

# Skandale oder Schlimmeres

*Prinzipien sind gut bis zu einem bestimmten Punkt, aber sie taugen überhaupt nichts, wenn Sie verlieren.*
Dick Cheney, Stabschef im Weißen Haus,
Ratschlag an seine Mitarbeiter im Wahlkampf 1976

Heimlichtuerei in der Politik hat Konsequenzen, und nicht immer sind es die gewünschten. Das war bei der Watergate-Affäre so, und ich bin überzeugt, dass es auch bei Bush und Cheney so ausgehen wird. Wenn sie dafür nicht bezahlen, während sie noch im Amt sind, dann spätestens wenn Historiker sich eingehender mit ihrer zwanghaften Geheimhaltung beschäftigen, denn die Wahrheit kommt letztlich immer ans Licht. Ich kann keinen legitimen Grund für derlei Aktionen finden, höchstens Rationalisierungen und durchsichtige Vorwände. Für Lügen, Irreführungen, Verdunkelung, Täuschung und andere Methoden im Interesse einer Geheimhaltung kann es keine Entschuldigung geben. Kontrolle der Nachrichtenmedien, Vermeidung von Pressekonferenzen, Abschirmung des Weißen Hauses – das alles sind offensichtliche, nicht zu rechtfertigende Versuche, sich einer Rechenschaft zu entziehen. Bush und Cheney haben keine Begründung dafür gegeben, weshalb sie nicht dem Beispiel früherer Präsidenten gefolgt sind, bislang geheime Dokumente zur nationalen Sicherheit freizugeben, sie haben vielmehr den 11. September dazu benutzt, die Zahl der als geheim eingestuften Schriftstücke drastisch zu erhöhen.

## Bush und Cheneys Vorwände für ihre Geheimhaltung

Bush und sein Vize haben häufig von der Notwendigkeit gesprochen, das Amt des Präsidenten zu stärken und einer weiteren Erosion der präsidialen Befugnisse entgegenzuwirken.* Wenn sie wirklich daran glauben, dann haben die Amerikaner (und nicht nur sie) umso mehr Grund zur Besorgnis, zeigt dies doch, dass ihre Zuflucht zur Geheimhaltung im Grunde ein Zeichen ihrer Schwäche als Führer ist, denen man nicht trauen kann. Eine weitere beliebte Rationalisierung lautet, sie müssten das als »deliberative process« bezeichnete Recht des Präsidenten und seiner Umgebung schützen, Rat einzuholen, ohne seine Quellen öffentlich machen zu müssen (denn diese Perspektive könnte die Ratgeber ja eventuell daran hindern, wirklich offen mit ihm zu sein). Der Umkehrschluss trifft den Sachverhalt wohl genauer: Wer seinen Rat nicht an die große Glocke gehängt sehen will, wird den Präsidenten wohl kaum im Interesse der Allgemeinheit beraten. Vielleicht können Bush und Cheney ihre vorgeschobenen Begründungen all denen glaubhaft verkaufen, die von solchen Dingen keine Ahnung haben, oder blinden Parteigängern, die sich alles gefallen lassen, aber keine der von ihnen an-

* Alberto Gonzales, der Rechtsberater des Präsidenten im Weißen Haus, sagte der *New York Times* am 22. Mai 2002: »... die Schöpfer der Verfassung hatten meiner Meinung nach eine starke Präsidentschaft vor Augen, um bestimmte Aufgaben erfüllen zu können, und [Präsident Bush] sieht es als seine Pflicht an, das Amt in einem besseren Zustand zu hinterlassen, als er es angetroffen hat.« Tatsächlich hatten die Gründungsväter gerade das Gegenteil im Sinn – der Präsident hatte bis 1857 nicht einmal einen Mitarbeiterstab, und die spätere moderne Präsidentschaft (die über alles hinausging, was die Väter der Verfassung vor Augen hatten) entwickelte sich während der Amtszeit von Franklin D. Roosevelt mit der Schaffung des »Executive Office of the President«, der Präsidialkanzlei.

geführten Begründungen für ihre Geheimhaltung hält einer genaueren Prüfung stand.

Als er es ablehnte, dem neuen Beauftragten für Heimatsicherheit, Tom Ridge – der bereits zum Mitarbeiterstab des Weißen Hauses gehörte, als es noch kein Ministerium für Heimatsicherheit gab –, zu erlauben, vor dem Kongress zu erscheinen und Fragen zu beantworten, sagte Bush den Reportern im Weißen Haus: »Zunächst einmal lasse ich nicht zu, dass der Kongress die Macht der Exekutive aushöhlt. Ich habe die Pflicht, die Exekutive vor Übergriffen der Legislative zu schützen. Wenn beispielsweise der Bundesrechnungshof GAO von uns Dokumente zur Einsicht verlangt, dann werden wir diesem Verlangen nicht nachkommen. Die betreffenden Gespräche fallen unter das Geheimhaltungsrecht des Präsidenten; das sind Gespräche, bei denen jemand in unsere Büros kommt und uns unterrichtet. Könnten Sie sich vorstellen, eine Mitschrift von jedem einzelnen Rat herausgeben zu müssen, den man mir oder dem Vizepräsidenten erteilt hat? Solche Ratschläge wären weder gut noch offen und ehrlich. Ich habe die Pflicht sicherzustellen, dass das Präsidentenamt nicht geschwächt wird und die Legislative nicht auch noch die Exekutive beherrscht.«[1] Als Bush sich auch in einem formellen Schreiben an Justizminister Ashcroft auf das »Executive Privilege« berief (es ging um die im Kapitel »Zwanghafte Geheimhaltung« bereits ausführlich beschriebene Weigerung, dem Kongress Informationen des FBI und des Justizministeriums über den Umgang des Bostoner FBI-Büros mit kriminellen Informanten weiterzugeben), behauptete er, diese Maßnahme sei notwendig gewesen, um die Befugnisse des Präsidenten, ja der gesamten Regierung zu schützen.[2] Diese Begründung musste auch herhalten, als Cheney sich weigerte, dem GAO irgendwelche Auskünfte zu erteilen – und immer läuft es darauf hinaus, dass der Präsident vor dem Kongress und die Regierungsgespräche ganz allgemein vor jedweden Übergriffen von außen geschützt werden müssten. (Die andere Möglichkeit besteht natürlich darin, die Geheimhaltung einfach zu bestreiten, so wie damals Nixon nach seinem Rücktritt behauptete, er habe nichts getan, was eine Amtsanklage gerechtfertigt hätte).

Bushs Erklärung, er könne nicht zulassen, dass der Kongress die Befugnisse der Exekutive »aushöhle«, und er habe »die Pflicht, die Exekutive vor Übergriffen der Legislative zu schützen«, ist barer Unsinn. Heute muss der Kongress darum kämpfen, wenn er den Präsidenten in irgendeiner Weise kontrollieren will, und wenn es keine geteilte Regierung gibt, wenn also mindestens in einem der beiden Häuser im Kongress die Partei des Präsidenten die Mehrheit hält, wird der Kongress praktisch zum Verbündeten des Präsidenten (und die Oppositionspartei hat keine andere Bedeutung als die eines Mückenschwarms, den der Präsidenten verscheucht, wenn er ihm zu lästig wird). Praktisch wiederholt Bush nur das, was Cheney über die »Aushöhlung« der Befugnisse des Präsidenten sagt, denn dieser ist seit langem überzeugt, dass es nicht die Aufgabe des Kongresses sei, dem Präsidenten Vorschriften zu machen, schon gar nicht in Fragen der nationalen Sicherheit.

Cheneys Denken erhielt seine Prägung in seiner Zeit im Weißen Haus als Stabschef unter Ford in den Nachwehen von Vietnam und Watergate, als der Kongress daranging, die imperiale Präsidentschaft zu beschneiden.* Cheney

* In einem am 28. Juni 2003 in der *Washington Post* erschienenen Artikel erörterte Arthur Schlesinger Jr., Historiker und Berater von Präsident John F. Kennedy, die imperiale Präsidentschaft im Kontext der Bush-Regierung und zitierte dabei Abraham Lincolns Vorbehalte gegenüber einem präemptiven Krieg. Am 15. Februar 1848, noch vor seiner Zeit als Präsident der USA, wandte Lincoln sich gegen die Vorstellung, »dass der Präsident, wenn es *notwendig* werden sollte, *eine Invasion zurückzuschlagen,*

scheint diese Maßnahmen des Kongresses mit dem Ziel, den Präsidenten wieder in die Verfassung einzubinden, bis heute zu missbilligen. Später, als er selbst dem Kongress angehörte, war er nicht einverstanden damit, dass seine Kollegen unter Präsident Reagan von ihren verfassungsmäßigen Rechten (und Pflichten) Gebrauch machten, was schließlich zur Untersuchung der Iran-Contra-Affäre durch den Kongress führte, an der Cheney sich als Mitglied der republikanischen Führung und des gemeinsamen Untersuchungsausschusses beteiligte.

Den Mehrheitsbericht des Untersuchungsausschusses zur Iran-Contra-Affäre lehnte er ab – dort wurde festgestellt, dass die gemeinsamen Elemente »der Iran- und der Contra-Politik … Geheimhaltung, Täuschung und Missachtung des Gesetzes« waren, ja dass die ganze Affäre »gekennzeichnet war durch Unaufrichtigkeit und übermäßige Heimlichkeit«.[3] Cheney war seinerseits nicht im Geringsten beunruhigt über die Geheimhaltung oder die Gesetzesverstöße und brachte das auch in seinem Minderheitsbericht zum Ausdruck. Er bezeichnete die Gesetzesbrüche im Weißen Haus unter Reagan als »Irrtümer in der Beur-

die Möglichkeit haben soll, ohne die Verfassung zu verletzen … in das Gebiet eines anderen Staates einzufallen, und dass es *allein* Sache des Präsidenten sein soll, darüber zu befinden, ob eine solche *Notwendigkeit* vorliegt.« Daran schloss Lincoln die Überlegung an: »Geben Sie dem Präsidenten die Befugnis, in einen benachbarten Staat einzumarschieren, sobald *er* es für notwendig hält, eine Invasion zurückzuschlagen, … und Sie geben ihm die Befugnis, nach eigenem Belieben einen Krieg zu beginnen … Wenn er es heute für richtig befände zu sagen, er halte es für notwendig, in Kanada einzumarschieren, um die Briten an einem Einmarsch bei uns zu hindern, wie könnten Sie ihn davon abhalten? Sie können vielleicht sagen: ›Ich halte es für unwahrscheinlich, dass die Briten bei uns einmarschieren‹, aber er wird Ihnen antworten: ›Schweigen Sie; auch wenn Sie es für unwahrscheinlich halten, ich sehe das anders.‹«

»Die Gründungsväter«, sagte Lincoln, »haben sich entschieden, die Konstitution so abzufassen, dass *kein einzelner Mann* die Macht haben sollte, diese Tyrannei über uns zu bringen.«

teilung und sonst nichts«.* Nachdem er den Kongress gescholten hatte, weil er »seine Macht [dazu] missbraucht« habe, Gesetze zu erlassen, die den Präsidenten daran hinderten, Geld zur Unterstützung der nicaraguanischen Contras auszugeben, sagte Cheney: »Der Kongress muss einsehen, dass eine effektive Außenpolitik es erforderlich macht – und die Verfassung sieht das auch vor –, dass der Präsident der außenpolitische Führer des Landes ist.«[4] Cheneys Einstellung zum Kongress hat sich seit 1987 wenig geändert.

Im Gegensatz zu Cheneys Behauptung sieht die amerikanische Verfassung eine solche Stellung des Präsidenten nicht vor. Seit die Verfassung angenommen wurde, wird eine unentschiedene (und nicht zu entscheidende) Debatte über die Aufteilung der außenpolitischen Befugnisse zwischen Kongress und Präsident geführt.** Beide Seiten in dieser Debatte können sich auf umfangreiche Abhandlungen stützen, die von anerkannten Fachleuten geschrieben wurden. Der Verfassungsrechtler und Professor an der Harvard University Edwin S. Corwin hat vor Jahren dargelegt, die Verfassung sei »eine Einladung, um das Vor-

* Diese so genannten Irrtümer in der Beurteilung wurden vom Unabhängigen Staatsanwalt *(Independent Counsel)* Lawrence Walsh als strafbare Handlungen bezeichnet. Walsh hatte gegen acht Beamte Reagans erfolgreich Anklage erhoben, die später von Präsident George H. W. Bush amnestiert oder deren Urteile wegen Formfehlern aufgehoben wurden. Etliche dieser Leute arbeiten heute für die Regierung Bush.

** Da Artikel II der Verfassung, in dem es um die Stellung des Präsidenten geht, sehr unbestimmt gehalten ist, waren die meisten Befugnisse des Präsidenten von Anfang an umstritten. Wie die Debatten im Ersten Kongress zeigen, waren sich nicht einmal die Väter der Verfassung darüber einig. Früher hatte James Madison in *The Federalist* No. 37 ausgeführt, »dass es bislang trotz aller Kenntnis in der Kunst des Regierens nicht geglückt ist, mit ausreichender Gewissheit ihre drei großen Provinzen zu unterscheiden und gegeneinander abzugrenzen – die Legislative, die Exekutive und die Judikative; oder auch die Vorrechte und Befugnisse der verschiedenen legislativen Organe«. Vgl. Gary Wills (Hg.), *The Federalist* recht, die amerikanische Außenpolitik lenken zu dürfen, zu kämpfen ... Das Urteil der Geschichte lautet, ... dass die Gewalt, über den wesentlichen Inhalt der amerikanischen Außenpolitik zu bestimmen, eine *geteilte* Gewalt ist, wobei der Löwenanteil in der Regel, aber keineswegs immer, dem Präsidenten zufällt.«[5] Eine genauere Einschätzung als diese dürfte schwer zu finden sein.

Cheneys Befürchtung, die Befugnisse des amerikanischen Präsidenten seien in den letzten drei Jahrzehnten geschmälert worden, erscheinen noch unangebrachter, wenn man auf die Ohnmacht der Legislative in der jüngsten Zeit blickt. Der Juraprofessor Philip Trimble (der sowohl für den Außenpolitischen Ausschuss des Senats als auch für das Außenministerium gearbeitet und somit Erfahrungen in der Legislative wie in der Exekutive gesammelt hat) ging der These von einer Schwächung der Exekutivgewalt nach und stellte fest, dass die Initiativen des Kongresses in den siebziger und achtziger Jahren »die vollziehende Gewalt praktisch nicht eingeschränkt haben ... Der Präsident ist immer noch die beherrschende Kraft in der Außenpolitik.«[6] Mit seinen 535 Mitgliedern hat der Kongress keine Führung und häufig 535 verschiedene Meinungen zu einer bestimmten Frage; er ist in zunehmendem Maße zu einem reaktiven Organ geworden, dessen Mitglieder zum größten Teil mehr Zeit darauf verwenden, wieder gewählt zu

*Papers by Alexander Hamilton, James Madison and John Jay*, New York 1982, S. 179. Donald Rumsfeld, Cheneys früherer Mentor, ist ein Mann mit Prinzipien. Eine seiner Regeln lautet folgendermaßen: »Die Legislative steht in Artikel I der Verfassung; die Exekutive steht in Artikel II. Das ist kein Zufall.« Vgl. Midger Decter, *Rumsfeld: A Personal Portrait*, New York 2003, S. 154. Leider hält Cheney nichts von Rumsfelds Regel, die ganz klar von unseren Gründungsvätern aufgestellt wurde.

Anm. d. Ü.: *The Federalist* nannte sich eine Sammlung von 85 Zeitungsaufsätzen, die in den Jahren 1787/88 von Hamilton, Madison und Jay verfasst wurden und die neue amerikanische Verfassung auslegten und verteidigten.

werden, als zu regieren. Der Kongress wird von den Präsidenten buchstäblich überwältigt. Dass Bush und Cheney ihr Vorgehen damit begründen, ein Übergreifen des Kongresses auf die Institution des Präsidenten verhindern zu wollen, ist unter diesen Umständen eine reichlich fragwürdige Erklärung.

Noch fragwürdiger allerdings ist der zweite von ihnen angeführte Grund, die Notwendigkeit, die freie Meinungsbildung auf Regierungsebene zu schützen. Diese Ente sollte man besser begraben. Das »Deliberative Privilege«, das dies garantieren soll, wurde vom U.S. Court of Claims (Gericht für Entschädigungsansprüche gegen den Bund) völlig frei erfunden und hat nach und nach in die Rechtsprechung anderer Gerichte Eingang gefunden.* Auf der Ebene des Präsidenten grenzt es an ein Schwindelmanöver, sich darauf zu berufen. Der Kolumnist Bill Safire von der *New York Times*, ein ehemaliger Insider des Weißen Hauses, hat über die Begründung Bushs und Cheneys für ihre Geheimhaltung geschrieben, »wenn es um Regierungsvertreter geht, ist das Argument, nur Geheimhaltung garantiere einen offenen Austausch, ein Scheinargument. Präsidenten machen Aufzeichnungen und plaudern, Redenschreiber erinnern sich und erzählen alles; die meisten Berater wollen, dass ihr ganz ›persönlicher‹ Rat bekannt wird. Als ich

* »[Dieses Vorrecht] hat ... zwei ganz verschiedene Ursprünge. Der eine war das britische Oberhaus und der andere waren Dwight D. Eisenhower und die Ideen von Befehlsgewalt und ›organisatorischer Führung‹, die er als langjähriger Militär ins Weiße Haus mitbrachte. Diese beiden Einflüsse vereinigten sich im Court of Claims, wo das Vorrecht als ein Kompromiss übernommen wurde ... Das Vorrecht [*deliberative privilege*] ist ein Produkt historischer Zufälle sowie des Umstands, dass es zur richtigen Zeit am richtigen Ort war. Darüber hinaus ist es ihm gelungen, in allen Fällen, in denen es angewandt wurde, einer umfassenden und sorgfältigen Prüfung zu entgehen.« Gerald Wetlaufer, »Justifying Secrecy: An Objection to the General Deliberative Privilege«, *Indiana Law Journal*, 65 (1990), S. 845 und 882.

in einem Bericht einen Kollegen schützen wollte, indem ich seinen übel aufgenommenen Rat während einer Sitzung im Oval Office unerwähnt ließ, protestierte er aufgebracht, dass er keinen Platz in der Geschichte bekommen habe.«[7]

Der Rechtswissenschaftler Gerald Wetlaufer hat die Behauptung näher untersucht, das Vorrecht der Geheimhaltung sei notwendig, weil andernfalls die Ratgeber davor zurückschreckten oder sich gehemmt fühlten, offenherzig einen Rat zu geben. Genau das Gegenteil, so fand er heraus, ist der Fall. »Soweit ich feststellen konnte, haben diejenigen, die eine solch abschreckende Wirkung behaupten, »nie einen formalen empirischen Beweis beigebracht, der diese Aussage stützen könnte«. Kein Wunder, denn einen solchen Beweis gibt es nicht.

## Die Übel einer übertriebenen Geheimhaltung

Exzessive Geheimhaltung ist – von den wenig haltbaren Rechtfertigungen einmal abgesehen – in jeder demokratischen Regierung ein Problem, zumal wenn sie eine so dominierende Rolle spielt wie unter Bush und Cheney. Dieses Problem steht einer demokratischen Regierung entgegen, ist jeder modernen Präsidentschaft unwürdig – und wird doch zum Schaden der Nation (wenn nicht der ganzen Welt) weitgehend ignoriert. Im Folgenden sollen die immanenten Übel einer solchen übermäßigen Geheimhaltung noch einmal kurz zusammengefasst werden.

### *Geheimniskrämerei ist undemokratisch*

Unser System beruht darauf, dass wir über unsere politischen Führer, ihre Handlungen und ihre Absichten informiert sind, so dass wir unsere Zustimmung oder Ablehnung äußern können. Dass der Präsident und der Vizepräsident der größten Demokratie der Welt den amerikanischen Bürgern solch wichtige Informationen vorenthalten, nur um ihre eigenen politischen Marotten und Ziele zu verfolgen, ist unzumutbar und unverzeihlich und darf nicht hingenommen werden. »Demokratien sterben hinter verschlossenen Türen«, mahnte Richter Damon J. Keith vom Bundesberufungsgericht für die Staaten New York, Connecticut und Vermont vor kurzem die Bush-Regierung.[8] Dasselbe gilt für die Freiheit.

### *Geheimhaltung bedroht die Freiheit*

Bereits im 18. Jahrhundert hat Patrick Henry die weitsichtige Warnung ausgesprochen: »Die Freiheiten des Volkes waren niemals sicher und werden es nie sein, wenn die Geschäfte ihrer Herrscher vor ihnen verborgen gehalten werden können.« Diese Gesinnung fand anderthalb Jahrhunderte später einen Nachhall, als Woodrow Wilson betonte: »Das einzige wirklich sich selbst regierende Volk ist das Volk, welches über seine Regierung diskutiert und ihr kritische Fragen stellt.«[9] Menschen ohne Informationen können eine geheime Regierungspolitik nicht infrage stellen, beeinflussen oder auch nur verstehen, und wenn sie es eines Tages tun, haben sie keine Wahl oder Stimme mehr. Der Mangel an Informationen seitens der Regierung bereitet vielen Amerikanern Kopfschmerzen; die Geheimnistuerei der Regierung macht ihnen Angst. Von Thomas Jefferson stammt der berühmte Ausspruch: »Wenn die Regierung das Volk fürchtet, herrscht Freiheit; wenn das Volk die Regierung fürchtet, herrscht Tyrannei.«[10]

1980 beschloss der Politikwissenschaftler John Orman seine Untersuchung mit dem Titel *Presidential Secrecy and Deception* mit folgenden Worten der Besorgnis über eine mangelnde Verantwortlichkeit des Präsidenten: »Wenn ein Einzelner die Fakten kontrolliert …, dann negiert diese Person jedes System einer Verantwortlichkeit.« 1990 kehrte Orman zu diesem Thema zurück und erläuterte in *Presidential Accountability: New and Recurring Problems* die Schwierigkeit, Präsidenten zur Rechenschaft zu ziehen: »Präsidenten können lügen, Informationen zurückhalten und systematisch versuchen, die öffentliche Meinung zu manipulieren.«[11] Wenn der Kongress es unterlässt, den Präsidenten zur Rechenschaft zu ziehen, wie es leicht geschehen kann, wenn die Partei des Präsidenten im Kongress die Mehrheit hat, gibt es nur noch eine Institution, die das tun kann: die der Nachrichtenmedien. Wenn sie einem Präsidenten alles nachsehen und die Geheimniskrämerei den Sieg davonträgt, haben wir eine Führung ohne Verantwortlichkeit, und nichts wäre gefährlicher als das.

### *Geheimhaltung entfremdet*

Bei Gerald Wetlaufer lesen wir: »Geheimhaltung erzeugt eine Entfremdung – eine subjektive Distanz – zwischen denen, die sie betreiben, und denjenigen, vor denen etwas geheim gehalten wird. In der Öffentlichkeit führt eine solche Entfremdung zwischen Regierten und Regierenden zu einer Hierarchie statt zu Demokratie und Souveränität der Staatsbürger.«[12] Meinungsumfragen zeigen, dass die Geheimhaltung der näheren Umstände von Kennedys Ermordung, dann die Heimlichkeit um den Vietnamkrieg und die Geheimniskrämerei Nixons weite Teil der amerikanischen Öffentlichkeit ihrer Regierung entfremdet hatten – und das verlorene Vertrauen konnte nur langsam zurückgewonnen werden. Auch die extreme Geheimhaltung Bushs und Cheneys wird über kurz oder lang von der Öffentlichkeit registriert werden und das (für eine Demokratie lebenswichtige) Vertrauen in die Regierung noch weiter erschüttern.

### *Auswirkungen auf den Charakter*

Heimlichkeit erlaube »Menschen, eine Fassade aufrechtzuerhalten und bestimmte Charakterzüge zu verbergen wie Gefühllosigkeit oder Rachsucht – Eigenschaften, die sich in Ermangelung von Kritik oder Protest von außen als schwächend erweisen können … Ebenso wie Geheimhaltung den Charakter und das Urteilsvermögen beeinträchtigen kann, ist es möglich, dass sie den Widerstand gegenüber dem Irrationalen und Pathologischen schwächt … Wir kennen alle die lähmende Starrheit, die Menschen behindert, die einem Zwang zur Geheimhaltung unterliegen.«[13] Was die Philosophin Sissela Bok mehr als zehn Jahre vor dem Amtsantritt von Bush und Cheney schrieb, wirkt wie eine präzise Beschreibung dieser Regierung.

### *Geheimhaltung birgt Gefahren*

Verheimlichung bietet Anlass zu Furcht. Sie ist, so stellt Bok ebenfalls fest, »von zentraler Bedeutung für die Planung jedweder Form von Schaden, den man Menschen beibringen kann«. Und weiter: »Zwar dient nicht jede Geheimhaltung einer Täuschung, … aber jede Täuschung beruht darauf, dass etwas geheim gehalten wird. Und während nicht alle Geheimnisse schändlich sind, so ist doch alles Schändliche und alles begangene Unrecht auf Verheimlichung bedacht«, es sei denn, es wird offener Zwang ausgeübt.[14] Kurzum, aus Geheimhaltung erwächst wenig Gutes.

Wenn Fehler leicht verborgen werden können, gibt es keinen Grund, sich vor ihnen zu hüten. Sissela Bok hat auch dargelegt, dass Geheimhaltung »das Treffen einer rationalen Wahl bei jedem Schritt [behindert]: indem Menschen daran gehindert werden, eine bedrohliche Lage adäquat zu beurteilen, sich bietende Alternativen klar zu sehen, die Konsequenzen jeder einzelnen von ihnen richtig einzuschätzen und sie gegeneinander abzuwägen«.[15] Zudem fördert (und verbirgt) sie ein »Gruppendenken«, eine kollektive schlechte Meinung, die sich hinter verschlossenen Türen leicht einstellen kann, wenn es keine Informationen und keine kritischen Fragen von außen gibt, da die getroffenen Entscheidungen geheim gehalten werden.[16] In den Büchern von Bob Woodward, *Bush at War – Amerika im Krieg* (München 2003), und Ron Suskind, *The Price of Loyalty: George W. Bush, the White House, and the Education of Paul O'Neill* (New York 2004), finden sich zahlreiche Beispiele für dieses Gruppendenken in der nächsten Umgebung von Bush und Cheney. Die Probleme im Zusammenhang mit der Besetzung des Irak durch die Amerikaner zeigen alle Merkmale von Entscheidungen, die auf der Basis eines Gruppendenkens getroffen wurden.

## Bush und Cheneys potentielle Skandale

Geheimhaltung ist auch ein unverzichtbares Element eines jeden Skandals; sie leistet ihm Vorschub und verbirgt eine Zeit lang das ihm innewohnende Unrecht. Ohne Geheimhaltung wäre es nicht möglich gewesen, die Verfehlung zu begehen. Nachdem ich die Watergate-Affäre aus nächster Nähe miterlebt und mich (aus persönlicher Neugier) praktisch mit jedem Skandal der gesamten US-Präsidentschaft näher beschäftigt habe, konnte ich einen tieferen Einblick in deren Dynamik gewinnen. Doch obwohl kein Mangel an historischen, juristischen und politischen Untersuchungen herrscht, gibt es erstaunlicherweise fast keine Untersuchung über die Mechanik und Dynamik von Skandalen, keine eigentliche »Skandalogie«. Von besonderem Interesse war für mich deshalb eine Untersuchung von John B. Thompson, einem Soziologen an der Universität Cambridge, deren Ergebnisse im Folgenden in stark komprimierter Form wiedergegeben werden – bestätigt doch seine Arbeit meine eigenen, jahrzehntelangen Beobachtungen über die Anatomie von Skandalen.

Kurz gesagt: Zu einem Skandal braucht es »Vergehen … von genügender Schwere, um die Missbilligung anderer auszulösen«, die jedoch noch nicht in die Kategorie der »schändlichen Verbrechen« fallen. Das Vergehen muss zunächst verborgen gehalten und dann enthüllt werden, wobei Letzteres im Falle heutiger Politskandale durch die Nachrichtenmedien geschieht, was diese zu Hauptbeteiligten und letztlich zu einem Teil des Mechanismus eines Politskandals macht. Die Medien müssen außerdem ihre Missbilligung des Fehlverhaltens in einer verächtlichen und kritischen Weise gegenüber den Schuldigen zum Ausdruck bringen, »vorwurfsvoll und tadelnd« oder »maßregelnd und missbilligend«, was häufig so weit geht, dass sie die Betroffenen beschämt und stigmatisiert. Wenn die Medien von einem Verstoß erfahren, ohne in der beschriebenen Weise darauf zu reagieren, kommt es nicht zu einem Skandal. Als eine weitere Bedingung muss den Beteiligten an einem skandalösen Fehlverhalten klar sein, dass ihr Handeln, falls es an die Öffentlichkeit gelangt, nicht nur ihren Ruf schwer beschädigt, sondern auch den Verlust ihrer Position, strafrechtliche Verfolgung oder andere Sanktionen nach sich ziehen wird.[17]

Das Verbreiten von Skandalgeschichten reizt mich keineswegs. Wenn Bush und Cheney ihre hier in extenso dargelegten Praktiken der Verheimlichung aufgäben, bestünde überhaupt kein Anlass mehr zu einem Skandal. Tun sie es nicht, müssen sie mit der Möglichkeit etlicher Skandale rechnen, da alle wesentlichen Bedingungen gegeben sind, auch die richtige Atmosphäre. Auf der Grundlage dessen, was ich in den vorigen Kapiteln beschrieben habe, gibt es mindestens elf Bereiche, in denen es zu einem Skandal kommen kann. Erstens Bushs Charakterprobleme und zweitens sein früheres Geschäftsgebaren – zwar fallen die Fragen im Zusammenhang mit Bushs geschäftlichem Verhalten weniger ins Gewicht als die Cheneys, aber sie sind wesentlich gravierender als beispielsweise die Finanzaffären Clintons, die jahrelang Gegenstand von Untersuchungen waren und während seiner gesamten Präsidentschaft zu einem fast endlosen Skandal wurden. Weitaus ernster zu nehmen ist dagegen drittens Cheneys Gesundheitszustand, über den die Öffentlichkeit keine umfassende und wahrhaftige ärztliche Auskunft erhalten hat. Was viertens Cheneys frühere Wertpapiertransaktionen angeht, die von der amerikanischen Börsenaufsicht SEC (ebenso wie von der französischen Regierung*) entschlossen untersucht werden, so geht es hier um schwerwiegendere Dinge als die »kreative Buchführung« bei Halliburton unter Cheney. Die Untersuchung durch die SEC wird auch den Punkt einschließen, dass er von den Finanzproblemen des Unternehmens wegen der laufenden Schadenersatzforderungen von Asbestgeschädigten wusste, ohne diese Information an die Aktieneigner weiterzugeben. Wie das geschäftliche Fehlverhalten von Nixons Vizepräsident Spiro Agnew gezeigt hat, werfen Straftaten auf dieser Ebene der Regie-

* Gegenwärtig (Februar 2004) ist es noch zu früh, um etwas darüber zu sagen, ob die französischen Ermittlungen gegen Halliburton wegen Bestechung von Regierungsvertretern eine Beteiligung Cheneys ergeben werden. Aber die Untersuchung wird auch gegen ihn geführt.

rung ganz besondere Probleme auf. Es kann sein, dass ein Vizepräsident wegen seines hohen Amtes strafrechtlich nicht zu belangen ist, und es kann sein, dass gegen ihn keine Amtsanklage erhoben werden kann, weil das betreffende Vergehen nach den Maßstäben der Verfassung nicht als »besonders schwer« einzustufen ist. Wie auch immer, die Probleme Cheneys in Verbindung mit Halliburton reichen wesentlich tiefer, als der Öffentlichkeit bewusst ist.

Fünftens hat die ACLU (American Civil Liberties Union) Klage wegen Verletzung der Bürgerrechte eingereicht, genauer: wegen der Unterdrückung von abweichenden Meinungen in Gegenwart des Präsidenten und des Vizepräsidenten. Diese Anklage hat möglicherweise Rückwirkungen auf das Weiße Haus, wenn in dem Zivilprozess auch strafbare Handlungen zur Sprache kommen sollten. In einem weiteren Prozess geht es sechstens um Bushs präsidiale Verfügung, mit der er die Presidential Records Act praktisch aufgehoben hat. In diesem Prozess kommt möglicherweise ans Licht, dass seine verfassungswidrige Maßnahme (Präsidenten können ein Gesetz nicht mit einer präsidialen Verfügung außer Kraft setzen) in Wirklichkeit den Zweck verfolgte, Dinge zu vertuschen, die sein Vater oder Mitglieder seiner eigenen Regierung getan haben, die bereits in der Regierung Reagan oder Bush senior tätig waren. Und dann sind da noch die vielen großen Wahlkampfspender. Die Unterscheidung zwischen Bestechung und Geldgeschenken, die als Wahlkampfspenden deklariert werden, ist bestenfalls verschwommen, und siebtens liegt über der Entwicklung einer nationalen Energiepolitik, von der die Spender einen Vorteil hatten, ein außerordentlich dichter Schleier der Geheimhaltung. Daneben gibt es noch unzählige Wahlkampfspender, die davon profitieren, dass die Bush-Regierung Informationen zu gesundheitsschädlichen Schadstoffen in der Luft, mangelnder Sicherheit an Fahrzeugen und anderen Gefährdungen der Bürger zurückgehalten hat und immer noch zurückhält. Sobald sich jemand findet, der gegen diese menschenverachtende Politik zu Felde zieht, könnte dies ebenfalls einen Skandal auslösen.

Bush und Cheney ist es nicht gelungen, eine Untersuchung zu den Anschlägen vom 11. September zu verhindern, und wenn achtens Cheney mit seinem Zögern, rechtzeitig gegen den Terrorismus vorzugehen, noch ein weiteres Motiv hatte oder Bush und Cheney Warnungen leichtfertig ignoriert haben, wird es einen furchtbaren Skandal geben, schlimmer als Watergate. Neuntens ist Bush und Cheneys Versäumnis, die bestehende Planung zur Fortführung der Regierung unter Notstandsbedingungen (einschließlich des Presidential Succession Law, des Gesetzes zur Amtsnachfolge des Präsidenten) zu aktualisieren, bereits ein Beweis für eine pflichtwidrige Unterlassung, aber sollten wir erfahren, dass sie die bestehenden Notstandspläne für ihre politischen Zwecke missbraucht haben, könnte auch das zu einem Skandal führen. Sie können nicht buchstäblich Hunderte von Regierungsmitarbeitern der unteren Ränge dazu verdonnern, nicht zu reden – und ich weiß, dass einige von ihnen inzwischen sehr misstrauisch geworden sind. Es gibt noch zwei weitere äußerst schwerwiegende potentielle Skandale. Die Art und Weise, wie Bush zehntens den Kongress mit Blick auf den Irakkrieg in die Irre führte und anschließend eine Kehrtwende machte und dasselbe Gesetz verletzte, um das er den Kongress ersucht hatte, kann man nur als das bezeichnen, was es ist – ein Staatsverbrechen oder ein Verfassungsbruch. Werden die Republikaner ihn zur Rechenschaft ziehen? Natürlich nicht. Doch das ändert nichts an den Tatsachen, die das Urteil der Geschichte mit ebenso wenig Nachsicht behandeln wird wie sein demokratischer Gegner im Wahlkampf 2004. Schließlich gibt es elftens die gezielte Indiskretion über Valerie Plame Wilsons Tätigkeit für die CIA; in dieser Sache laufen zur Zeit Ermittlungen, die nach meiner Überzeugung zur Aufdeckung der undichten Stelle führen werden, wenn auch nicht vor den Wahlen im November 2004.

Thompsons Untersuchung politischer Skandale war für mich auch deshalb von besonderem Interesse, weil sie auf die entscheidende Rolle der Nachrichtenmedien in den politischen Skandalen der Gegenwart eingeht. Die Medien haben – als Katalysatoren und als kritische Instanzen – ihren unverzichtbaren Anteil daran, dass Skandale aufgedeckt und zum Gegenstand von Debatten gemacht werden, wobei es nicht unbedingt nötig ist, dass sie selbst es sind, die ein Fehlverhalten aufdecken, auch wenn das oft der Fall ist; häufiger genügt es, dass sie über Informationen berichten, die von anderen stammen, von Sittenwächtern bis hin zu staatlichen Ermittlern, und dass sie eine kritische oder gar anklagende Position dazu einnehmen. Medien sind heute praktisch allgegenwärtig: Nachrichten bezieht man nicht mehr ausschließlich über die Printmedien, Radio und Fernsehen, sie erreichen uns zunehmend auch über das Internet, wodurch die »Vermittlung« (um einen Begriff Thompsons zu gebrauchen) von Skandalen sich ändert. Bush und Cheney können darüber nicht glücklich sein.

Die amerikanische Nation ist heute politisch tief gespalten.*[18] Die Skandalanfälligkeit (»scandal sensitivity« – ein weiterer Begriff Thompsons) von polarisierenden Präsidenten, denen ein Großteil der Wähler ablehnend gegen-

* Aktuelle Zahlen, wie hoch der Prozentsatz der Bush-Hasser bei Meinungsumfragen ist, liegen mir nicht vor, doch es wird immer wieder darüber berichtet. So schrieb etwa Molly Ivins in einer Kolumne mit der Überschrift »Call Me a Bush-Hater« (»Nennt mich ruhig einen Bush-Hasser«), Robert Novak habe gesagt, »in den mehr als vierzig Jahren, in denen er über Politik schreibe, habe er nie etwas Vergleichbares erlebt wie den Abscheu gegenüber Bush. Charles Krauthammer brachte es fertig, einen langen Artikel über das Thema Bush-Hasser in der Zeitschrift *Time* zu schreiben, als wäre ihm ein derartiges Phänomen noch nie begegnet.«

übersteht, ist offensichtlich höher als bei Präsidenten, die bei ihren politischen Gegnern keine extreme Abneigung auslösen und eher ausgleichend wirken. So lösten beispielsweise Gerald Ford (mit seiner Amnestierung Nixons) und Jimmy Carter (dessen Bruder, Haushalts- und Stabschef im Weißen Haus, ihm Probleme machte) Skandale aus, doch keiner wurde dadurch in seinem Ansehen nachhaltig beschädigt, da sie als Präsidenten keine persönliche Antipathie auslösten. Dasselbe galt für Ronald Reagan, der (mit seinem Vizepräsidenten, seinem Verteidigungs- und seinem Justizminister sowie hochrangigen nationalen Sicherheitsberatern) wegen des Missbrauchs seiner präsidialen Befugnisse einen der schwersten Skandale seit Watergate ausgelöst hatte und überlebte. Das Image George H. W. Bushs – kein Mensch, der die Gemüter spaltet – wurde durch die Iran-Contra-Affäre höchstens leicht angekratzt. Doch Nixon, Clinton und jetzt Bush junior waren und sind polarisierende Präsidenten. Solche Präsidenten sind nicht durch eine unsichtbare Mauer geschützt, wenn ein von ihnen begangener Gesetzesverstoß erst einmal offenbar wird und sich zu einem heftigen Skandal auswächst. Und dann gibt es noch Bushs Problem mit den Nachrichtenmedien. Mit seiner Verachtung und seiner ruppigen Art Journalisten gegenüber hat er sich viele Sympathien verscherzt, was er eines Tages noch bitter bereuen könnte.

Wenn Bush den Wahlkampf 2004 überstehen und wieder gewählt werden sollte, wird er weiterhin mit einem Skandal rechnen müssen, und diese Gefahr wird noch zunehmen, wenn die Republikaner in einem der beiden Häuser im Jahr 2004 oder 2006 ihre knappe Mehrheit verlieren sollten. Doch so gravierend einige dieser sich anbahnenden Skandale auch sein mögen, die Abschirmung dieser Regierung nach außen und ihre Strategie, sich zunehmend der Kontrolle des Kongresses zu entziehen, das zieht Konsequenzen nach sich, die wesentlich schlimmer sind als ein noch so heftiger politischer Skandal. Die Präsidentschaft Bushs und Cheneys ist aufgrund ihrer systematischen Geheimhaltung eine gefährliche Bedrohung der Demokratie in einer Zeit des Terrorismus.

## »Kampf gegen den Terror«?

Seit dem 11. September haben Bush und Cheney die Muskeln spielen lassen und einen Krieg begonnen, aber absolut nichts unternommen, um die amerikanische Öffentlichkeit auf einen weiteren verheerenden Anschlag vorzubereiten. Genau das müsste ganz oben auf der Prioritätenliste stehen – wenn sie denn aufhören würden, den Terrorismus für ihre eigenen politischen Ziele zu instrumentalisieren, und sich der schwierigen Aufgabe widmeten, ihn wirksam zu bekämpfen (indem sie die übrige Welt als Partner gewinnen statt sie wie einen Haufen dummer Jungen zu behandeln). Dass sie dies bislang unterlassen haben, lässt ebenso wie ihre allgemeine Reaktion auf den Terrorismus vermuten, dass sie eine derart düstere Lage lediglich als eine weitere Gelegenheit ansehen, ihre heimlichen Pläne weiterzuverfolgen. So wie sie sich im Vorfeld des 11. September neun Monate lang geweigert haben, trotz Warnungen vor einem drohenden Terroranschlag etwas zu unternehmen, so haben sie es auch seither versäumt, dem Terrorismus einen Teil seines Schreckens zu nehmen – mehr als zweieinhalb Jahre lang.

Ist ihnen nicht klar, dass die Mischung aus ihrer beinharten Haltung – gegenüber den eigenen Bürgern wie dem Ausland – und dem Wesen unserer Demokratie letztlich den Terroristen in die Hände spielt? Ihre Haltung der »harten Burschen« gegenüber allem und jedem kann Terroristen nur dazu verlocken, den Einsatz zu erhöhen und immer entsetzlichere Anschläge zu planen. Einen besseren Vorwand als diese Regierung kann sich bin Laden nicht wünschen.

Oren Gross, Professor für Rechtswissenschaft an der University of Minnesota, hat diese umfassenden, aber grundlegenden Auswirkungen des Terrorismus und der Verletzlichkeit Amerikas untersucht. Im *Yale Law Journal* beschäftigt er sich näher mit dem »fundamentalen Problem«, vor dem jede Demokratie steht, die sich mit dem Terrorismus auseinander setzen muss.[19] »Die Ideale der Demokratie«, schreibt Gross, »individuelle Rechte, Legitimität, Verantwortlichkeit und eine verbindliche Rechtsordnung, unterstellen, dass selbst in Zeiten einer unmittelbaren Gefahr die Regierung formal und real in ihren Handlungsmöglichkeiten, die sie zum Schutz des Staates ergreifen kann, eingeschränkt ist.«[20] Demnach liegt die große Gefahr, vor die sich unsere Demokratie durch den Terrorismus gestellt sieht, nicht so sehr darin, dass Terroristen uns mit physischer oder militärischer Gewalt eine Niederlage beibringen können, sondern vielmehr darin, dass er demokratische Regime dazu provoziert, auf autoritäre Maßnahmen zurückzugreifen, die erstens das Gefüge der Demokratie schwächen, zweitens die Regierung im eigenen Land wie im Ausland diskreditieren, drittens Teile der Bevölkerung der Regierung entfremden und auf diese Weise weitere Bürger dazu bringen, die terroristischen Organisationen und ihre Sache (zumindest passiv) zu unterstützen, und viertens den Anspruch der Regierung untergraben, im Kampf gegen die Terroristen die moralisch Überlegenen zu sein, also Letztere ein Stück weit legitimiert. Was praktisch bedeutet, dass der Terrorismus den Sieg davonträgt, wenn die Vereinigten Staaten »weniger demokratisch« werden.[21] Im Kontext dieser Analyse – bislang mit Ausnahme von Punkt drei – machen die Terroristen erstaunliche Fortschritte. Wenn sie (wovon ich überzeugt bin) ein geeignetes Instrument ist, um abzuschätzen, wer im Krieg gegen den Terror der Sieger und wer der Verlierer sein wird, dann ist das Ergebnis überdeutlich: Wir sind heute weniger demokratisch als vor dem 11. September. Der nächste vergleichbare Terroranschlag wird jedes der genannten Potentiale verstärken, und mit einer Politik nach dem Muster von Bush und Cheney werden wir diesen Krieg verlieren.

Der ehemalige Richter William J. Brennan Jr., der unter Eisenhower im Amt war, beklagte 1987 die absehbare Reaktion seines Landes während eines Krieges mit den Worten: »Jedes Mal, wenn eine erkennbare Sicherheitskrise überstanden war, haben die Vereinigten Staaten reumütig begriffen, dass die Aufhebung von bürgerlichen Freiheitsrechten unnötig war. Dennoch waren sie bis heute nicht in der Lage, sich vor einer Wiederholung dieses Fehlers zu hüten, sobald die nächste Krise kam.«[22] General Franks tut gut daran, sich Sorgen zu machen, was mit unserer Verfassung geschehen wird, wenn (oder falls) wir erfahren werden, dass eine terroristische Organisation über eine oder mehrere Massenvernichtungswaffen verfügt.

Wenn keine Einigkeit über die Verteilung der verfassungsmäßigen Befugnisse auf dem Gebiet der Außenpolitik zwischen Kongress und Präsident besteht, dann besteht noch weniger Einigkeit über die Befugnisse des Präsidenten in einer Notstandssituation. Bevor Terroristen Waffen in die Hände bekommen, denen noch mehr Menschen zum Opfer fallen können als bei den Anschlägen vom 11. September, bevor sie unsere Verfassung in Fetzen reißen, sollte man die Amerikaner darauf vorbereiten, was in einem solchen Fall passieren kann (Kriegsrecht, Schließung von Zivilgerichten, staatlich gelenkte Märkte, Preiskontrollen, Ausgangssperren, Rasterfahndung und Verhaftung von Verdächtigen, Militärgerichte, ausgesetzte Wahlen und anderes mehr). Es ist nicht nötig, Geheiminformationen zur nationalen Sicherheit zu enthüllen, um über solche Fragen allgemein zu diskutieren. Aber wäre es nicht Sache der Amerikaner selbst, darüber zu entscheiden, welche Maßnahmen sie von der Regierung erwarten, wenn es einen verheerenden Terroranschlag gibt, so wie sie es praktisch auch während des Kalten Krieges getan haben? Der Terrorismus operiert mit Überraschungsschlägen. Es ist Aufgabe der politischen Führer, die Bevölkerung zu unterrichten und das Überraschungsmoment möglichst klein zu halten. Bislang wurde nichts dergleichen unternommen. Im Gegenteil, seit Bush und Cheney ihre Ämter durch einen glücklichen Zufall errungen haben, ging es ihnen um nichts anderes, als immer mehr Machtbefugnisse an sich zu ziehen.

C. Boyden Gray, der oberste Rechtsberater von Bush senior im Weißen Haus, hat von ihm gesagt, er habe den Wunsch gehabt, das Amt mit mehr Machtbefugnissen zu hinterlassen, als er es bei seinem Amtsantritt vorgefunden hatte.[23] Auch hier versucht der Sohn etwas zu erreichen, was dem Vater versagt geblieben war, und Cheney ist ihm dabei mehr als behilflich. Wie Arthur Schlesinger Jr. vor drei Jahrzehnten gezeigt hat, beruht eine imperiale Präsidentschaft auf aggressiven Handlungen des Präsidenten im Namen der nationalen Sicherheit. Die Grenzlinie zwischen außenpolitischen und innenpolitischen Fragen war lange Zeit nicht mehr zu erkennen, und auch die Machtbefugnisse des Präsidenten waren nicht mehr klar abgegrenzt. Nixon, der diesen Sachverhalt durchschaute, nutzte ihn dazu, sich Befugnisse anzumaßen, die nicht durch die Verfassung abgedeckt waren. Bush und Cheney arbeiten mit einem ähnlichen Trick. Watergate war in seinem innersten Kern schlicht und einfach ein Machtkampf. Legislative und Judikative bemühten sich, die Befugnisse der Exekutive einzuschränken, während die vierte Gewalt, wenn auch etwas verspätet, die amerikanische Öffentlichkeit informierte. Nixon verlor diese große Schlacht – eine

Tatsache, für die wir alle nur dankbar sein können. Heute machen Bush und Cheney da weiter, wo Nixon aufgehört hat. Sie versuchen, die präsidiale Macht von allen Einschränkungen zu befreien. Sie wollen sich bei der Ausführung ihrer Politik nicht von denen dreinreden lassen, die die Welt anders sehen als sie. Bush und Cheney sind überzeugt, dass die Güte ihrer Motive jede Aktion rechtfertigt, die sie für nötig halten, und dabei setzen sie die Gesundheit, die Sicherheit und das materielle Wohlergehen von Tausenden Amerikanern aufs Spiel und nehmen in Kauf, dass vielleicht sogar unschuldige Ausländer das Leben verlieren – was man dann als »Kollateralschäden« der modernen Kriegführung abtun kann. Das alles war schon bei Nixon so. Doch wie seine Bücher und späteren Interviews zeigen, hat er aus seinen Fehlern gelernt. Nicht so Bush und Cheney.

Offenbar wollen Bush und Cheney die Amerikaner im Ungewissen lassen über das Dilemma, vor dem eine Demokratie in Zeiten einer Katastrophenkrise steht; sie werden die Nation durch ihr offizielles Schweigen zum Verstummen bringen. Wenn dann der Augenblick kommt und ein neuer Anschlag von Terroristen das amerikanische Selbstbewusstsein noch tiefer erschüttert als der 11. September, werden der Präsident und sein Vize die Verfassung, auf die sie geschworen haben, ganz einfach zur Seite schieben, die Emotionen der Öffentlichkeit mit starken Worten schüren, um Unterstützung zu mobilisieren, und dieses Land in eine Lage versetzen, in der es sich erst ein einziges Mal befunden hat. Während des beginnenden Bürgerkriegs wurde Präsident Lincoln elf Wochen lang zu einem »konstitutionellen Diktator«, wie die Wissenschaft ihn euphemistisch bezeichnet hat. Doch bei einem erneuten Terroranschlag wird es sicher nicht mehr mit elf Wochen abgehen. Bush hat einmal gewitzelt: »Wenn das hier eine Diktatur wäre, wäre das Ganze wesentlich einfacher, jedenfalls solange ich der Diktator bin.«[24] Doch George W. Bush ist kein Abraham Lincoln.

Vorerst werden alle hier geschilderten Verstöße und Unregelmäßigkeiten hoffentlich Gegenstand von Diskussionen während des Wahlkampfs 2004 sein. Es sind Probleme, die man wirklich nicht ignorieren kann. Abschließend sei hier zitiert, was der langjährige Abgeordnete und Mehrheitsführer im Kongress Dick Armey in seiner Abschiedsrede vor dem Nationalen Presseclub vortrug. Er sprach nicht als Republikaner oder als Vertreter einer Partei, sondern als ehemaliger Universitätsprofessor, der jenseits des politischen Trubels eine aufrichtige, gelehrte und kluge Mahnung aussprach. Er warnte alle Amerikaner vor der »zutiefst gefährlichen Versuchung, unsere Freiheiten zu opfern für die Sicherheit vor dieser heimtückischen Drohung [des Terrorismus], die bis in unsere Stadtviertel vordringt ... Wir als das Volk sollten besser ein Auge auf ... unsere Regierung haben. Nicht aus Verachtung oder mangelnder Wertschätzung oder Respektlosigkeit, sondern aus einem Gefühl der Verantwortung. Freiheit ist keine Politik für die Furchtsamen. Und meine wehmütige Bitte an alle meine Kollegen, die in der Regierung bleiben, während ich sie verlasse, ist um unseretwillen, um meinetwillen und um des Himmels willen: Geben Sie die Freiheit nicht preis!«[25]

George Bush und Dick Cheney haben dieser Mahnung kein Gehör geschenkt – zu wenige schenken ihr Gehör. Doch kein Amerikaner will, dass der Terrorismus wegen unnötiger Geheimniskrämerei der Regierung, unserer eigenen kollektiven Dummheit und des Versäumnisses unserer Führer, ihrem Amt gerecht zu werden, den Sieg davonträgt.

# Anhang I

Am 28. Januar 2003 stellte Präsident George W. Bush in seiner Rede zur Lage der Nation seine Argumente für einen Krieg gegen den Irak ins Zentrum seiner Ausführungen. Die Grundlage seiner Forderung nach einer Absetzung Saddam Husseins mit militärischer Gewalt waren acht angebliche Tatsachen, die Bush dem Kongress vortrug. Ein Vergleich mit Material, das öffentlich zugänglich ist, macht deutlich, dass die von Bush vorgebrachten Informationen in auffälliger Weise entstellt, irreführend und falsch waren.

**Angebliche Tatsache Nr. 1:** »Die Vereinten Nationen gelangten 1999 zu der Schlussfolgerung, dass Saddam Hussein genügend biologisches Waffenmaterial zur Herstellung von über 25 000 Litern Anthrax besaß – eine ausreichende Menge, um mehrere Millionen Menschen zu töten. Über dieses Material hat er keine Rechenschaft abgelegt. Er hat keine Beweise vorgelegt, dass er es vernichtet hat.«

**Bushs Quelle:** Er beruft sich auf den Bericht der UN-Sonderkommission (UNSCOM) von 1999 vor dem UN-Sicherheitsrat. Dieser Bericht stützt sich jedoch nicht auf überprüfte Tatsachen, sondern auf »Schätzungen«, denen gegenüber die Kommission in unterschiedlichem Maße Vorbehalte hegte. Außerdem hat UNSCOM nie die ihr von Bush zugeschriebene Behauptung aufgestellt. In dem Bericht ist lediglich von Zwischenstoffen (»Wuchsstoffen«) die Rede, die dazu benutzt werden könnten, Anthraxkulturen zu züchten, und nur aufgrund einer Reihe von weiteren hypothetischen Annahmen gelangt man zu einer Zahl von »über 25 000 Litern Anthrax«, die der Präsident dem Kongress nannte. Früher im selben Monat, in einem Dokument vom 23. Januar, bezog sich das US-Außenministerium ebenfalls auf den UNSCOM-Bericht, aber wesentlich genauer als der Präsident: »Die UN-Sonderkommission gelangte zu dem Schluss, dass Irak mindestens 2160 Kilogramm Wuchsstoffe nicht überprüfbar deklariert hat. Diese Menge ist ausreichend, 26 000 Liter Anthrax herzustellen.« (Das Außenministerium erklärt nicht, wie es zu einer um 1000 Liter größeren Menge gelangt als in der Rede des Präsidenten.) Und zwei Tage nach der Rede zur Lage der Union beschrieb der stellvertretende Außenminister Richard L. Armitage in einer Aussage vor dem Außenpolitischen Ausschuss des Senats die UNSCOM-Schätzungen noch wahrheitsgetreuer: als einen Hinweis auf den »biologischen Wirkstoff, von dem die UN-Inspekteure *annehmen*, dass er vom Irak produziert werde«. (Hervorh. J. D.) Kurzum, der Präsident machte aus Schätzungen, Vermutungen und ungefähren Zahlen Tatsachenbehauptungen; das nennt man eine Irreführung.

**Angebliche Tatsache Nr. 2:** »Die Vereinten Nationen gelangten zu der Schlussfolgerung, dass Saddam Hussein im Besitz einer ausreichenden Menge von Substanzen sei, um über 38 000 Liter Botulinumtoxin zu produzieren – genug um Millionen Menschen durch Atemlähmung zu töten. Er hat diese Substanzen nicht deklariert. Er hat keine Beweise dafür vorgelegt, das er sie vernichtet hat.«

**Bushs Quelle:** Auch hier berief er sich auf den UNSCOM-Bericht. Auch hier machte er aus Schätzungen oder bestenfalls Vermutungen – auf der Grundlage der Ermittlungen der UN-Inspekteure und der Aussagen von Gewährsleuten unsicherer Zuverlässigkeit – harte Tatsachen. Sein eigenes Außenministerium hat dagegen dieselbe Information als eine »Annahme« und nicht als eine Tatsache herangezogen: »Der Irak hat 19 000 Liter (Botulinumtoxin) deklariert, [doch die] UNO *nimmt an*, dass er möglicherweise mehr als doppelt soviel produziert hat.« (Hervorh. J. D.)*

* Vgl. U.S. Department of State, »Iraq's Hidden Weapons: Failing to Disclose and Disarm«; www.state, gov/r/pa/ie/rls/19723.htm.

**Angebliche Tatsache Nr. 3:** »Unsere nachrichtendienstlichen Quellen schätzen, dass Saddam Hussein im Besitz von genügend Material war, um 500 Tonnen Sarin, Senfgas und VX zu produzieren. In solchen Mengen können auch diese chemischen Kampfstoffe mehrere Zehntausend Menschen töten. Er hat diese Substanzen nie deklariert.«

**Bushs Quelle:** Hier hat Bush wenigstens zugegeben, dass er *Schätzungen* herangezogen hat – doch diesmal hat er andere wichtige Einschränkungen unterschlagen, aus denen die Unsicherheit seiner eigenen »nachrichtendienstlichen Quellen« im Hinblick auf die angeblichen Fakten hervorgegangen wäre. Im Oktober 2002 hieß es in einem CIA-Bericht, der Irak »hat die erneute Produktion chemischer Kampfstoffe aufgenommen, *wahrscheinlich* auch von Senfgas, Sarin, Zyklosarin und VX«. Bush hat dieses »wahrscheinlich« unterschlagen. Die CIA hatte noch weitere Einschränkungen formuliert: »Mehr als zehn Jahre nach dem Golfkrieg lassen Lücken in der irakischen Deklarierung und den gegenwärtigen Produktionskapazitäten *stark vermuten*, dass der Irak einen Vorrat an chemischen Kampfstoffen hält, *wahrscheinlich* VX, Sarin, Zyklosarin und Senfgas.« (Hervorh. J. D.)* Wenn Bushs Redenschreiber anfangs solche Vorbehalte in die Rede aufnahmen, wurden diese anschließend aus dem Manuskript herausgenommen, was von einer erstaunlichen Missachtung der Wahrheit zeugt, ganz zu schweigen von einer bemerkenswerten Unterschätzung der Intelligenz des Kongresses und der Öffentlichkeit.

**Angebliche Tatsache Nr. 4:** »Aus Informationen der US-Nachrichtendienste geht hervor, dass Saddam Hussein im Besitz von über 30 000 großkalibrigen Patronen war, mit denen chemische Kampfstoffe verschossen werden konnten. Inspekteure fanden kürzlich sechzehn Stück davon, obwohl der Irak vor kurzem ihre Existenz bestritten hat. Saddam hat die verbliebenen 29 984 dieser verbotenen Patronen nicht deklariert. Er hat keinen Beweis dafür vorgelegt, dass sie vernichtet wurden.«

* Vgl. U.S. Central Intelligence Agency, »Iraq's Weapons of Mass Destruction Program«, Oktober 2002; www.cia.gov/cia/reports/iraq_wmd/Iraq_Oct_2002.htm.

**Bushs Quelle:** Hier berief er sich unbestimmt auf »Informationen der Nachrichtendienste«, doch offenbar kamen diese zuerst ebenfalls von der UNSCOM. In diesem Fall hätte er die Zahl der vorhandenen Patronen und Bomben, mit denen »chemische Kampfstoffe verschossen werden konnten«, verdoppelt. Nach den für die Öffentlichkeit freigegebenen Teilen des UNSCOM-Berichts haben Inspekteure »die Vernichtung von knapp 40 000 Patronen, Raketen und Bomben, von denen 28 000 bestückt waren, beaufsichtigt«. Ihre beste Schätzung belief sich auf 15 000 (und nicht 30 000) großkalibrige Patronen. Im Bericht der CIA vom Oktober 2002 heißt es zudem, dass »die UNSCOM die Vernichtung von über 40 000 großkalibrige Patronen mit chemischen Kampfstoffen beaufsichtigte«. Es gibt keine freigegebene Information, die Bushs Behauptung im Bericht zur Lage der Union bestätigt, es gebe 30 000 nicht nachgewiesene großkalibrige Patronen, mit denen chemische Kampfstoffe verschossen werden könnten. Auch hat bislang keine Nachrichtenorganisation Belege für Bushs Behauptung gefunden. Woher hat Bush diese Zahl? Es drängt sich der Verdacht auf, dass sie eine reine Erfindung war.

**Angebliche Tatsache Nr. 5:** »Von drei irakischen Überläufern wissen wir, dass der Irak Ende der neunziger Jahre über mehrere mobile Laboratorien für biologische Kampfstoffe verfügte. Sie sind für die Herstellung von Krankheitserregern ausgerüstet und beweglich, so dass sie den Inspekteuren ausweichen können. Saddam Hussein hat diese Einrichtungen nicht deklariert. Er hat keine Beweise dafür vorgelegt, dass er sie zerstört hat.«

**Bushs Quelle:** Die drei Informanten wurden bis heute nicht identifiziert – obwohl die Regierung inzwischen die Möglichkeit gehabt hätte, ihnen und ihren Angehörigen Asyl anzubieten und danach ihre Identität offen zu legen. Die Regierung Bush hat der Öffentlichkeit auch keine Möglichkeit gegeben, sich selbst davon zu überzeugen, dass es diese Männer tatsächlich gibt, und herauszufinden, warum sie der Regierung glaubwürdig erschienen. Bushs handverlesene Inspekteure haben ebenfalls nichts darüber gesagt, wer diese Überläufer waren. Außerdem bestehen massive Zweifel, dass überhaupt solche mobilen Labors gefunden wurden. Zwar hat die CIA behauptet, man habe zwei solcher

Labors aufgespürt, doch nach Angaben irakischer Wissenschaftler dienten sie dem Zweck, Wasserstoff für Wetterballons zu produzieren. Es haben sich bislang keine anderen irakischen Wissenschaftler oder sonstigen Personen gefunden, die Kenntnis davon haben konnten und dieser Behauptung widersprochen hätten. Außerdem hat das US-Außenministerium öffentlich der Behauptung der CIA (und des militärischen Nachrichtendienstes DIA) widersprochen, dass solche mobilen Labors gefunden worden seien. Auch hier hat Bush Annahmen als Fakten hingestellt und eine Bestimmtheit in seine Behauptungen gelegt, die völlig ungerechtfertigt war.

**Angebliche Tatsache Nr. 6:** »In den neunziger Jahren bestätigte die Internationale Atomenergie-Organisation (IAEO), dass Saddam Hussein über ein weit fortgeschrittenes Programm zur Entwicklung von Kernwaffen sowie einen Konstruktionsplan für den Bau einer Kernwaffe verfüge und an fünf verschiedenen Methoden zur Anreicherung von Uran für den Bau einer Atombombe arbeite.«

**Bushs Quelle:** Die IAEO hat einige derartige Informationen vorgelegt, doch deren Quelle war der Irak selbst. Nach Gary B. Dillon, dem Chef des Inspektionsteams der IAEO im Irak von 1997 bis 1999, kooperierte der Irak bis August 1998 widerwillig mit den Inspekteuren der UNSCOM und der IAEO. Außerdem wurde eine wichtige Einschränkung nicht genannt: Welchen Eindruck das Programm Anfang bis Mitte der neunziger Jahre auch machen mochte, 1998 war die IAEO jedenfalls ziemlich sicher, dass es wenig effektiv sei. Wie Dillon weiter berichtete, gab es 1998 »keine Hinweise darauf, dass der Irak die Ziele seines Programms erreicht hätte, eine Kernwaffe zu produzieren, oder dass es im Irak noch eine materielle Möglichkeit zur Herstellung größerer Mengen von waffenfähigem Kernmaterial gäbe, die von praktischer Bedeutung sei.«* Später wiederholte die IAEO in ihrem aktualisierten Bericht vom 20. Januar 2003 vor dem UN-Sicherheitsrat dieselbe, von Dillon bereits berichtete Informa-

* Vgl. den Bericht der IAEO (in englischer Sprache): www.iaea.or.at/worldatom/Periodicals/Bulletin/Bull442/article3.pdf.

tion. Es ist eine Irreführung, den Stand des irakischen Atomprogramms zu Beginn der neunziger Jahre anzuführen, ohne gleichzeitig zu erwähnen, dass dieses Programm bis zum Ende der neunziger Jahre keinen Schritt weitergekommen war. Noch irreführender ist es, diese Information zu unterschlagen und dann wie Bush zu behaupten, im Rahmen des inzwischen angeblich erfolgreichen Atomprogramms des Irak strebe das Land nunmehr den Erwerb von Uran an, was den falschen Schluss nahe legt, auf diesem Gebiet seien entscheidende Fortschritte erzielt worden.

**Angebliche Tatsache Nr. 7:** »Die britische Regierung hat erfahren, dass Saddam Hussein vor kurzem versucht hat, in Afrika nennenswerte Mengen Uran zu erwerben.«

**Bushs Quelle:** In unzähligen Medienberichten wurde inzwischen nachgewiesen, dass diese Geschichte unzutreffend war – und dass zumindest einige Mitglieder der Bush-Regierung wussten, dass es sich um eine Falschmeldung handelte. Ich werde nur auf die relevanten Informationen eingehen. Cheney wollte Näheres über das Uran wissen, das Niger Hussein angeblich zum Kauf angeboten hatte, also schickte die CIA Joe Wilson, einen ehemalige Botschafter und Afrikakenner, dorthin, der dann feststellte, dass an der Geschichte nichts dran war. Wilson unterrichtete die CIA und das US-Außenministerium vom Ergebnis seiner Nachforschungen. Cheney dürfte über das Ergebnis unterrichtet worden sein. Aus einer Rede Bushs vom 7. Oktober 2002 wurde die Behauptung, der Irak habe von Niger Uran kaufen wollen, gestrichen, weil man sie für unzuverlässig hielt, doch in der Rede zur Lage der Union tauchte sie wieder auf, obwohl seit Wilsons Bericht keine neuen Erkenntnisse vorlagen. Nur wenige Tage nach dieser Rede lehnte Powell es ab, diese Behauptung in seiner Rede vor den Vereinten Nationen zu wiederholen – obwohl Cheneys Stab ihn angeblich dazu gedrängt hatte –, weil er sie für nicht ausreichend bestätigt hielt. Der Gedanke drängt sich auf, dass Bushs oberste Berater von dem Schwindel gewusst, aber offenbar geglaubt haben, keiner werde etwas merken.

**Angebliche Tatsache Nr. 8:** »Von unseren nachrichtendienstlichen Quellen haben wir erfahren, dass [Saddam Hussein] versucht hat, hoch feste Aluminiumröhren zu kaufen, die sich für die Produktion von Kernwaffen eignen.«

**Bushs Quelle:** Offenbar bezog Bush sich dabei auf den CIA-Bericht vom Oktober 2002, doch auch hier wurden alle in dem Bericht geäußerten Vorbehalte ausgelassen, so dass erneut aus Vermutungen Tatsachenbehauptungen wurden. In dem CIA-Bericht hieß es: »Die entschlossenen Versuche des Irak, an verbotene hoch feste Aluminiumröhren zu kommen, geben Anlass zu beträchtlicher Besorgnis. Alle Geheimdienstexperten sind sich darin einig, dass der Irak [den Bau von] Kernwaffen anstrebt und dass diese Röhren für die Anreicherung von Uran verwendet werden könnten. Die *meisten* Geheimdienstspezialisten neigen zu der Ansicht, dass sie dafür gedacht sind, während *einige überzeugt sind*, dass diese Röhren wahrscheinlich für die Produktion konventioneller Waffen vorgesehen sind.« (Hervorh. J. D.) Am 20. Januar 2003 hatte die IAEO – die auf diesem Gebiet bessere Fachkenntnisse hat als die CIA – ihre Untersuchung im Irak in Bezug auf die Aluminiumröhren beendet. Sie gelangte zu dem Schluss, dass die Röhren – wie von den Irakern behauptet – nichts mit der Produktion von Kernwaffen zu tun hatten, sondern in einem konventionellen Raketenbauprogramm eingesetzt werden sollten. Acht Tage vor Bushs Rede zur Lage der Union erklärte die IAEO in ihrem Bericht vor dem UN-Sicherheitsrat: »Die Analyse der IAEO hat bis zum gegenwärtigen Zeitpunkt ergeben, dass die technischen Daten der vor kurzem vom Irak nachgefragten Aluminiumröhren offenbar mit einem Reverse Engineering von Raketen vereinbar sind. Zwar wäre es möglich, solche Röhren für die Herstellung von Zentrifugen zu verändern, doch für einen solchen Verwendungszweck sind sie unmittelbar nicht geeignet.« Somit war Bushs Behauptung, der Irak habe Röhren kaufen wollen, »die sich für die Produktion von Kernwaffen eignen«, falsch. Heute, nachdem keine Anlagen zur Produktion von Kernwaffen im Irak gefunden wurden, ist es natürlich klar, dass die von der IAEO vorgetragenen Angaben korrekt waren.

# Anhang II

Zwei Gruppen standen lange Zeit an vorderster Front bei den Bemühungen, die Geheimhaltung der Regierung aufzubrechen: Nachrichtenmedien und Wissenschaftler. Bei der Durchsicht von Geschichten über die Heimlichtuerei von amerikanischen Präsidenten seit Beginn des 20. Jahrhunderts stellte ich fest, dass zunächst nur Journalisten in dieser Sache ein Problem sahen – und sie trugen wesentlich dazu bei, dass der Kongress sich ihrer annahm. Doch erst in den späten fünfziger Jahren fand die Geheimniskrämerei von Präsidenten ernsthafte Aufmerksamkeit. Etwa zur selben Zeit begann auch die Wissenschaft, die übertriebene Geheimhaltung der US-Regierung im Namen der nationalen Sicherheit mit Besorgnis zu beobachten, behinderte sie doch den freien Fluss von Informationen, der Grundvoraussetzung ist für jede fundierte Forschung, für den Austausch zwischen Kollegen und die Entwicklung neuer Thesen. Deshalb ist es nicht überraschend, dass sich unter denen, die sich besonders aktiv und kritisch mit einer exzessiven Geheimhaltung durch die Regierung befassen und das Internet nutzen, um ihre Befunde und Informationen allgemein zugänglich zu machen, noch immer Journalisten und Wissenschaftler befinden.

Zwei Quellen sind besonders hilfreich, die die jüngsten Entwicklungen konsequent verfolgen und besonders engagiert dazu beitragen, dass die Regierung wieder mehr an Transparenz gewinnt. Diese gemeinnützigen öffentlichen Organisationen begrüßen Beiträge finanzieller Art ebenso wie solche in Gestalt von wichtigen Informationen zum Thema:

Federation of American Scientists
1717 K Street, NW, Suite 209
Washington, D. C. 20036
Tel.: (202)546-3300
Fax: (202)675-1010
E-Mail: fas@fas.org

Steven Aftergood von der Federation of American Scientists stellt einen täglich (außer am Wochenende) erscheinenden Rundbrief zusammen, der Nachrichten in Kurzform und aktualisierte Informationen über die Geheimpolitik der Regierung bringt. Seine FAS-Website über Geheimhaltung ist eine der besten und kommt ohne politische PR-Mätzchen aus: www.fas.org/sgp/index.html.

The Reporters Committee on Freedom of the Press
1815 North Fort Meyer Drive, Suite 900
Arlington, VA 22209
Tel.: (800) 336-4243 oder (703) 807-2100
E-mail: rcfp@rcfp.org

Das Reporters Committee geht vielen Themen nach, die für Journalisten von Bedeutung sind. Es verfolgt die Geheimhaltung der Regierung aus nächster Nähe und erstellt umfangreiche Untersuchungen (www.rcfp.org/index.html), und seine tägliche Nachrichtenchronik »Behind the Home Front« über Heimatsicherheit und militärische Operationen im Zusammenhang mit dem Sammeln von Nachrichten, dem Zugang zu Informationen und dem Recht der Öffentlichkeit, sich zu informieren, ist für alle am Thema Interessierten von großem Nutzen: www.rcfp.org/behindthehomefront.

Im Folgenden sind einige Websites von Organisationen aufgeführt, die sich mit zwanghafter Geheimhaltung befassen. Die Liste basiert auf ursprünglich von Steven Aftergood gesammeltem Material, das ich leicht überarbeitet habe. Mit Hilfe der FAS, des Reporters Committee und der folgenden Organisationen erfährt man einiges über die Art und Weise, wie die Regierung der Vereinigten Staaten das Recht der Öffentlichkeit auf Information einschränkt.

- **The Memory Hole** sammelt und veröffentlicht schwer zugängliche Aufzeichnungen und Dokumente, die der Öffentlichkeit vorenthalten werden: www.thememoryhole.org
- **Cryptome** bietet eine gute Sammlung von neuen amtlichen und nicht amtlichen Dokumenten zur Sicherheitspolitik, die regelmäßig aktualisiert wird: www.cryptome.org
- **GlobalSecurity.org** bietet Hilfsmittel zur nationalen Sicherheitspolitik einschließlich übertriebene Geheimhaltung: www.globalsecurity.org
- **Project on Government Oversight** führt unabhängige Untersuchungen zur Förderung von Transparenz und Verantwortlichkeit der Regierung durch: www.pogo.org
- **Electronic Privacy Information Center** liefert freigegebene Dokumente und Erkenntnisse über Kryptographie, Politik, Privatsphäre und ähnliche Themen: www.epic.org
- **Freedominfo.org** bringt Nachrichten über die Bemühungen um Informationsfreiheit auf der ganzen Welt: www.freedominfo.org
- **OMB Watch** bietet Hilfsmittel, Nachrichten und Analysen über das Recht auf Information: www.ombwatch.org/info
- Public Citizen's **Freedom of Information Clearinghouse** stellt Hilfsmittel bereit über die Freedom of Information Act: www.citizen.org/litigation/free_info; speziell zu Bushs Geheimhaltung: www.bushsecrecy.org
- **Access Reports** bringen Nachrichten und Analysen von Fachleuten zur Politik der Informationsfreiheit: www.accessreports.com
- **The James Madison Project** wurde ins Leben gerufen, um für eine Verantwortlichkeit der Regierung und gegen deren Geheimnistuerei aufzutreten sowie um die Öffentlichkeit über Fragen im Zusammenhang mit der Tätigkeit von Nachrichtendiensten und nationaler Sicherheit zu unterrichten: www.jamesmadisonproject.org
- **FOI.net** stellt Hilfsmittel über Gesetze zur Informationsfreiheit in den USA und anderen Ländern zur Verfügung.
- Die FAS stellt Links zu **Selected Agency FOIA Sites** zur Verfügung: www.fas.org/sgp/foia/index.htm#foia
- **CIA Center for the Study of Intelligence** stellt ihre Sicht zu vielen Sicherheitsfragen dar: www.odci.gov/csi

# Anmerkungen

## Vorwort

1 So definiert beispielsweise *The American Heritage Dictionary* (Aufl. 1985) Watergate als einen »Skandal, bei dem Regierungsvertreter das öffentliche ... Vertrauen durch Meineid, Bestechung und andere Formen des Machtmissbrauchs hintergangen haben, um ihre durch Wahl oder Ernennung erlangten Stellungen zu behaupten.« *Webster's Third New International Dictionary* (Aufl. 1993) definiert Watergate als einen »Skandal, bei dem es in der Regel um Amtsmissbrauch und die Vertuschung von Gesetzesverstößen geht«; und nach dem *Merriam Webster Online Dictionary* von 2003 ist es »ein Skandal, bei dem es gewöhnlich um Amtsmissbrauch, Gaunerei und eine Vertuschung geht«.

2 Everett Edward Mann, Jr., »The Public Right To Know Government Information: Its Affirmation and Abridgement«, Ph. D. Dissertation, Claremont Graduate School 1984, S. 216.

3 Sissela Bok, *Secrets: On the Ethics of Concealment and Revelation*, New York 1989, S. 171.

4 John Zogby, »Whatz New?«, Zogby International, 7. September 2000, http://www.zogby.com/news/ReadNews.dbm?ID=259.

5 Marvin R. Shanken, »General Tommy Franks«, *Cigar Aficionado*, Nov./Dez. 2003, S. 75 und 90.

**Überraschende Parallelen zu Nixon**

1 Ein besonders gutes Beispiel hierfür ist der Dokumentarfilm »Journeys With George« von Alexandra Pelosi; Home Box Office, 5. November 2002.

2 Der Kolumnist Molly Ivins bezeichnete diese Vorgehensweise später als Karl Roves »East Texas special«. Vgl. Molly Ivins und Lou Dubose, *Shrub: The Short But Happy Political Life of George W. Bush*, New York 2002, S. 182 f.

3 Jahre später erfuhr ich, dass ich nicht der Einzige war, der Davis über Karl Rove ausgefragt hatte, denn Nixons stellvertretender Wahlkampfleiter, Jeb S. Magruder, wurde ebenfalls über ihn befragt. Vgl. Hamilton Fox, Memorandum To Files, »Interview with Jeb S. Magruder«, 4. September 1973, Watergate Special Prosecution Force, National Archives and Records Administration.

4 *Dallas Morning News*, 4. März 2001.

5 George W. Bush, *A Charge to Keep*, New York 1999; Molly Ivins und Lou Dubose, *Shrub; Time*, *Newsweek* und *U.S. News & World Report*, Januar-Oktober 2000.

6 Richard Brookhiser, »President Bush Finds His Voice«, *The New York Times*, 11. August 2001, S. A-15.

7 Michael Kinsley, »Taking Bush Personally«, *Slate.com*, 23. Oktober 2003.

8 Siehe z. B. James P. Pinkerton, »Bush's War Strategy Looks Like a Steal of Nixon's«, *Newsday*, 18. November 2003, in http://www.nesday.com; Dana Milbank, »The Making of a President: The Nixon in Bush«, *The Washington Post*, 25. November 2003, S. A-27.

9 David Frum, *The Surprise Presidency of George W. Bush*, New York 2003.

10 Dan Balz, ein Reporter der *Washington Post*, hat Bush seit 1994 mehrfach interviewt. Balz berichtete auf einer Konferenz, bei der es um die Amtsführung Bushs als Präsident ging, Bush habe ihn gefragt, ob er versuche, ihn auszutricksen, und über Bushs wohlformulierte Erläuterungen seiner Entscheidungen nach dem 11. September, nachdem er mit dem Thema vertraut war. Transkript einer Konferenz zu Bush, Woodrow Wilson School, Princeton-Universität, 25. April 2003, S. 2–5.

11 Jeanne Cummings, Transkript der Bush-Konferenz, S. 13.
12 Johanna Neumann, »With Bush, the Social Swirl Comes to a Dizzying End«, *Los Angeles Times*, 26. Mai 2003, S. A-1.
13 Michael Elliott und James Carney, »How We Got There: First Stop, Iraq«, *Time*, 31. März 2003, S. 174. (»Den Hurensohn Saddam holen wir uns«, soll Bush in Anwesenheit von drei Senatoren zu Condoleezza Rice gesagt haben.)
14 Jeanne Cummings, Transkript der Bush-Konferenz, S. 12 f.
15 Thomas B. Edsall, »GOP Battler Lee Atwater Dies at 40«, *The Washington Post*, 30. März 1991, S. A-1.
16 Perry Bacon, Jr., John F. Dickerson, Michael Duft, Eric Boston, Mark Thompson, Karen Tumulty, Douglas Walter/Washington, Sally B. Donnelly/Casper und James Carney, »7 Clues To Understanding Cheney«, *Time*, 6. Januar 2003, S. 98.
17 John W. Dean, »GAO *v. Cheney* is Big Time-Stalling: The Vice-President Can Only Win if We Have Another *Bush v. Gore*-Like Ruling«, *Findlaw's Writ*, 1. Februar 2002, http//writ.news.findlaw.com/dean/20020201.html; »Cheney Should Stop Stalling«, *New York Times*, 11. Februar 2002, S. A-27; »More than Just His Location Remains Undisclosed: Why Dick Cheney's Secrecy Scheme for Pre-9/11 Information Makes No Sense«, *Findlaw's Writ*, 24. Mai 2002, http//writ.news.findlaw.com/dean/20020524.html.
18 John W. Dean, »Ignore Nixon At Your Peril: An Open Letter To Karl Rove«, *Findlaw's Writ*, 10. Mai 2002, http://writ.news.findlaw.com/dean/20020510.html.
19 James Madison, Brief an W. T. Barry, 4. August 1822, in: Gaillard Hunt (Hg.), *The Writings of James Madison*, Bd. 9, New York 1910, S. 103.
20 Siehe z. B. Curt Gentry, *J. Edgar Hoover: The Man and the Secrets*, New York 1991, S. 223–273, und Anthony Summers, *Official and Confidential: The Secret Life of J. Edgar Hoover*, New York 1993.
21 Stanley I. Kutler, *The Wars of Watergate: The Last Crisis of Richard Nixon*, New York 1990, S. 78.
22 William Bundy, *A Tangled Web: The Making of Foreign Policy in the Nixon Presidency*, New York 1998, S. xiii.
23 Robert Gates, *From the Shadows: The Ultimate Insider's Story*

*of Four Presidents and How They Won the Cold War*, New York 1996, S. 49; zit. in Bundy, *A Tangled Web*, S. 519.

24 Bundy, A *Tangled Web*, S. 520.

25 Richard Nixon, RN: *The Memoirs of Richard Nixon*, New York 1978, S. 511–515.

26 Siehe Jonathan Aitken, *Pride and Perjury*, London 2000.

27 Jonathan Aitken, *Nixon: A Life*, Washington 1993, S. 423 f.

28 Bob Woodward, *Bush at War. Amerika im Krieg*, Übersetzung F. Griese, K. Kochmann und P. Torberg, Stuttgart/München 2003, S. 166, 312 und 300.

**Mauern**

1 Richard Nixon, Presidential Tape Recordings, 22. März 1973.

2 »The Tsongas Problem«, *National Review*, 28. Dezember 1992, S. 11.

3 David Brock, »How I Almost Brought Down a President«, *The Guardian*, 12. März 2002, S. G-2.

4 Robert Schmuhl, »Presidential Perplexity: What's Public? What's Private?«, *Society*, November 2000, S. 96.

5 *Nixon v. Administrator of General Services*, 433 U.S. 425 (1977). Das Gericht traf eine Abwägung des öffentlichen Interesses am Leistungsniveau der Amtspflichten des Präsidenten gegen das Eindringen in die Privatsphäre des Präsidenten.

6 Zu diesem Thema im Allgemeinen vgl. Joel B. Grossman und David A. Yalof, »The ›Public‹ versus the ›Private‹ President: Striking a Balance between Presidential Responsibilities and Immunities«, *Presidential Studies Quarterly* (Herbst 1998), S. 821.

7 Vgl. z. B. Donald R. Kinder, Mark D. Peters, Robert P. Abelson und Susan T. Fiske, »Presidential Prototypes«, *Political Behavior*, 2 (1980), S. 315 und 319 (Tab. 1).

8 Martha T. Moore, »Bush TV Ad Attacks His Opponent's Credibility«, *USA Today*, 7. September 2000, S. 12-A.

9 Lois Romano und George Lardner Jr., »1986: A Life-Changing Year; Epiphany Fueled Candidate's Climb«, *The Washington Post*, 25. Juli 1999, S. A-1.

10 *Time*, 22. Februar 1999, S. 38.

11 Scott Baldauf, »Compassionate Conservativism, Bush Style«, *The Christian Science Monitor*, 19. Januar 1999, S. 1.
12 George W. Bush, *A Charge to Keep*, New York 2001, S. 134.
13 Zu Nixons heimlicher Einnahme von Dilantin vgl. Anthony Summers und Roby Swan, *The Arrogance of Power: The Secret World of Richard Nixon*, New York 2000, S. 317 f.
14 Romano und Lardner, »1986« (vgl. Anm. 9). Der Journalist war Al Hunt mit seiner Frau Judy Woodruff, die sich Anfang 1986 zusammen mit ihrem vierjährigen Sohn in einem Restaurant in Dallas befanden; zwei Wochen später, nachdem er erfahren hatte, dass Hunt verständlicherweise über Bushs Benehmen aufgebracht war, rief Bush Hunt an und entschuldigte sich. Zum Zeitpunkt des Zwischenfalls hatte er getrunken.
15 Romano und Lardner, »1986«.
16 Vgl. z. B. Jane Ely, »Enough Niceness To Almost Be Detestable«, *The Houston Chronicle*, Outlook, 6. Juni 1999, S. 2.
17 Richard Cohen, »With A Name Like Bush«, *The Washington Post*, 15. Juni 1999, S. A-33.
18 Byron York, »George's Road to Riches«, *The American Spectator*, Juni 1999.
19 David Corn, »Bush and the Billionaire: How Insider Capitalism Benefitted W.«, *The Nation*, 17. Juli 2002.
20 Suzan Masur, »How Bush Got Bounced From Carlyle Board«, *The Progressive Review*, http://prorev.com/bushcarlyle.htm.
21 G. W. Bush, *A Charge to Keep*, S. 198.
22 Micah Morrison, »Vetting the Frontrunners I – George W. Bush: From Oil to Baseball to the Governor's Mansion«, *The Wall Street Journal*, 28. September 1999, S. A-26.
23 Bill Minutaglio, *First Son: George W. Bush and the Bush Family Dynasty*, New York 1999, S. 238.
24 G. W. Bush, *A Charge to Keep*, S. 204.
25 York, »George's Road to Riches« (vgl. Anm. 18).
26 »New Sign of Cheney As No. 2 Contender«, *New York Times*, 24. Juli 2000, S. A-14.
27 Steve Sternberg, »Doctors, Poll Say Cheney Health OK«, *USA Today*, 25. Juli 2000, S. 1-A.
28 Lawrence K. Altman, »The 2000 Campaign: The Medical

Factor; For Most Part, Doctors Concur On Cheney«, *New York Times*, 25. Juli 2000, S. A-21.

29 Judy Keen, »Doctor Offers Clean Bill Of Health«, *USA Today*, 26. Juli 2000, S. 9-A.

30 Lawrence K. Altman, »The 2000 Campaign: The Medical Factor; Doctors Assert Cheney Leads Vigorous Life, Despite Ills«, *New York Times*, 26. Juli 2000, S. A-19.«

31 Steven A. Holmes, »Cheney In Hospital With Mild Heart Attack«, *New York Times*, 23. November 2000, S. A-1.

32 *Larry King Live*, 22. November 2000 (TV-Sendung), Transkript # 00112200V22.

33 Luisa Dillner, »Time To Take It Easy: Dick Cheney Has Already Had Four Heart Attacks And A Quadruple Bypass«, *The (London) Guardian*, 8. März 2001, S. 15 (unter Berufung auf Gaynor Dewsnap von der British Heart Foundation).

34 Lawrence K. Altman, »Counting the Vote: Doctor's World; Cheney's Heart Attack Renews Debate on Checking Health of Candidates«, *New York Times*, 24. November 2000, S. A-43.

35 William Safire, »The Telltale Heart«, *New York Times*, 30. November 2000, S. A-35.

36 Marlene Cimons (von der *Los Angeles Times*), »Secrecy On Cheney's Health Worries Doctors; They Say Latest Illness Raises Concerns About His Ability To Serve«, *Milwaukee Journal Sentinel*, 27. November 2000, S. 9-A.

37 »Cheney Back On The Job, But Health Questions Linger«, *USA Today*, 29. November 2000, S. 14-A.

38 Joan Vennochi, »Doctors Can Ponder The Medical Questions; Politicians Can Ponder The Political Ones. Vice President Cheney Should Answer These Ethical Ones«, *The Boston Globe*, 9. März 2001, S. A-23.

39 Dana Milbank, »The Chairman and the CEO. In Incoming Corporate White House, Bush Is Seen Running Board, Cheney Effecting Policy«, *The Washington Post*, 24. Dezember 2000, SS. A-1.

40 Susan Page *(USA Today)*, »Bush's Prime Minister; But Cheney's The Man Who Would Not Be President«, *The Seattle Times*, 6. März 2001, S. A-3.

41 »Excerpts From Cheney Health Remarks«, *The New York Times*, 30. Juni 2001, S. A-11.

42 Carl T. Hall und Mark Sandalow, »Cheney Says He May Need Heart Device«, *The San Francisco Chronicle*, 30. Juni 2001, S. A-1.

43 Dave Saltinstall, »Health Risks Still A Possibility«, *The (New York) Daily News*, 1. Juli 2001, S. 5.

44 Abraham McLaughlin und Francine Kiefer, »With Latest Cheney Operation, White House Edges Toward Greater Disclosure«, *The Christian Science Monitor*, 2. Juli 2001, S. 2.

45 Jonathan D. Glater, »Five Questions for Harry J. Pearce; An Honesty Policy On Executive Illness«, *The New York Times*, 8. Juli 2001, S. III-4.

46 Susan Ferraro, »W's Pick May Have Heart For Campaign«, *The (New York) Daily News*, 25. Juli 2000, S. 6.

47 Ulysses Torassa, »Angioplasty Had Side Effect«, *The San Francisco Chronicle*, 6. März 2001, S. A-13.

48 Robert E. Gilbert, *The Mortal Presidency: Illness and Anguish in the White House*, New York 1992.

49 Phillip H. Melanson und Peter F. Stevens, *The Secret Service: The Hidden History of an Enigmatic Agency*, New York 2002, S. 334.

50 Nicholas von Hoffman, »This President Spoke for the People of the World«, *Newsday*, 9. Dezember 2003, in http://www.newsday.com/news/opinion/ny-vphof093576583dec09,0,1483117.story.

51 Fred Barnes, »A Ridge Too Far?: Will Bush select the pro-choice Pennsylvania governor as his running mate?«, *The Weekly Standard*, 15. Mai 2000, S. 8.

52 Adam Nagourney und Frank Bruni, »The 2000 Campaign: The Selection; Gatekeeper to Running Mate: Cheney's Road to Candidacy«, *The New York Times*, 28. Juli 2000, S. A-1.

53 Gary McWilliams, »Dick Cheney Ain't Studyin' War No More«, *Business Week*, 2. März 1998, S. 84.

54 Ebd.

55 Kenny Bruno und Jim Valette, »Cheney & Halliburton: Go Where The Oil Is«, *Multinational Monitor*, 22, H. 5 (Mai 2001), S. 22.

56 Christopher Marquis, »Over the Years, Cheney Opposed U. S. Sanctions, *The New York Times*, 27. Juli 2000, S. A-21.

57 Transkript, ABC News, »This Week«, 30. Juli 2000.

58 Lowell Bergman, Diana Henriques, Richard Oppel Jr. und Michael Moss, »Cheney Has Mixed Record In Business Executive Role«, *The New York Times*, 24. August 2000, S. A-1.
59 Colum Lynch, »Halliburton's Iraq Deals Greater Than Cheney Has Said: Affiliates Had $73 Million In Contracts«, *The Washington Post*, 23. Juni 2001, S. A-1.
60 Nicholas Kristof, »Revolving-Door Master«, *The New York Times*, 11. Oktober 2002, S. A-33.
61 Ron Nessen, *It Sure Looks Different From The Inside*, Chicago 1978, S. 230.
62 Lawrence F. Kaplan, »From Russia With Loans – What Dick Cheney Has Been Doing All These Years«, *The New Republic*, 7. August 2000, S. 22.
63 Nach Angaben des USACC (in www.usacc.org) erfolgte Cheneys Austritt im November 2001.
64 George W. Bush, »Letter to Congressional Leaders Transmitting A Report On Assistance To Azerbaijan«, Weekly Compilation of Presidential Documents, Vol. 39, iss. 14, Washington 2003, S. 398.
65 Erklärung des Pressesekretärs, 21. Februar 2003.
66 N. N., »List of Countries With Troops in Iraq«, *The Associated Press*, 13. November 2003.
67 N. N., »Nepotism in Central Asia«, *The New York Times*, 27. Oktober 2003, S. A-22.
68 Lowell Bergman et al., a. a. O. (Anm. 58).
69 Adam Clymer, »Cheney, Trying To Remove Issue, Promises to Forfeit Stock Options«, *The New York Times*, 2. September 2000, S. A-1.
70 CNN, 6. Oktober 2000; http://www.cnn.com/2000/ALLPOLITICS/stories/10/05/vp.debate/.
71 »Halliburton wurde als potentieller Teilnehmer an zehn Krediten oder Kreditbürgschaften festgestellt – im Gesamtwert von 1,8 Milliarden Dollar – die von der U. S. Export-Import Bank gewährt wurden«, berichtete Rega. Doch selbst seine Schnellprüfung der Fakten enthüllte, dass »von 1996 bis 1999 das US-Verteidigungsministerium mit Halliburton Verträge in einem Volumen von rund 1,8 Milliarden geschlossen hat, wie aus den Unterlagen des Ministeriums hervorgeht. Das Pentagon führte Halliburton für das Steuerjahr 1999 unter

den Empfängern von ›prime contract awards‹ (erteilte Hauptaufträge) mit einem Volumen von 657,5 Millionen Dollar an 17. Stelle. 1998 erhielt das Unternehmen Aufträge im Wert von 285,8 Millionen Dollar, 1997 waren es 290,5 Millionen und 1996 573,6 Millionen, wie die Unterlagen zeigen«. John Rega, »USA: Government Ties Helped Cheney and Halliburton Make Millions«, *Bloomberg News*, 6. Oktober 2000; http://www.corpwatch.org.

72 Byron York, »Get Cheney: Democrats Try To Hang The Veep With Halliburton«, *National Review*, 12. August 2002.

73 Jeff Gerth und Richard Stevenson, »Cheney's Role in Acquisition Under Scrutiny«, *The New York Times*, 1. August 2002, S. A-1.

74 Vgl. 15 U. S. C. §§ 78 ff.(a), 78j(b) und 78u-1.

75 Allan Sloan und Johnnie L. Roberts, »Sticky Business«, *Newsweek*, 22. Juli 2002, S. 26.

76 Bill Saporito, »The Rap On Bush And Cheney«, *Time*, 22. Juli 2002, S. 22.

77 Gerth und Stevenson, »Cheney's Role« (Anm. 73).

78 Spencer Ackerman und Franklin Foer, »The Radical: What Dick Cheney Really Believes«, *The New Republic*, 1. u. 8. Dezember 2003, S. 19.

## Zwanghafte Geheimhaltung

1 Abraham McClaughlin, »Transition: A Vice President-Elect with ›Big Time‹ Clout«, *The Christian Science Monitor*, 20. Dezember 2000; http://search.csmonitor.com/durable/2000/12/20/pls2.htm.

2 David A. Kaplan, *The Accidental President: How 413 Lawyers, 9 Supreme Court Justices, and 5 963 111 (Give or Take a Few) Floridians Landed George W. Bush In The White House*, New York 2001, S. 229 f.

3 Gerald R. Ford, *A Time To Heal: The Autobiography of Gerald R. Ford*, New York 1979, S. 324.

4 Ron Nessen, *It Sure Looks Different From The Inside*, Chicago 1978, S. xii und 249.

5 Lucius Lomax, »W.'s Paper Chase: Bush Attempts to Have His State Papers Declared Federal Property«, *The Austin*

*Chronicle*, 28. September 2001; http://www.austinchronicle.com/issues/dispatch/2001-09-28/pols_feature2.htm.

6 Alison Leigh Cowan, »Father's Library Can Hold Bush Papers, If Door Is Ajar«, *The New York Times*, 4. Mai 2002, S. A-8.

7 Office of the Attorney General, State of Texas, John Cornyn, May 3, Opinion No. JC-0498 Re: Interpretation of Texas Govern Code section 441 201 concerning the official records of a former governor; www.oag.state.tx.us/opinopen/opinions/op49cornyn/jc-0498.htm.

8 Lucius Lomax, »Closing Texas' Open Records. What Bush Doesn't Want You To Know«, *Austin Chronicle*, 8. November 2003; www.austinchronicle.com.

9 Alan Berlow, »The Texas Clemency Memos«, *Atlantic Monthly*, Juli/August 2000; www.theatlantic.com/issues/2003/07/berlow.htm.

10 Philip Shabecoff, »Ford Aides Reported Critical of White House Staff«, *New York Times*, 11. Mai 1976, S. 22.

11 Philip Shabecoff, »Ford's Primary Losses Divide White House Staff as Factions Trade Charges of Laxity«, *New York Times*, 25. Mai 1976, S. 18.

12 Ebd.

13 Eric Schmitt, »The Armchair General: Richard Bruce Cheney«, *New York Times*, 26. Juli 2000, S. A-19.

14 Edward Walsh, »Bush Sets Key Role For A Longtime Family Foot Soldier«, *The Washington Post*, 28. November 2000, S. A-25.

15 Ebd.

16 Elaine Sciolino, »Contesting the Vote: Selecting the Players; Washington Insider and Family Loyalist Poised for Job of Bush Chief of Staff«, *The New York Times*, 28. November 2000, S. A-23.

17 Jeanne Cummings, »Card Is Quiet Enforcer at White House«, *The Wall Street Journal*, 28. Juli 2003, S. A-4.

18 Ebd.

19 Nessen, *It Sure Looks Different* (Anm. 4), S. 252.

20 Greg Zoroya und Judy Keen, »He Puts Words In Bush's Mouth«, *USA Today*, 10. April 2001.

21 Vgl. z. B. »U. S. Government Secrecy and the Current

Crackdown on Leaks«, Joan Shorenstein Center on the Press, Politics and Public Policy: Working Papers (Fall 2002); http://www.hsg/harvard.edu/presspol/publications/Nelson.pdf.

22 Aussage John W. Dean, Hearings Before the Senate Committee On Presidential Campaign Activities, 25. Juni 1973, S. 918.

23 United States Senate, *The Final Report of the Senate Select Committee On Presidential Campaign Activities*, Report No. 93–981, 93d Cong., 2nd Sess., Washington 1974, S. 201 f.

24 Vgl. www.commondreams.org/news2003/0923-11.htm, und Dave Lindorff, »Keeping Dissent Invisible: How the Secret Service and the White House Keep Protestors Safely Out of Bush's Sight – And Off TV«, *Salon*, 16. Oktober 2003.

25 Jeffrey Collins, »Bush Protestor Faces Charges in S. C.«, Associated Press, 18. Juli 2003.

26 34 Schriftsätze von Sachverständigen wurden eingereicht, um eine Aufhebung des Urteils gegen Morison zu erreichen, darunter von CBS, ABC, NBC, *The Washington Post*, *The New York Times*, *The Los Angeles Times* und vielen anderen.

27 So wurde beispielsweise eine geheime Aktion zur Bergung eines gesunkenen sowjetischen U-Boots, von dem man annahm, an Bord befänden sich Raketen mit nuklearen Gefechtsköpfen, verschlüsselte Informationen und Codebücher, im Sommer 1974 von Reportern der *Los Angeles Times* entdeckt. CIA-Direktor William Colby bat darum, die Entdeckung nicht zu veröffentlichen, da eine vorzeitige Enthüllung die Sowjets warnen und damit den »mit Abstand größten Geheimdienstcoup der Geschichte« vereiteln könnte. Trotzdem brachte die *Los Angeles Times* die Story, und als bald darauf sowjetische Schiffe an der Fundstelle eintrafen, sah sich die CIA gezwungen, die Operation aufzugeben. Manche Indiskretionen haben auch den Tod von Menschen verschuldet. 1975 brachte die Zeitschrift *Counterspy* die Enthüllung eines desillusionierten ehemaligen CIA-Agenten namens Philipp Agee, mit der der Standortchef der CIA in Athen enttarnt wurde, der bald darauf einem Attentat zum Opfer fiel. Indiskretionen zwingen Präsidenten zu verschärften Sicherheitsmaßnahmen, wie Präsident Carter im Sommer 1980, als

streng geheime Informationen über den »Stealth«-Bomber in den Medien publiziert wurden. House Investigations Subcommittee of the Committee on Armed Services, 96th Cong., 2nd Session, Report on Leaks of Classified National Defense Information – Stealth Aircraft, H. R. No. 30 (1981).

28 Daniel Patrick Moynihan, *Secrecy*, New Haven 1998, S. 94 f.

29 Vgl. Felicity Barringer, »Federal Worker Sentenced For Passing On Information«, *The New York Times*, 16. Januar 2003, S. A-18. Vgl. auch R. Robin McDonald, »U. S. Attorney ›Sending a Message‹ to Those Who Leak Information«, *Fulton Country Daily Report*, 15. Januar 2003, der anscheinend die Geschichte zuerst gebracht hat, die dann von *Law.com* übernommen wurde.

30 Title 18, Section 641.

31 Title 18, Section 1030(a)(4).

32 Title 18, Section 1343 und 1346.

33 Richard C. Leone und Greg Anrig, Jr. (Hg.), *The War on Our Freedoms: Civil Liberties in an Age of Terrorism*, New York 2003, S. 237 f.

34 Peter Johnson, »Bush Has Media Walking a Fine Line«, *USA Today*, 7. März 2003.

35 Helen Thomas, Interview mit Andrew Denton, »Enough Rope with Andrew Denton«, *ABC Online*, episode 26 transcript; www.abc.net.au/enoujhrope/stories/s941661.htm.

36 Elisabeth Bumiller, »Trying to Bypass the Good-News Filter«, *The New York Times*, 20. Oktober 2003.

37 Matt Born, »Bush Snarls As White House Pack Closes In«, *The (London) Telegraph*, 31. Mai 2002.

38 Howard Kurtz, »What Bush Said And When He Said It«, *The Washington Post*, 1. Oktober 2001, S. C-1.

39 Wynton C. Hall, »›Reflections of Yesterday‹: George H. W. Bush's Instrumental Use of Public Opinion Research in Presidential Discourse«, *Presidential Studies Quarterly*, 32 (September 2002), S. 537.

40 Lewis L. Gould, *The Modern American Presidency*, Lawrence, KN 2003, S. 211.

41 Hall, »›Reflections‹« (Anm. 39), S. 540 f.

42 Ebd., S. 532.

43 Ebd., S. 555.

44 Bob Davis, »Presidential Perceptions: Early Opinions Often Turn Out Wrong«, *Wall Street Journal*, 9. Februar 2001, S. A-12.

45 Elisabeth Bumiller, »Keepers of Bush Image Lift Stagecraft to New Heights«, *The New York Times*, 16. Mai 2003, S. A-1.

46 Dana Millbank, »A Baghdad Thanksgiving's Lingering Aftertaste«, *The Washington Post*, 12. Dezember 2003, S. A-35.

47 Gary L. Gregg II, »Crisis Leadership: The Symbolic Transformation of the Bush Presidency«, *Perspectives on Political Science*, 32 (Sommer 2003), S. 143.

48 Zu diesem Thema habe ich zahlreiche Kolumnen geschrieben; vgl. www.FindLaw.com. Das Quellenmaterial findet sich auf der Website des GAO: www.gao.gov/press/wvc.html, und des House Government Operations Subcommittee on Government Reform: www.house.gov/reform/min/inves_energy/.

49 Dick Cheney, Brief an The Honorable George W. Bush, President of the United States, 16. Mai 2001; www.whitehouse.gov/energy/. Soweit nicht anders nachgewiesen, sind alle Briefe und sonstige zitierten Unterlagen auf diesen Webseiten zu finden.

50 Craig Aaron, »Power Rangers«, Tompaine.com, 23. November 2003; http://www.tompaine.com/feature2.cfm/ID/9465/view/print.

51 So erklärte Cheney beispielsweise gegenüber *Fox News Sunday*, er werde den Demokraten im Kongress oder dem GAO keine »Liste mit den Namen aller Personen [geben], mit denen ich spreche, von allem, was besprochen, jedem Rat, der erteilt wurde, oder den Notizen und Protokollen solcher Besprechungen«. Cheney ergänzte: »Das wäre insofern beispiellos, als es bisher noch nie üblich war. Es ist insofern beispiellos, als es mir praktisch die Möglichkeit nehmen würde, mit irgendjemandem ein vertrauliches Gespräch zu führen.« »Cheney Says Won't Turn Over List of Energy Meetings«, Associated Press, 27. Januar 2000. Mitte August schrieb Comptroller Walker Cheney einen Brief, in dem er, ohne ihn einen Lügner zu nennen, erklärte, seine Behauptung, worum das GAO ihn gebeten habe, sei unzutreffend; www.gao.gov/aug17let.pdf.

52 T. J. Halstead, »The Law: Walker v. Cheney: Legal Insulation of the Vice President from GAO Investigation«, *Presidential Studies Quarterly*, 33 (September 2002), S. 647.

53 Vgl. *In re Cheney*, 334 F.3d 1096, 8. Juli 2003.

54 Mark Rozell, *Presidential Power, Secrecy, and Accountability*, Lawrence, Kans. 2002, S. 55 f.

55 Dan Eggen und Mike Allen, »Bush Backs Ashcroft in Records Dispute; Justice Has Resisted Releasing Files«, *Washington Post*, 6. September 2001, S. A-21.

56 William A. Orme, Jr., »Marc Rich Aid Aided Israeli Official«, *The New York Times*, 22. Februar 2001, S. A-21.

57 Neil A. Lewis, »Clinton and Barak Discuss Rich Pardon in a Transcript«, *The New York Times*, 21. August 2001, S. A-15.

58 Joshua Micah Marshall, »Bush's Executive-Privilege Two-step«, *Salon*, 7. Februar 2202, www.salon.com.

59 House Government Reform Committee, »Everything Secret Degenerates: The FBI's Use of Murderers as Informants«, November 2003, http://reform.house.gov/Gov/Reform/News/DocumentSingle.aspx?DocumentID=1885 (Seite 141).

60 Charles Tiefer, »Executive Privilege Overclaiming at the Justice Department«, Aussage vor dem House Government Reform Committee, *Federal Document Clearing House Congressional Testimony*, 6. Februar 2002.

61 House Government Reform Committee (Anm. 59), S. 139.

62 Gary L. Gregg und Mark J. Rozell (Hg.), *Considering the Bush Presidency*, Oxford 2004, S. 133.

63 Vgl. die Presidential Recordings and Materials Preservation Act, Public Law 93–526, 19. Dezember 1974, 88 Stat. 1695.

64 Vgl. http://www.archives.gov/about_use/basic_laws_and_authorities/presidential_records.html.

65 Nelson, Aussage in den Hearings on Oversight of the Presidential Records Act.

66 Marcy Lynn Karin, »Out of Sight, But Not Out of Mind: How Executive Order 13,233 Expands Executive Privilege While Simultaneously Preventing Access to Presidential Records«, *Stanford Law Review*, 55 (November 2002), S. 553 f.

67 Nelson, a. a. O., vgl. Anm. 65.

68 Senator Jeff Bingaman, »Statement on Introduced Bills and

Joint Resolutions«, Congressional Record, Senate (July 31 2002) S10621.

69 American Library Association, »Ongoing List of Historical Works That Would Have Been Affected by Executive Order 13233«, www.ala.org/.

70 Zitate aus einem unveröffentlichten Arbeitspapier von Nancy Kassop, »George W. Bush and the Presidential Records Act« (in den Unterlagen des Autors).

71 Zu einem Überblick über die umfassenderen verfassungsrechtlichen Konsequenzen der von Bush unternommenen Schritte vgl. Jonathan Turley, »Presidential Papers and Popular Government: The Convergence of Constitutional And Property Theory In Claims of Ownership and Control of Presidential Records«, *Cornell Law Review*, 88 (März 2003), S. 651; zu einer Rechtfertigung der radikalen Vorgehensweise Bushs vgl. Erik Paul Khoobyarian, »Student Comment: Reinterpreting the Apparent Failure of the Presidential Records Act and the Necessity of Executive Order 13233: Denying Historians Access or Protecting the PRA?«, *Santa Clara Law Review*, 43 (2003), S. 941.

72 Christopher H. Schmitt und Edward T. Pound, »Keeping Secrets: The Bush Administration Is Doing the Public's Business Out of the Public's Eye. Here's How – and Why«, *U. S. News & World Report*, 22. Dezember 2003; www.usnews.com/usnews/issue/031222/usnews/22secrecy.htm.

**Geheimregierung**

1 Spencer Ackerman und Franklin Foer, »The Radical: What Dick Cheney Really Believes«, *The New Republic*, 1./8. Dezember 2003, S. 19.

2 George E. Reedy, *The Twilight of the Presidency*, Cleveland 1970, S. 18.

3 Michael A. Genovese, »The Transformations of the Bush Presidency: 9/11 and Beyond«, *The Presidency, Congress, and the War on Terrorims: Scholarly Perspectives*, Konferenz an der University of Florida, 3. Februar 2003; www.clas.ufl.edu/users/rconley/conferenceinfo.htm.

4 Ebd.

5 Richard Brookshire, »The Mind of George W. Bush«, *Atlantic Monthly*, April 2003, S. 55. Brookshire hat von Bush auch gesagt, über ihn zu schreiben sei keine einfache Aufgabe. »Er … ist nicht besonders höflich.«
6 Eric Schmitt, »Cheney Assembles Formidable Team«, *New York Times*, 2. März 2001, S. A-8.
7 Patrick E. Tyler, »U. S. Strategy Plan Calls for Insuring No Rivals Develop«, *New York Times*, 8. Mai 1992, S. A-1.
8 David Armstrong, »Dick Cheney's Song of America: Drafting a Plan for Global Dominance«, *Harper's Magazine*, Oktober 2002.
9 Tyler, a. a. O. (Anm. 7).
10 Ebd.
11 Ackerman und Foer, a. a. O. (Anm. 1), S. 19.
12 Vgl. das Project for the New American Century, www.newamericancentury.org/index/html.
13 »Rebuilding America's Defenses«; www.newamericancentury.org/RebuildingAmericasDefenses.pdf, S. 51 f. (Hervorh. J. Dean).
14 Henry Kissinger bezeichnete diese Arbeit seines Freundes als eine »fruchtbare Abhandlung«, während Gore Vidal mit Blick auf die verschiedenen Autoren befand, sie stünden im Bann »eines ziemlich unschönen Größenwahns« und sie sprächen »für niemanden außer den politischen Gaunern innerhalb Washingtons«. Vgl. http://www.bbc.co.uk/bbcfour/documentaries,/profile/robert-kagan.shtml.
15 Robert Kagan und William Kristol (Hg.), Present Danger: Crisis and Opportunity in American Foreign and Defense Policy, San Francisco 2000, S. viii und 4.
16 Dieses Projekt geht natürlich weiter. Vgl. David Rennie, »Neocons Gone Wild: Hawks Tell Bush How to Win War on Terror«, *London Daily Telegraph*, 31. Dezember 2003, unter Verweis auf Richard Perle und David Frum, *An End to Evil: How to Win the War on Terror*.
17 Ebd.
18 Ackerman und Foer, a. a. O. (Anm. 1), S. 20.
19 Ebd. Elizabeth Drew, eine scharfsinnige und erfahrene Journalistin in Washington, hat die neue Macht und den Einfluss der Neokonservativen in der Regierung von George W. Bush

bestätigt, indem sie die Hauptaktivisten namhaft gemacht hat. Wie sie in der *New York Review of Books* vom 12. Juni 2003 schreibt, bilden sie ein »eindrucksvolles Bündnis«, dem folgende Persönlichkeiten angehören: »Richard Perle, der bis vor kurzem dem Defense Policy Board [Rat für Verteidigungspolitik] vorstand (er gehört ihm noch als Mitglied an) ...; James Woolsey, der unter zwei demokratischen und zwei republikanischen Regierungen gedient hat [und] unter Clinton Direktor der CIA war ...; Kenneth Adelman, ein früherer Beamter in den Regierungen Fords und Reagans [Woolsey und Adelman sind gegenwärtig Mitglieder des Defense Policy Board im Pentagon] ...; Paul Wolfowitz, der stellvertretende Verteidigungsminister und Hauptbefürworter der von der Regierung verfolgten Irakpolitik; Douglas Feith, Staatssekretär für Politikfragen im Verteidigungsministerium ...; der Pentagon-Beauftragte für den Wiederaufbau des Iraks; und I. Lewis (›Scooter‹) Libby, der Stabschef von Vizepräsident Cheney. Zwei wichtige Verbündete dieser Kerngruppe sind John Bolton, Staatssekretär für Rüstungskontrolle (obwohl er ein Gegner der Rüstungskontrolle ist) und Fragen der internationalen Sicherheit, und Stephen Hadley, der stellvertretende nationale Sicherheitsberater.« Wie die Autorin hinzufügt, »kann man davon ausgehen, dass Cheney selbst und Verteidigungsminister Donald Rumsfeld die Auffassungen der neocons im Hinblick auf den Irak teilen.« Cheney und Rumsfeld sind zwar keine erklärten Neokonservativen, doch sie teilen seit langem viele, wenn nicht die meisten Überzeugungen der Neokonservativen.

20 Ich bin seit langen Jahren Leser von *Commentary* und des *Weekley Standard*, zwei der Hauptpublikationsorgane des neokonservativen Denkens. Außerdem habe ich für dieses Buch noch einmal Irving Kristols *Reflections of a Neoconservative: Looking Back Looking Ahead*, New York 1983, sowie mehrere Bücher von und über Leo Strauss gelesen.

21 Der Abgeordnete Paul hat seine Rede geringfügig abgeändert, als er diese wesentlichen Bestandteile auf seiner Website ins Internet stellte: www.house.gov/paul/tst/tst2003/tst071403.htm.

22 Irving Kristol, »The Neoconservative Persuasion: What It Was and What It Is«, *Weekly Standard*, 25. August 2003.

23 Condoleezza Rice wurde bei der Unterweisung Bushs unterstützt von Paul Wolfowitz, bekanntlich ein Neokonservativer, damals Dekan der Johns Hopkins School of Advanced International Studies. (Über Cheney, den er ja aus der gemeinsamen Zeit im Verteidigungsministerium kannte, sagte er, dass er und Cheney dieselbe intellektuelle Wellenlänge hatten); weitere »Vulkane« waren Richard Armitage, tendenziell ein Falke, der jedoch ebenso gut mit Neokonservativen wie mit Realisten leben kann, unter Reagan im Verteidigungsministerium Ministerialdirektor für internationale Sicherheitsfragen und ein enger Freund von Colin Powell; Robert Blackwill, ein Realist, ehemaliger Dekan an der Kennedy School of Government an der Harvard University und Special Assistant für nationale Sicherheitsfragen im Nationalen Sicherheitsrat der Regierung Bush I (und der Vorgesetzte von Rice, als sie dort tätig war); Stephen Hadley, ein Neokonservativer, der für Cheney im Verteidigungsministerium als Ministerialdirektor für internationale Sicherheitspolitik gedient hatte; Richard Perle, ebenfalls ein Neokonservativer, der während der Reagan-Regierung ebenfalls Ministerialdirektor für internationale Sicherheitspolitik war; Dov Zakheim, wahrscheinlich ein Neokonservativer, nach seiner aktiven Mitwirkung am Project for the New American Century zu urteilen, unter Reagan als stellvertretender Staatssekretär für Planung und Ressourcen im Verteidigungsministerium (seine Spezialgebiete waren Westeuropa, der Nahe Osten, Ostasien und vor allem die israelische Innenpolitik); und Robert Zoellick, auch er wahrscheinlich ein Neokonservativer, da er mit dem Project for the New American Century in Verbindung steht, Staatssekretär im Wirtschaftsministerium und im Weißen Haus stellvertretender Stabschef unter Bush senior. Kurzum, unter den Tutoren Bushs waren die neokonservativen Hardliner überproportional stark vertreten, ein Umstand, der für die amerikanische Außenpolitik nicht ohne Folgen bleiben sollte. Diese Informationen wurden aus drei Dutzend Quellen kompiliert, insbesondere ist hier die Studie von Ivo H. Daalder und James M. Lindsay zu

nennen, *America Unbound: The Bush Revolution in Foreign Policy*, Washington 2003, S. 17–34. Die Ermittlung der politischen Philosophie der Vulkan-Tutoren erfolgte so gut wie möglich anhand von schriftlichen Unterlagen und Gesprächen mit Journalisten, die mit den Akteuren vertraut sind. Anscheinend bekennen sich nicht alle Neokonservativen öffentlich zu ihren Anschauungen.

24 Sarah H. Wright, »Speaker Analyzes the Early Going for Bush«, *Tech Talk*, 8. März 2001; http://web.mit.edu/newsoffice/tt/2001/mar08/lemann.html.

25 Ackerman und Foer, a. a. O (Anm. 1), S. 17.

26 »Excerpts from Bush's Remarks on National Security and Arms Policy«, *New York Times*, 8. Mai 2000, S. A-21.

27 Frank Bruni und Michael Cooper, »Bush Camp Sees Unrest at Validation of Its Views«, *New York Times*, 13. Oktober 2000, S. A-1.

28 Alison Mitchell, »Gore and Bush Unite in Vowing Retaliation Against Terrorism«, *New York Times*, 13. Oktober 2000, S. A-1.

29 »Clinton Warned Bush of Bin Laden Threat«, Reuters, 15. Oktober 2003.

30 Ronald Kessler, *The CIA at War*, New York 2003, S. 195.

31 Michael Elliott, »They Had a Plan«, *Time*, 12. August 2002, S. 28.

32 George Tenet, testimony, »Written Statement for the Record of the Director of Central Intelligence Before the Joint Inquiry Committee«, 17. Oktober 2002; www.cia.gov/cia/public_affairs/speeches/2002/dci_testimony_10172002.html.

33 Die *Washington Post* vom 1. Februar 2001 führte die übrigen Mitglieder des Ausschusses für nationale Sicherheit im 21. Jahrhundert auf: »der Rechtsanwalt und ehemalige Staatssekretär im Handelsministerium Lionel H. Olmer; der frühere Abgeordnete Lee H. Hamilton, Direktor des Woodrow Wilson International Center; der Unternehmensleiter und ehemalige Luftwaffenminister Donald B. Rice; Norman R. Augustine, Chairman des Leitungsgremiums von Lockheed Martin Corp.; Anne Armstrong, Beamtin unter Nixon und Ford und ehemalige Botschafterin in Großbritannien; John R. Galvin, ehemaliger Befehlshaber der alliierten Streitkräfte

in Europa; Leslie H. Gelb, Präsident des Council on Foreign Relations; der ehemalige diplomatische Korrespondent der NBC John Dancy; James R. Schlesinger, ehemaliger Minister für Energie und Verteidigung und CIA-Direktor; der ehemalige UN-Botschafter Andrew Young; und der pensionierte Admiral Harry D. Train.« Außerdem gehörte Newt Gingrich, ehemaliger Sprecher des Repräsentantenhauses, dem Ausschuss an.

34 »Road Map for National Security: Imperative for Change«, *The Phase III Report of the U.S. Commission on National Security/21st Century*, 15. Februar 2001, S. viii.

35 Joseph Perkins, »Those Who Would Lay the Blame on America Are Wrong«, *San Diego Union-Tribune*, 14. September 2001, S. B-9 (»Hart wagte diese Woche zu behaupten, die Bush-Regierung habe es unterlassen, sich die Prophezeiung des Ausschusses vom Januar dieses Jahres zu Herzen zu nehmen … ›Offen gesagt, das Weiße Haus hat [den Ausschuss] still gelegt‹, sagte Hart.«).

36 George W. Bush, »Domestic Preparedness Against Weapons of Mass Destruction«, Erklärung des Präsidenten vom 8. Mai 2001.

37 Außenminister Colin Powell, Aussage vor dem Senate Appropriations Committee: Subcommittee on Commerce, Justice, and State, the Judiciary, and Related Agencies, Federal Document Clearing House Congressional testimony, 8. Mai 2001.

38 Mike Allen, »Bush Seeks to Restrict Hill Probes of Sept. 11«, *Washington Post*, 30. Januar 2002, S. A-4.

39 James Risen, »White House Drags Its Feet on Testifying at 9/11 Panel«, *New York Times*, 13. September 2002, S. A-12.

40 »Perspectives: Senator Richard C. Shelby«, *New York Times*, 10. September 2002, S. A-14.

41 »Inquiry into 9/11 Won't Interfere with Anti-Terror War«, *USA Today*. 21. Mai 2002, S. A-12.

42 Jeanne Cummings, »Kissinger to Lead Probe of Sept. 11«, *Wall Street Journal*, 29. November 2002, S. A-4.

43 Philip Zelikow, Condoleezza Rice, *Sternstunde der Diplomatie. Die deutsche Einheit und das Ende der Spaltung Europas*, Berlin 1997.

44 Shaun Waterman, »9/11 Families Seek Curb on Probe Office«, *Washington Times*, 6. Oktober 2003; www.washingtontimes.com.

45 Philip Shenon, »Administration Faces Subpoena from 9/11 Panel«, *New York Times*, 26. Oktober 2003, S. A-1.

46 Deborah Solomon, »Questions for Tom Kean: Want to Know a Secret?«, *New York Times Magazine*, 4. Januar 2004; www.nytimes.com/2004/01/04/magazine/04QUESTIONS.html.

47 Niemand wird sich darüber wundern, dass es buchstäblich Hunderte von Webseiten gibt, auf denen Verschwörungstheorien über den 11. September ausgebreitet oder widerlegt werden. Die von mir aufgelisteten Fragen stammen aus folgenden Publikationen: Michael I. Niman, »9/11 Conspiracy Tales: This Much We Know to Be True ...«, *Humanist* 62/2, März/April 2002, S. 18; Jim Bittermann, »French Buy Into 9/11 Conspiracy«, CNN.com, 26. Juni 2002; Chris Harris, »Conspiracies and Coverups Made Easy«, *Peacework* 29/328, September 2002, S. 24; Dean Schabner, »What Consensus? Conspiracy Theorist Immune to the Widespread Support for War on Terror«, ABC News.com, 17. April 2002; Michael Meacher, »This War on Terrorism Is Bogus«, *Guardian*, 6. Sept. 2003; David Corn, »When 9/11 Conspiracy Theories Go Bad«, AlterNet.org, 1. März 2002.

48 Anti-Defamation Ligue, *Unraveling Anti-Semitic 9/11 Conspiracy Theories*, New York 2003.

49 Vgl. U. S. Army, Military District of Washington; www.mdw.army.mil/welcome.html.

50 Barton Gellman und Susan Schmidt, »Shadow Government Is at Work in Secret; After Attacks, Bush Ordered 100 Officials to Bunkers Away from Capital to Ensure Federal Survival«, *Washington Post*, 1. März 2002, S. A-1. Dieser Artikel bildete die Grundlage für meine Darlegung dessen, was am 11. September unternommen wurde. Diese Ereignisse wurden einem breiteren Publikum erst bekannt, als Gellman und Schmidt sie recherchiert und festgestellt hatten, dass die COG-Maßnahmen zum Dauerzustand geworden waren.

51 3 U. S. C. §§ 19(a), (b) und (d)(1) (wobei die Reihenfolge der Kabinettsmitglieder sich nach dem Rang ihres Ministeriums

richtet. Diese Ministerien nehmen folgende Rangfolge ein: Äußeres, Finanzen, Verteidigung, Justiz, Inneres, Landwirtschaft, Handel, Arbeit, Gesundheit, Wohnungs- und Städtebau, Transport, Energie, Bildung und Veteranenangelegenheiten. Nachträglich wurde das neu eingerichtete Ministerium für Heimatsicherheit hinter das Justiz- und vor das Innenministerium eingereiht).

52 Laura Myers, »Former Russian Official Says Military Lost Track of 100 Nuclear Bombs«, Associated Press, 4. September 1997; »Insider Notes from United Press International«, United Press International, 5. Oktober 2001. Vgl. auch Bob Port und Greg B. Smith, »›Suitcase Bomb‹ Allegedley Sought; Bin Laden Eyes Russian Stockpile«, *New York Daily News*, 3. Oktober 2001, S. A-3; Rupert Cormwell, The Nuclear World: Time to Take Stock; A Terrorist's Bomb in a Suitcase Is Probably the Greatest Nuclear Threat to America«, *Independent* (London), 21. August 1999, S. 4.

53 Ruth Wedgwood, »Al Qaeda, Military Commissions, and American Self-Defense«, *Political Science Quarterly*, 117 (2002), S. 357.

54 Zum Bericht der Commission on Continuity of Government vom Mai 2003 und einer Zusammenfassung der Arbeit des Ausschusses vgl. www.continuityofgovernment.org.

55 Sharon Begley und Lynette Clemetson, Adam Rogers, Steven Levy, Peter McGrath, Joanna Chen und William Underhill, »What Price Security?«, *Newsweek*, 1. Oktober 2001, S. 58.

56 David Cole, »The New McCarthyism: Repeating History in the War on Terrorism«, *Harvard Civil Rights – Civil Liberties Law Review* 68 (Herbst 2003), S. 2.

57 Im Internet finden sich mehrere Webseiten, die über diese Aktivitäten berichten und sie verfolgen. Für mich besonders informativ waren die folgenden Adressen: www.aclu.org; www.buzzflash.com; www.markarkleiman.com; www.talkingpointsmemo.com. Vgl. auch Anhang II.

58 ACLU, »Privacy«; www.aclu.org/Privacy/Privacy.cfm?ID=11054&c=130.

59 ACLU, »List of Communities That Have Passed Resolutions«; www.aclu.org/images/template/leftSafeandFree.jpg.

60 ACLU, »Conservative Voices Against the USA Patriot Act Part I«; www.aclu.org/SafeandFree/SafeandFree.cfm?ID =12632&c=206. Vgl. a. Part II.

**Verdecktes Programm**

1 Richard F. Grimmett, »U.S. Use of Preemptive Military Force: The Historical Record«, Congressional Research Service Document RS21311, 18. September 2002; http://usinfo.state.gov/journals/itps/1202/ijpe/pj7–4grimmett.htm. Im Hinblick auf den Spanisch-Amerikanischen Krieg erklärt Grimmett: »Der Spanisch-Amerikanische Krieg steht insofern einzigartig da, als es das Hauptziel der Militäraktion der Vereinigten Staaten war, Spanien zu zwingen, Kuba seine politische Unabhängigkeit zu garantieren. Ein vom Kongress unmittelbar vor der amerikanischen Kriegserklärung an Spanien verabschiedetes Gesetz erklärte ausdrücklich, Kuba sei von Spanien unabhängig, forderte von Spanien, seine Militärkräfte von der Insel abzuziehen, und ermächtigte den amerikanischen Präsidenten, zur Durchsetzung dieser Ziele Militär zu entsenden. Spanien lehnte diese Forderungen ab, und alsbald folgten gegenseitige Kriegserklärungen der beiden Länder ... Die näheren Umstände im Zusammenhang mit der Entstehung des Mexikanischen Kriegs sind etwas umstritten – doch der Begriff ›präemptiver‹ Angriff seitens der Vereinigten Staaten trifft auf diesen Konflikt nicht zu.« Die Vereinigten Staaten schlossen sich der afghanischen Nordallianz an, um die Taliban zu vertreiben.

2 George W. Bush, »State of the Union Address«, *Weekly Compilation of Presidential Documents*, 29. Januar 2002, S. 133–139.

3 George W. Bush, »Commencement Address at the United States Military Academy in West Point«, *Weekly Compilation of Presidential Documents*, 1. Juni 2002, S. 944–948.

4 John Lewis Gaddis, »A Grand Strategy of Transformation«, *Foreign Policy*, November/Dezember 2002, S. 50.

5 Vgl. *The National Security Strategy of the United States of America* (September 2002), S. 13–16; whitehouse.gov/nsc/nss.html.

6 James J. Wirtz und James A. Russell, »U. S. Policy on Pre-

ventive War and Preemption«, *Nonproliferation Review*, (Frühjahr 2003); http://cn.miis.edu/pubs/npr/vol10/101/wirtz.pdf.

7 Autoren wie Paul Krugman von der *New York Times*, E.J. Dionne und Dana Milbank von der *Washington Post*, Harold Meyerson vom *American Prospect* und Eric Alterman von der *Nation* zählen zu den bekannteren politischen Kommentatoren, die sich mit Bushs Lügen beschäftigt haben. (Die Eingabe des Suchbefehls »Bush lies« oder »Bush lying« in Google ergibt über 350 000 Treffer.) Unzählige Webseiten befassen sich mit Bushs Unaufrichtigkeit unter Adressen wie BuzzFlash.com, SmirkingChimp.com, Bushlies.net, Bushwatch.com und Dailyhowler.com, die jeweils über die aktuellsten Nebelkerzen berichten. In den USA ist auch eine ganze Reihe von Büchern über die Lügen Bushs erschienen. Damit sind die Quellen noch keineswegs erschöpft; im Gegenteil, dort stieß ich auf weiteres Material, aus dem hervorgeht, wie berechtigt der Vorwurf der Lügenhaftigkeit gegenüber Bush ist. Einige seiner Verteidiger wie Byron York (*National Review* Online und *National Review* vom 16. Juni 2003) haben behauptet, die Vorwürfe gegen Bush wegen seiner Lügen seien unangebracht oder nicht zu belegen. Doch niemand hat sich die Mühe gemacht, sich die vollständige und stattliche Liste seiner Lügen vorzunehmen, die zudem immer länger wird. Ich habe aufs Geratewohl etliche dieser Vorwürfe näher untersucht und für eine erschreckend hohe Zahl von falschen Behauptungen Bushs keine seriöse Rechtfertigung oder Erklärung gefunden. Dennoch habe ich nicht versucht, ein Buch über Bushs Lügen zu schreiben, soweit sie nicht mit seiner Geheimhaltungspolitik zusammenhängen. Obwohl ich überzeugt bin, dass die angeführten Quellen in ihrer Substanz unangreifbar sind, habe ich mich hauptsächlich auf das im Folgenden angeführte Buch des Washingtoner Journalisten David Corn gestützt.

8 David Corn, *The Lies of George W. Bush: Mastering the Politics of Deception*, New York 2003.

9 James P. Pfiffner, »The Contemporary Presidency: Presidential Lies«, *Presidential Studies Quarterly*, 29 (Dezember 1999), S. 903.

10 Dana Milbank, »For Bush, Facts are Malleable«, *Washington Post*, 22. Oktober 2002, S. A-1.

11 James Risen, »Prague Discounts an Iraqi Meeting«, *New York Times*, 21. Oktober 2002, S. A-1; vgl. a. Louis Fisher, »Deciding on War Against Iraq«, *Perspectives on Political Science*, 32 (Sommer 2002), S. 135.

12 Steve Inskeep, »Morning Edition«, National Public Radio, 3. September 2002; http://proquest.umi.com/pqdweb?index=295&did=000000352186731&SrchMode=1&sid.

13 Eine Durchsicht namhafter Fachpublikationen hat ergeben, dass Saddam Hussein bestenfalls noch Jahre von der Möglichkeit zum Bau von Kernwaffen entfernt war und nicht »ziemlich bald«, wie Cheney im August behauptet hatte. Cheney nannte keine Quelle für seine Information. Hier die Einschätzung zweier Experten: »Es ist jedoch vier Jahre her, seit die UN-Waffeninspekteure in Irak ihrer Aufgabe nachgegangen sind, und *heute ist es schwierig*, die Fähigkeiten Iraks genau einzuschätzen. Deshalb tun wir gut daran, *anzunehmen*, dass Irak über biologische und chemische Waffen verfügt oder bald verfügen wird und *dass er innerhalb einiger Jahre möglicherweise Kernwaffen erwerben wird.*« Daryl G. Kimball, »The Task of Disarming Iraq«, *Arms Control Today*, September 2002, S. 2; »Aus den Berichten amerikanischer und ausländischer Geheimdienste ... ging hervor, dass Hussein stärker auf einen Bestand an Kernwaffen hinarbeitete und diese *möglicherweise vor 2005 haben würde.*« Marvin Leibstone, »America Takes on Iraq«, *Military Technology*, September 2002, S. 8. (Hervorhebungen J. Dean)

14 Karen De Young, »Bush Cites Urgent Iraqi Threat«, *Washington Post*, 8. Oktober 2002, S. A-21.

15 Fisher, a. a. O. (Anm. 11).

16 Joseph Cirincione, Jessica T. Mathews und George Perkovich, *WMD in Iraq: Evidence and Implications*, Carnegie Endowment for International Peace, Januar 2004, S. 8; www.ceip.org/files/Publications/IraqReport3.asp.

17 Elisabeth Bumiller, »President to Seek Congress' Assent over Iraq Action«, *New York Times*, 5. September 2002, S. A-1.

18 David E. Sanger, »Beating Them to the Pre-War«, *New York Times*, 28. September 2002, S. B-7.

19 Aufgezeichnet und berichtet von der *New York Times*, 3. Oktober 2002, S. A-14.

20 John McCarthy, »Senators Were Told Iraqi Weapons Could Hit U. S.«, *Florida Today*, 17. Dezember 2003; www.floridatoday.com/!NEWSROOM/localstoryN1216NELSON.htm. Zur Unwahrheit dieser Behauptung s. *WMD in Iraq*, a. a. O. (Anm. 16), S. 40–42.

21 George W. Bush, »Address to the Nation on Iraq from Cincinnati, Ohio«, *Weekly Compilation of Presidential Documents*, 14. Oktober 2002, S. 1716.

22 Dana Milbank und Claudia Deane, »Hussein Link to 9/11 Lingers in Many Minds«, *Washington Post*, 6. September 2003, S. A-1.

23 Jim VandeHei und Juliet Eilperin, »Congress Passes Iraq Resolution: Overwhelming Approval Gives Bush Authority to Attack Unilaterally«, *Washington Post*, 11. Oktober 2002, S. A-1.

24 Vgl. Charles J. Hadley, »Powell's Case for Iraq War Falls Apart 6 Months Later«, Associated Press, 10. August 2003; www.fortwayne.com/mld/fortwayne/news/local/6502258.htm?

25 Vgl. Joint Resolution, Public Law 107–243, 16. Oktober 2002; www.broadbandc-span.org/downloads/hjres114.pdf.

26 Zitiert wird hier nach dem offiziellen deutschen Text, den die US-Botschaft in Berlin verbreitet hat.

27 Ein Staatsrechtsgelehrter hat hinsichtlich eines solchen Beschlusses einmal bemerkt: »Gemäß traditionellen Prinzipien des Gesetzgebungsprozesses haben diese Klauseln [im Englischen werden sie als ›Whereas‹-Klauseln bezeichnet] keine rechtlich verbindliche Wirkung. Nur Material, das nach der so genannten Auflöseklausel (resolving clause) kommt (›vom Senat und dem Repräsentantenhaus der Vereinigten Staaten in gemeinsamer Sitzung aufgelöst‹), kann eine solche Wirkung haben.« In einer dieser »Whereas«-Klauseln dargelegtes Material hat also Empfehlungscharakter, ist aber nicht bindend. Für den Zweck der Klärung von Unstimmigkeiten im Wortlaut eines bestimmten Gesetzes mag es erheblich sein, jedoch kann eine solche Bestimmung an und für sich nicht die Grundlage eines Rechts oder einer Pflicht sein. Aus

diesem Grunde stützen sich Mitglieder des Kongresses nur in seltenen Fällen auf diese Klauseln. Vgl. Michael J. Glennon, »Presidential Power to Wage Ware Against Iraq,« *Green Bag* (Winter 2003), S. 183.

28 Adriel Bettelheim, »Presidential Power«, *CQ Researcher*, 15. November 2002, S. 8.

29 Dieses sind die relevanten Bestimmungen von Paragraf 3 (b)(1) und (2) des Public Law 107–243:
(b) Entscheidung des Präsidenten
– Im Zusammenhang mit der unter (a) gewährten Ermächtigung zur Anwendung von Gewalt muss der Präsident vor der Ausübung seiner Autorität oder so bald wie möglich danach, aber nicht später als 48 Stunden danach, den Sprecher des Repräsentantenhauses und den amtierenden Senatspräsidenten von seiner Entscheidung unterrichten, dass
(1) allein die Anwendung weiterer diplomatischer oder anderer friedlicher Mittel durch die Vereinigten Staaten die nationale Sicherheit der Vereinigten Staaten entweder (A) nicht adäquat gegen eine anhaltende Bedrohung durch Irak schützen können oder (B) aller Wahrscheinlichkeit nach nicht zur Durchsetzung aller einschlägigen Irak-Resolutionen des Sicherheitsrats führen; und
(2) dass ein Vorgehen gemäß dieser gemeinsamen Resolution im Einklang mit dem weiteren Vorgehen der Vereinigten Staaten und anderer Länder steht, die notwendigen Maßnahmen gegen internationale Terroristen und Terrororganisationen ergreifen, einschließlich solcher Staaten, Organisationen oder Personen, die die Terroranschläge vom 11. September 2001 planten, autorisierten, ausführten oder unterstützten.
Text unter www.usembassy.de/policy/d13_3.htm.

30 George W. Bush, »Letter to Congressional Leaders on the Conclusion of Diplomatic Efforts with Regard to Iraq«, *Weekly Compilation of Presidential Documents*, 24. März 1003, S. 341.

31 Vgl. »Report in Connection with Presidential Determination under Public Law 107-243«; www.c-span.org/resources/pdf/Report107_243.pdf.

32 Eine echte Feststellung des Kongresses findet sich beispiels-

weise in der Equal Opportunity for Individuals with Disabilities Act, 42 U. S. C. § 12101(a), wo es heißt »der Kongress stellt fest, dass …«, weil er dies aufgrund einer eigenen Untersuchung festgestellt hatte.

33 »Report in Connection with Presidential Determination«, S. 7.

34 Stephen F. Hayes, »Case Loaded«, *Weekly Standard*, 24. November 2003, S. 20.

35 »Bush the Misleader«, *Nation*, 13. Oktober 2003, S. 3.

36 Jeffrey Goldberg, TV-Interview, »All Things Considered«, 4. Februar 2003. Goldberg schreibt für den *New Yorker*.

37 Ebd. Robert Sigel, der Moderator der Sendung, sagte: »Newsweek zitiert übrigens diese Woche deutsche Polizeischriftstücke, in denen es heißt, [Sarqawi] stehe dem Iran wesentlich näher als dem Irak. Vgl. a. *Newsweek*, 3. März 2003, wo zudem berichtet wird, dass Zarqawi im Oktober 2001 in den Iran zurückgekehrt war.

38 David E. Sanger, »Bush Reports No Evidence of Hussein Tie to 9/11«, *New York Times*, 18. September 2003, S. A-22.

39 George W. Bush, Interview mit Diane Sawyer, ABC News, 17. Dezember 2003; http://abcnews.go.com/sections/primetime/US/Bush_sawyer_excerpts_2_031216.html.

40 »Politik als Beruf«, in: Max Weber, *Gesammelte politische Schriften*, hg. von Johannes Winckelmann, Tübingen 1958, S. 493–548, Zitat S. 540.

41 Henry P. Smith III, »Debate on Articles of Impeachment«, *Hearings*, S. 503.

42 Elizabeth Holtzmann, »Debate on Articles of Impeachment«, *Hearings of the Committee on the Judiciary, House of Representatives*, 93rd Congress, 2nd Session, Washington, D. C. 1974, S. 494.

43 Robert W. Kastenmeier, »Debate on Articles of Impeachment«, *Hearings*, S. 506.

44 U. S. Senate, *The Final Report of the Senate Select Committee on Presidential Campaign Activities*, Report No. 93–9821, 93rd Congress, 2nd Session, Washington, D. C. 1974, S. 361–444.

45 Vgl. z. B. Dana Milbank, »Under Bush, Expanding Secrecy«, *Washington Post*, 23. Dezember 2003, S. A-19; »White House Web Scrubbing; Offending Comments on Iraq Disappear from Site«, ebd., 18. Dezember 2003; »The Making of the

President: The Nixon in Bush«, ebd., 25. November 2003, S. A-5; Dana Milbank und Mike Allen, »Release of Documents Is Delayed; Classified Papers to Be Reviewed«, ebd., 26. März 2003; Dana Milbank, »U. S. Withdraw from Missile Treaty«, ebd., 14. Juni 2002, S. A-28.

46 Brief des Center for Auto Safety, Public Citizen, Consumer Federation of America, U. S. Public Interest Research Group, and Advocates for Highway and Auto Safety an Administrator, National Highway Traffic Safety Administration, 22. April 2003; www.autosafety.org/article.php?scid=93&did=789.

47 Robert F. Kennedy Jr., »Crimes Against Nature«, *Rolling Stone*, 11. Dezember 2003; www.rollingstone.com/features/nationalaffairs/featuregen.asp?pid=2154.

48 »Editorial: Undermining Environmental Law«, *New York Times*, 30. September 2002.

49 Dieses Material stützt sich auf Andrew Schneider, »White House Budget Office Thwarts EPA Warning on Asbestos-laced Insulation«, *St. Louis-Post Dispatch*, 29. Dezember 2002; www.citizen.org/documents/zonolite.pdf.

50 Hier stütze ich mich auf Elizabeth Shogren, »EPA's 9/11 Air Rating Distorted, Report Says«, *Los Angeles Times*, 23. August 2003, S. A-1; Laurie Garrett, »EPA Misled Public on 9/11 Pollution: White House Ordered Falses Assurances on Air Quality, Report Says«, *Newsday*, 23. August 2003; Hillary Rodham Clinton, »Clinton Call on President to Provide Answers Regarding EPA's Response to 9/11 [Senate Floor Speech]«, 5. September 2003; http://clinton.senate.gov; Winnie Hu, »Clinton to Block E. P. A. Nominee to Pressure Bush on Air Quality«, *New York Times*, 7. September 2003, S. A-18; Carl Limbacher, »Hillary: I'll Block EPA Nominee Over 9/11 Air Scandal«, *NewsMax*, 7. September; www.newsmax.com/archives/ic/2003/9/7/82718.shtml. 2003

51 Zum Folgenden vgl. Mary H. Cooper, »Bush and the Environment«, *CQ Researcher*, 25. Oktober 2003, und dies., »Air Pollution Conflict: Will President Bush's New Policies Erase Past Gains?«, ebd., 14. November 2003.

52 »Assault on State's Air Rules«, *Los Angeles Times*, 10. Januar 2004, S. B-22.

53 William Sheehan, »Politics and Pollution«, *New York Times*, 29. August 2003.

54 Seth Borenstein, »Bush Giving Business a Boost; Environmental Rule Changes Fulfill Corporate Wish List«, *Pittsburgh Post-Gazette*, 21. September 2003, S. A-11.

55 Ebd.

56 Cooper, »Bush and the Environment«, a. a. O. (Anm. 50).

57 Stephanie Ebbert, »A Regional Approach to Global Warming: Romney Joins Group«, *Boston Globe*, 25. Juli 2003, S. A-3.

58 Steve Connor, »Top Brit Scientist Says US Climate Policy Bigger Threat to World than Terrorism«, *Independent* (London), 9. Januar 2004; news.independent.co.uk/world/americas//story.jsp?story=479418.

59 Robert Perks und Gregory Wetstone, »Rewriting the Rules, Year-End Report 2002: The Bush Administration's Assault on the Environment«, *National Resources Defense Council: Environmental Legislation: In Depth: Report*, Januar 2003, S. vi; www.nrdc.org/legislation/rollbacks/rr2002.pdf.

60 Elizabeth Shogren, »Feds Opposing Bush on Environment Afraid to Speak Out«, *Los Angeles Times*, 14. November 2003; www.protectamericasland.org/pdfs/press_azcentral.pdf.

**Skandale oder Schlimmeres**

1 George W. Bush, Pressekonferenz, 13. März 2002; www.whitehouse.gov/news/releases/2002/03/20020313-8.html.

2 Vgl. George W. Bush, »Memorandum for the Attorney General, Congressional Subpoena for Executive Branch Documents«, 12. Dezember 2001; www.fas.org/sgp/bush/121201_execpriv.html.

3 »Iran Contra Affair: The Final Report – Excerpts: Majority, Minority Views of Committees«, *Los Angeles Times*, 19. November 1987, S. 16.

4 Ebd.

5 Edwin S. Corwin (aktualisiert und überarbeitet von Randall W. Bland, Theodore T. Hindson und Jack W. Peltason), *The President: Office and Powers, 1787–1984*, New York 1984, S. 202 (Hervorhebung im Original).

6 Philip R. Trimble. »The United States Constitution in Its Third Century: Foreign Affairs: Distribution of Constitutional Authority: The President's Foreign Affairs Power«, *American Journal of International Law*, Oktober 1989, S. 750 f.

7 William Safire, »Behind Closed Doors«, *New York Times*, 17. Dezember 2003, S. A-35.

8 *Detroit Free Press v. Ashcroft*, 303 F.3d681 (2002).

9 Zit. in Everett Edward Mann Jr., »The Public Right to Know Government Information: Its Affirmation and Abridgement«, Ph. D. dissertation, Claremont Graduate School 1984, S. iv-ix und 1.

10 Zit. in Chalmers Johnson, *The Sorrows of Empire: Militarism. Secrecy, and the End of the Republic*, New York 2004, S. 298.

11 John Orman, *Presidential Accountability: New and Recurring Problems*, New York 1990, S. 145.

12 Gerald Wetlaufer, »Justifying Secrecy: An Objection to the General Deliberative Privilege«, *Indiana Law Journal*, 65 (Herbst 1990).

13 Sissela Bok, *Secrets: On the Ethics of Concealment and Revelation*, New York 1989, S. 25.

14 Ebd., S. 26.

15 Ebd.

16 Vgl. Irving L. Janis, *Group Think*, Boston 1982. Janis untersuchte Gruppenentscheidungen im Hinblick auf Kennedys Schweinebucht-Unternehmen, Trumans Koreakrieg, die Ahnungslosigkeit der Regierung Franklin D. Roosevelts vor Pearl Harbor, Johnsons Eskalation des Vietnamkriegs und Nixons Watergate-Vertuschung, allesamt Beispiele für Fiaskos, die er mit den Fallstricken des Gruppendenkens erklärt. Als Janis dagegen die Entscheidungsfindung durch eine Gruppe unter John F. Kennedy während der Kubakrise und Trumans Formulierung des Marshallplans untersuchte, stellte sich heraus, dass hier das Gruppendenken vermieden werden konnte, so dass vernünftige Entscheidungen mit einem guten Ergebnis getroffen wurden.

17 John B. Thompson, *Political Scandal: Power and Visibility in the Media Age*, Cambridge 2000, S. 1–30 und 60–118. Hier sei ausdrücklich darauf hingewiesen, dass ich nicht nur Thompsons durchdachtes und kenntnisreiches Buch in herzloser

Weise komprimiert, sondern auch meine eigene Beschreibung seiner Arbeit hinzugefügt habe. Das von ihm verarbeitete Material hat etwas Besseres verdient als das, was hier vorgestellt wurde, denn ich habe lediglich seinen Ansatz übernommen und ihn auf Bush und Cheney angewandt, mein persönliches Verständnis von Skandalen mit einbezogen und eigene Schlussfolgerungen gezogen. Für seine bahnbrechende Untersuchung schulde ich ihm großen Dank.

18 *Pew Research Center for the People and the Press*, »The 2004 Political Landscape: Evenly Divided and Increasingly Polarized«. 5. November 2003; http://people-press.org/reports/display.php3?ReportID=196.

19 Oren Gross, »Chaos and Rules: Should Responses to Violent Crisis Always be Constitutional?«, *Yale Law Journal*, 112 (2003), S. 1001 und 1030.

20 Ebd.

21 Ebd., S. 1030 f.

22 Zit. ebd., S. 1020.

23 Alison Mitchell, »Cheney Rejects Broader Access to Terror Brief«, *New York Times*, 20. Mai 2002, S. A-1.

24 Zit. in Johnson, a. a. O. (Anm. 10), S. 291.

25 Nat Henthoff, *The War on the Bill of Rights and the Gathering Resistance*, New York 2003, S. 15 und 125.

# Danksagung

Obwohl ich mich seit einigen Jahren mit Bush und Cheney beschäftigt und Kolumnen über sie geschrieben habe, kam mir erst im Frühjahr 2003 ernsthaft der Gedanke, dieses Buch zu schreiben. Etwa zu dieser Zeit hatte ich das Glück, die Literaturagentin Lydia Wills kennen zu lernen, die zum New Yorker Büro der in Los Angeles ansässigen Writers and Artists Agency stieß, wo sie heute die Abteilung für Literatur leitet. Lydia Wills ist eine engagierte Büchermacherin, und letztlich war sie es, die mich überzeugte, das Projekt in Angriff zu nehmen. Jetzt, da es abgeschlossen ist, bin ich froh, dass ich auf ihren Rat gehört habe. Sie hatte wesentlichen Anteil am Exposé (und somit an der fast unmöglichen Aufgabe, auf einigen wenigen Seiten ein Buch zu skizzieren, das man noch gar nicht geschrieben hat) und übernahm dann die Aufgabe, es bei einem Lektor und einem Verlag unterzubringen, in dessen Hände und dessen Programm es ihrer Meinung nach gehörte – Geoff Shandler und der Verlag Little, Brown and Company.

Von Anfang an war auch Geoff Shandler überzeugt, dass diese Geschichte geschrieben werden musste, und er hat diesen »Schnellschuss« vom ersten Tag bis zum Schluss betreut und die unzähligen Schritte geplant und koordiniert, die für seine Veröffentlichung notwendig waren. Er hat den Text gestrafft und geglättet, was ihm gut bekommen ist. Der zweite Lektor, Steve Lamont, ist noch einmal mit der Feinfeile darüber gegangen, und die hervorragende Arbeit dieser beiden Lektoren hat sich auf jeder Seite niedergeschlagen. Ihren Einsatz und ihren Arbeitseifer habe ich sehr zu schätzen gelernt. Dasselbe gilt für den Vertrieb von Little, Brown and Company und die übrigen Mitarbeiter des Verlags wie Liz Nagle und Michael Pietsch, die an der Herstellung dieses Buchs einen wesentlichen Anteil hatten. Nicht zu vergessen schließlich Anne Holmes von EdIndex, die das Register erstellt hat.

Bei den Recherchen zu Bush und Cheney und ihrer Geheimpolitik im Weißen Haus habe ich mit vielen Personen gesprochen oder mich über E-Mail ausgetauscht. Wie ich im Vorwort bereits angedeutet habe, waren alle ihre Auskünfte vertraulich. Diese Gewährsleute waren zwar überaus hilfreich, doch angesichts eines rachsüchtigen Präsidenten (der ähnlich strukturierte Anhänger anzieht) sollte allein ich ihren Zorn abbekommen, wenn sie die Wahrheit nicht hören wollen. Dasselbe gilt für die Weisheit, die Ratschläge und Anregungen, die mir von einem halben Dutzend Freunden zuteil wurden, die ich gebeten habe, das Manuskript durchzulesen, und die so freundlich waren, einen Teil ihrer ohnedies knappen Zeit für mich zu opfern – und zwar von einem Tag auf den anderen, damit das Buch termingerecht erscheinen konnte. Meinen ungenannten Gewährsleuten und Lesern der frühen Fassungen dieses Buchs sei an dieser Stelle noch einmal Dank gesagt. Ich muss nicht eigens betonen, dass ich die hier vorgelegten Fakten zwar doppelt und dreifach geprüft und meine Schlussfolgerungen sorgfältig überlegt habe, dass jedoch alle noch übersehenen Fehler und Irrtümer einzig und allein auf mein Konto gehen.

# Personenregister